Gessmann · Was der Mensch wirklich braucht

D1718506

Martin Gessmann

Was der Mensch wirklich braucht

Warum wir mit Technik nicht mehr
zurechtkommen, und wie sich aus
unserem Umgang mit Apparaten wieder
eine sinnvolle Geschichte ergibt

Wilhelm Fink

Bibliografische Information der Deutschen Nationalbibliothek

Die Deutsche Nationalbibliothek verzeichnet diese Publikation in der Deutschen Nationalbibliografie; detaillierte bibliografische Daten sind im Internet über http://dnb.d-nb.de abrufbar.

© 2010 Wilhelm Fink Verlag, München
Wilhelm Fink GmbH & Co. Verlags-KG, Jühenplatz 1,
D-33098 Paderborn

Internet: www.fink.de

Einbandgestaltung: Evelyn Ziegler, München
Herstellung: Ferdinand Schöningh GmbH & Co KG, Paderborn

ISBN 978-3-7705-4790-6

INHALT

Einleitung

Für die nachfolgenden Überlegungen zu werben verbietet sich. Denn jeder von uns kennt nur zu gut das zwiespältige Gefühl nach dem Kauf eines neuen Computers oder Druckers, Fernsehers oder Handys oder was auch immer von dergleichen Art. Zwiespältig ist das Gefühl schon auf dem Nachhauseweg, weil wir uns einerseits freuen über das neue Gerät, sein Design, seine versprochenen Leistungen, den brillanten Bildschirm zum Beispiel, den wir schon beim Händler bewundern konnten oder ein tadelloses Druckbild, über den schwarzen Klavierlack beim Gehäuse oder die schicken Symbole, mit deren Hilfe wir künftig schwungsvoll durchs Menü navigieren sollen; andererseits aber auch das Gefühl in der Magengegend nicht los werden, das uns verläßlich auf kommenden Ärger einstimmt, Ärger, der entsteht, weil wieder ein Kabel nicht „im Lieferumfang enthalten" ist, was an sich noch harmlos ist, sieht man auf die immer mitgelieferte Betriebsanleitung, die uns mit ihrer schieren Buchstärke bereits signalisiert, daß sich hier wieder einer etwas ausgedacht hat, das man nicht einfach nach Schema F würde angehen und bewältigen können, es erst einmal also wieder umlernen heißt; und nachdem das Handbuch uns das Studium aller Sonderfunktionen nahegelegt hat und wir nach Stunden noch nicht einmal in der Lage sind, den Apparat überhaupt zum Laufen zu bringen, stellt sich mit fortgeschrittener Zeit schließlich, meist gegen Mitternacht, ein Gefühl hoffnungsloser Ohnmacht gegenüber der neuen Gerätschaft ein, die uns vor die Alternative von Totalaufgabe oder einem Aufbaustudium der Informatik und der Ingenieurswissenschaften stellt. In solch dunklen Momenten schwört man vor sich und der Welt, in Zukunft wieder ins Theater zu gehen, anstatt vor dem Fernseher zu sitzen, mit Bleistift und Papier zu schreiben und möglichst das Telefon ganz abzubestellen, wohl wissend, daß eine solche Existenz nur noch von Athleten der Entsagung wie Eugen Drewermann durchgehalten werden kann.

Ein Buch allein mit einer solchen Klage zu beginnen verbietet sich aber gleichermaßen auch, weil wir durchaus – allerdings so richtig seit kurzem erst – staunen dürfen über neuere Entwicklungen, die unsere stillen oder lauten Flüche offenbar registriert haben. Wir können bereits in den Augen mancher Verkäufer die Erleichterung ablesen, auf die besorgte Nachfrage des Konsumenten nach einem Gerät ohne (zumindest dickes) Handbuch noch eine Alternative im Regal zu haben, mit dem befürchteten Zusatz zwar, es kostet ein wenig mehr, aber immerhin, es gibt sie. Eine Trivialität wird als Sensation vorgestellt, wo wir unter der geschulten Anleitung eines Verkäufers erkennen können, daß eine Sache genau so gemacht ist, wie wir sie zunächst und zumeist und in 99% aller Fälle wirklich handhaben wollen. Wenn ein Auto bspw. keine besondere Eingabe eines Codes oder einen fummeligen Zündschlüssel mehr braucht, um es zu starten, sondern, wie ich kürzlich bei einem mir zur Verfügung gestellten Mietwagen lernen durfte, nur noch einen handlichen (Schlüssel?)-Knauf besitzt, der in eine ordentliche Öffnung paßt, man nur noch drückt, und dann springt der Wagen an; nachdem der Wagen dann angesprungen ist, man tatsächlich gleich losfahren kann, (noch) nicht (gleich) ausgebremst wird vom Alarmsignal, man habe sich noch nicht angeschnallt, weil man erst einmal aus der Parklücke rausrangieren will und dabei Bewegungsfreiheit braucht; das Display (erst einmal) nur Tacho und vielleicht einen Drehzahlmesser bietet und (noch nicht gleich) alle Informationen über Reifendruck und Wartungsintervalle, das lokale Gewitterrisiko und die Anzahl der Anrufe, die von der Freundin vergeblich auf dem Handy gelandet sind; das Fahrwerk wegen einer ausreichenden bis üppigen Motorisierung nicht automatisch bretthart ist und so, daß es nur ab Tempo 200 wirklich Freude bereitet und umgekehrt nach einer Fahrt zum Brötchenholen bereits über einen neuen Termin beim Orthopäden nachdenken läßt. Schaltet man das Radio ein, bekommt man nicht eine Übersicht über alle verfügbaren 300 Stationen, sondern den nächstliegenden Sender mit seinen 3 Programmen zur Auswahl. Hält man an und steigt aus, blinken und summen nicht mehr die Alarme, weil man das Licht oder den Blinker vergessen hat, zurück auf Null zu stellen, oder die Freundin immer noch auf Rückruf wartet. Ist die Türe zu, ist alles einfach aus, und schließt man wieder auf, geht es wieder an. So einfach und so schön, ein Auto voll einer Eleganz des laissez-faire längstvergangener Tage. Genauso in ein etwas einfältiges Schwärmen kann man geraten, wenn man registriert, wie nicht nur Autos wieder zum Fahren (und nicht als Heimkino) gebaut werden, sondern überhaupt das Verhältnis von Mensch und Apparate-Umwelt in Bewegung gekommen ist und auf dem besten Wege, neu definiert zu werden. Beispielhaft hat Gernot Böhme diese Wendung registriert und mit Hinblick auf unsere räumlichen Lebens- und Wohnverhältnisse interpretiert. Demnach zeigt sich eine Tendenz im

Bauen und Einrichten, die nach dem seelenlosen Funktionalismus der Nachkriegszeit und dem Neobarock der Postmoderne den Menschen weder kaserniert noch inszeniert und ihn damit wie ein Nutz-Möbel oder Designer-Schmuckstück behandelt. Vielmehr werden erstmals und seit langem wieder die Räume um den Menschen herumgebaut und auf seine eigentlichen Bedürfnisse hin zugeschnitten, so daß man sich in ihnen vor allem und erst einmal wieder *wohl* fühlt; und so gibt es eine neue Gestaltung der Fassaden, die nicht mehr entweder trostlos oder spektakulär sein muß, sondern einfach nur offen, ansprechend oder einladend. Küchen, die nicht für Partys, sondern fürs Kochen gemacht sind, Wohnzimmer fürs Wohnen, nicht fürs Tennisspielen und so weiter[1]. Alain de Botton geht soweit, von einer *Architecture of Happiness* zu sprechen, einer Glücksarchitektur, die nicht mehr für sich selbst, sondern für den Menschen das Beste will und den Dingen erneut eine Physiognomie verleiht, die uns in ihrer Ausdrucks- und Gebärdensprache wieder ein wohnliches Antlitz zuwendet. Architektur wird zur unwahrscheinlichen Kunst, „daheim zu Hause zu sein"[2].

Freilich ist die von Böhme und Botton beschriebene Architektur und ihre Atmosphäre des Wohlfühlens, philosophisch gesehen, doch erst das halbe Glück. Sie beschreibt zwar richtig, wie es sich in statischen Verhältnissen wohl sein läßt, so daß wir uns räumlich entfalten können und zugleich in unsere Umgebung einpassen, gemäß unseren Laufwegen und Ruhegewohnheiten. Unsere Umwelt kommt uns entsprechend einladend oder abweisend vor, und diese Ansicht der Dinge betrifft erst einmal alles Atmosphärische, das wir unmittelbar erspüren können. Wir bemerken bei diesem Einfühlen in unsere Umgebung natürlich auch, daß es sich nicht um ein bloßes Gefühl handelt oder eine Laune, die von mir und meinem Befinden alleine ausgeht, sondern daß wir etwas erspüren, was uns von der Welt entgegengebracht wird und deshalb schon in gewissem Sinne verläßlich und ,objektiv' ist. Methodisch würde man sagen, es ist keine bloße Reaktion des Körpers auf bloß körperliche Reize, sondern des ,Leibes', weil in der Vorstellung vom Leib schon das Geistige der spezifisch menschlichen Lebensverhältnisse mit enthalten ist, und zugleich der Leib auch schon mehr als nur unser physischer Körper ist. Kann

---

1 G. Böhme, Architektur und Atmosphäre, München 2006.
2 A. de Botton, The Architecture of Happiness, London 2006, dt. Glück und Architektur. Von der Kunst, daheim zu Hause zu sein, Frankfurt am Main 2008.

er doch in seiner Sphäre ganz zuhause sein und in ihr mehr oder weniger aufgehen, je nachdem es uns gelingt, uns unsere Umwelt sprichwörtlich ‚einzuverleiben', wenn sie uns wie ein erweiterter Teil unserer selbst erscheint. In unserer Leibwahrnehmung wird die Welt so zuletzt zu einem Phänomen, das zu uns gehört, und die Leibphänomenologie ist die zugehörige Disziplin, die uns auf allumfassende Atmosphären und Umwelt-Stimmungen philosophisch aufmerksam macht.

Das ganze Glück wäre aus meiner Sicht allerdings erst erreicht, wenn es gelingt, über das Atmosphärische hinaus noch eine gesicherte Einsicht in die Ursachen und Gründe einer veränderten und besseren Einstellung zur Technik zu bekommen. Man muß nämlich einsehen, daß ein gelingender Umgang mit Technik nichts ist, was einfach vom Himmel fällt und das Glück, sich in einer technisch geprägten Umgebung wohl zu fühlen, eines ist, das zwar momentan gefühlt und geschätzt wird, aber auch nicht ohne eine gewisse Vorbereitung denkbar ist. Man muß schon eine Vorstellung von dem haben, was eine glückliche Hand im Gebrauch der Dinge ausmacht, um dann tatsächlich das Entgegenkommen der Dinge zu schätzen, wenn sie sich unseren Wünschen und unserem Zugriff einmal fügen. Es braucht Gewöhnung, Übung, ein gewisses Maß an Einsicht, um das Glück überhaupt annehmen zu können. Niemand setzt sich ans Klavier und freut sich über dessen Anschlag und Klang, der nicht schon klavierspielen kann, und keiner fühlt sich am Steuer wohl, der noch nie autogefahren ist. Und erst recht gilt dies, wenn man das Neue mit dem Alten vergleichen will oder Wünsche für die Zukunft äußern. Das technisch inspirierte Glück scheint mir besonders da prekär, wo unsere bisherige Erfahrung versagt und sich die Geräte in der Entwicklung so schnell und so radikal verändern, daß wir durch den laufenden Fortschritt gefahrlaufen, im Tempo nicht wirklich mithalten zu können oder nicht mithalten zu wollen, weil wir prinzipiell nicht einsehen, wozu eine ständig erneuerte und tiefgreifende Veränderungen in der Anmutung und der Bedienungsstruktur der Geräte gut sein soll. Kurz: *was es braucht, um eine Technikphilosophie auf der Höhe der Zeit zu formulieren, ist eine Erweiterung der Analyse von Technik im Raum auf ein Verständnis von Technik in der Zeit.* Dazu soll im folgenden ein prinzipieller Vorschlag gemacht werden, deren Stichworte ich hier der Übersicht halber schon einmal vorausschicke, Stichworte, die im Sinne einer Gebrauchsanweisung aber vorläufig auch überschlagen werden dürfen, zumal dann, wenn man den Anspruch hat, die bei den Geräten neuerdings wiedererweckte Hoffnung auf ein unmittel-

bares Gelingen und einen ‚Plug-and-Play‘-Start auf den vorliegenden
Text zu übertragen:

Zuerst wird also das moderne Unbehagen an der Technik neu beschrieben (I), um daran anschließend die prinzipielle Erweiterung der
Technikphilosophie um die Dimension des Historischen und seines
besonderen Verständnisses, des Hermeneutischen, zu motivieren (II).
Eine Konfrontation der historisch informierten Technikphilosophie
mit den klassischen Varianten soll die neue Leistungsfähigkeit wie die
prinzipielle Reichweite darstellen helfen (III). Anschließend werden
die Umbaumaßnahmen innerhalb der klassischen Verstehenslehre ge-
schildert, die sie für eine technikphilosophische Anwendung allererst
tauglich machen. Dabei wird es auf eine konsequente ‚Erdung‘ eines
bisher rein geisteswissenschaftlichen Ansatzes ankommen, die soweit
geht, daß noch über die Fragen der technischen ‚Hardware‘ hinaus
auch unsere eigene, biologische, genauer unsere hirnphysiologische
Grundausstattung eine entscheidende Rolle beim Verständnis von
Technik spielen muß (IV).
   Der zweite Hauptteil entfaltet dann systematisch, was zuvor methodisch grundgelegt wurde. Fehllauf wie Gelingen von Technik
werden entwicklungsgeschichtlich dargestellt, wobei es jetzt auf die
besondere Logik ankommt, mit der sich technischer Fortschritt und
Rückschritt gedanklich strukturieren läßt (V). Hierbei wird sich einmal mehr erweisen, daß die Technikphilosophie keine bloße Spezial-
disziplin der Philosophie ist, sondern zwangsläufig an der Gesamt-
deutung der Moderne teilhaben muß. Der Analyse kommt zu Hilfe,
daß wir ganz offenbar vor einer historischen Zäsur stehen, die es der
Philosophie wieder leichter macht, ein Bild des Großen und Ganzen
zu entwerfen, oder wie Hegel es sagt, Philosophie als jenes Verstehen
herauszustellen, das „seine Zeit in Gedanken erfaßt". Dem entsprechend wird die Logik der Technik auch ganzheitlich auf drei Ebenen
veranschlagt, die beim rein technischen Prozedere in den Entwick-
lungsabteilungen der Betriebe beginnt, dieses Prozedere auf der Ebene der Ökonomie weiter verhandelt und schließlich Anlaß gibt, analog dazu die kulturellen Motive, die hinter einem solchen technisch-
inspirierten Wirtschaften stehen, herauszuarbeiten. Nach der Analyse
des Fehllaufs folgt abschließend die Formulierung von Alternativen,
die eine Antwort auf die Frage nach der Möglichkeit eines nachhalti-
gen Gelingens unserer technischen Weltauslegung bereithalten (VI).
Während die Analyse des Fehllaufs auf eine Autonomie technischer
Verhältnisse und dem konsequenten Ausreizen technischer Möglich-

keiten aufbaut, gehen die Alternativvorschläge von dem Primat der
Wirklichkeit unserer menschlichen Praxis aus, so daß am Ende eine
Aussicht darauf eröffnet werden kann, was der Mensch von all dem,
was er technisch gesehen noch alles gebrauchen könnte, auch tatsächlich oder wirklich braucht.

I. Unbehagen und Glück im Umgang mit Geräten

Eine anspruchsvolle Rede von Glück im Umgang mit unserer modernen Apparateumwelt verlangt besonders, daß uns so etwas wie ein intuitiver Zugriff auf Geräte gelingt. Die Vorstellung der Leibphänomenologie zielt nachvollziehbar und richtigerweise auf die Ergonomie der Gegenstände, wobei Ergonomie nicht nur den Handschmeichler auszeichnet, d.h. die Anpassung der Physis eines Gerätes an unsere menschliche Physis, die für die Handhabung des Gerätes vorausgesetzt ist und nicht (leicht) veränderbar, weil unser Körper eben biologisch und morphologisch so ist, wie er von Natur aus ist. Ergonomie bedeutet auch ein Entgegenkommen an unseren Geist, mit dem wir bestimmen, was wir mit einem Gegenstand, den wir als Gerät benutzen, tatsächlich anstellen wollen, wie wir ihn handhaben, ob wir ihn bspw. wegwerfen oder am Ende nur liegenlassen wollen. Gehe ich nun leibphänomenologisch davon aus, daß der Geist in unseren Leib eingelassen ist und in der menschlichen Praxis Eingang in seine Vollzüge gefunden hat, legen sich intuitive Zugriffsweisen nahe durch die besondere Verkörperung einer besonderen Absicht, etwas mit einem Gegenstand anzufangen. Ein Stein in Faustgröße ist ein geeignetes Wurfgerät, weil wir es bequem mit unserer Hand umschließen können und weil es nicht zu schwer ist, um in einer Armbewegung beschleunigt und einigermaßen zielgerichtet geschleudert zu werden. Stein, Hand und Arm bilden so eine kulturelle Symbiose, wenn wir das Zusammenleben von Menschen und umherliegenden Dingen in der Umwelt des Steinzeitmenschen oder noch früher voraussetzen, ebenso ist ein Sessel wohnlich, wenn er weich und aufnahmebereit für unsere besondere Statur ist und ich gerne in ihm lese oder Musik höre, die Vase unsere Lieblingsvase, in der die Blumen besonders schön aussehen und nicht wegen eines Windhauchs schon umfallen und so weiter.

In einer beschleunigten Welt, deren Modernität sich für uns vor allem an einer beschleunigten Geräteinnovation zeigt, und so wir finanziell mithalten können, auch an einer ständig wechselnden und sich erneuernden Geräteinrichtung, ist allerdings eben auch klar, daß eine solche leibphänomenologische Betrachtungsweise vom instantanen Glück der Dinge und unseres Umgangs mit ihnen nicht ausreichen kann. Ich kann nicht zufrieden sein, wenn sich die Dinge wohnlich gestalten und alles in bequemer Reichweite ist, weil der Bestand der Gerätschaften, in denen und durch die ich mich wohlfühle, beinahe zu keinem Moment mehr derselbe ist. Ob es am Konsumzwang liegt, dem wir mehr oder weniger selbstverständlich nachgeben, oder dem Umstand, daß die Geräte eben nicht mehr so lange halten wie früher, oder wenn sie es doch tun, wir schließlich durch Abwrackprämien dazu motiviert werden müssen, sie zu erneuern (und freilich gute Gründe, z.b. Umweltgründe finden, dies zugleich auch guten Gewissens zu tun) – in jedem Fall ist das Glück am funktionierenden Zuhause immer vorläufig und prekär, und virtuell sind wir immer auf dem Sprung zur Anschaffung der nächsten Gerätegeneration. Schon die bloße Verheißung in der Werbung läßt uns teilhaben an dem, was wir uns selbst vielleicht nicht leisten können. Und selbst wer sich den Luxus leistet, seine Autos und Apparate nicht nach Gerätegenerationen, sondern im Abstand einer Menschengeneration oder mehr zu erneuern, wird sich doch nie darüber täuschen, in welcher fortgeschrittenen Zeit er lebt und was im Prinzip jetzt alles technisch neu und anders und damit bereits möglich und für andere schon wirklich ist[3].

Das Glück an einem gegenwärtigen Gelingen beim Umgang mit Geräten ist frei nach Till Eulenspiegel demnach bereits getrübt durch die bloße Aussicht, daß man nicht lange wird so zufrieden sein können und der gerade erst erreichte Stand in der Beherrschung der Materie doch nur einen momentanen Burgfrieden bedeutet. Morgen bereits, und morgen heißt virtuell immer heute schon, ist mein ganzes Know-how und die Rasanz oder Eleganz meiner Handhabung eines Dinges schon wieder passé, vergangen und vorbei, und wir sind an dem Punkt, an dem es bei ‚Mensch ärgere dich nicht‘ schon in unserer Kindheit hieß: zurück auf Anfang. Wer bspw. jung genug war, um sich beim SMS-Verkehr einen ‚flinken Daumen‘ anzutrainieren, mit dem man, unterstützt durch ‚T9‘, in der Lage war, ohne hinzusehen und postwendend zu antworten, der hat sich nach dem Kauf eines Iphones der Ernüchterung zu stellen, daß das alles umsonst war, weil das Iphone bereits eine ‚richtige‘ Tastatur auf seinen Touchscreen projiziert, der alle und damit nicht nur 9 Buchstabentasten zur Verfügung stellt. Und wer es jetzt schafft, seinen Daumen umzutrainieren auf das Qwertz-System, wird morgen überzeugt werden von der Zuverlässigkeit einer Spracherkennung, die Daumen und Zeige-

---

3 Zum Modernebewußtsein wider Willen vgl. H. Rosa, Beschleunigung. Die Veränderung der Zeitstrukturen in der Moderne, Frankfurt am Main 2005.

finger und den Rest unserer ‚digitalen' Kompetenz überhaupt überflüssig machen wird. Und wer glaubt, daß man dann doch immerhin noch artikuliert sprechen können muß, darf heute schon staunen über die Möglichkeiten, das ‚stumme' Denken auszuspiegeln und zu verbalisieren. Und es braucht auch nur ein wenig technische Rundumsicht, um sich einzugestehen, daß solche Entwicklungen nicht der Ausnahmefall sind, sondern der Regelfall. Man stelle sich als Feldversuch die Rückkehr von Häftlingen nach 20 Jahren Haft in die Freiheit vor und frage sich, wie sie/er zurecht kommt. Wird einer von ihnen ohne Anleitung am Fahrkartenautomaten ein Bus- oder Zugticket lösen können, einen Fernsprecher bedienen (oder überhaupt noch einen finden), ohne Kreditkarte in ein Hotel einchecken, die Fernbedienung eines Fernsehers bedienen können u.s.w.? Oft genügt in Spielfilmen nur die Herausnahme eines Zivilisationsstandards aus dem umgangstechnischen Repertoire des Filmhelden, um ihn hoffnungslos an der technisierten Gegenwart scheitern zu lassen. Denn schon wenn nur das Handy im entscheidenden Augenblick nicht funktioniert oder das Paßwort für den Zugang zum Großrechner vergessen oder unbekannt ist, kann sich aus einer solchen ‚Hamartia' ein tragischer Verlauf des ganzen nachfolgenden Geschehens ergeben. Immer und überall, das ist aufs Ganze gesehen also mein Ausgangspunkt, erleidet in der beschleunigten Technisierung unserer Lebenswelt unsere Kompetenz im Umgang mit den Dingen eine Zäsur, die auf Grund einer Innovation das Vorher vom Nachher trennt, und zwar früher oder später so radikal, daß wir uns irgendwann ganz grundsätzlich nicht mehr auskennen. Wir kennen uns nicht mehr aus, was das Neue betrifft, und wir kennen uns nicht mehr aus, was das Alte betrifft. Wer von uns könnte z.B. noch mit den Speichermedien aus den späten 1980ern und frühen 1990ern etwas anfangen? Nicht nur gibt es keine Geräte mehr, die sie abspielen, wir wüßten auch nicht mehr, wie es geht, und schließlich ist man sich auch nicht sicher, ob die Daten auf der viele Zoll großen Floppy-Disc nicht auch längst schon verfallen sind und die Magnet-Partikelchen sich in der Zwischenzeit wieder nach dem natürlichen Nord-Südgefälle umgepolt haben.

Für eine Ausweitung des Glücks und seine Verstetigung über den Moment einer glücklichen Fügung von individuellem Können und mich umgebender Gerätschaft hinaus braucht es demnach mehr als nur eine momentane Einverleibung der Dinge in meine Handlungskompetenz. Verschmelzen Körper und Gerätegeist in meiner Leibsphäre, ist dies ein Anfang, mehr aber noch nicht. Es braucht auch noch eine Strategie, wie den Brüchen in der Fortschreibung meiner Kompetenz in Konfrontation mit Neuem und Altem zu begegnen ist. Es braucht ein Konzept dafür, daß nicht mit jeder neuen Gerätegeneration wieder ein vollkommener Neuanfang beim Erlernen seiner Bedienung verbunden sein muß, und es braucht ein Konzept, wie auch ein Wechsel zwischen verschiedenen Marken und den Linien ihrer jeweiligen Geräteentwicklung möglich ist. Ebenso wünschenswert ist schließlich, und auch für diesen Wunsch braucht es noch keine ausgefeilte Theorie, wenn wir auch noch eine bedienungstechnische Brücke hätten von einem Gerätetypus zum nächsten, so daß wir nicht mehr mit der Zumutung leben müssen, auf verschiedenen Klaviaturen doch immer dasselbe Lied zu spielen. Es mag ein Ehrgeiz der Ingenieure und Entwickler sein, alles immer anders, und wie jeder womöglich meint, auch besser zu machen, niemand möchte aber den Abend im Hotelzimmer mit dem Studium der Bedienungsanleitung für die neuste Generation der Flachbildschirme verbringen, nur weil er noch Nachrichten sehen will, und niemand möchte im Mietwagen fünf mal in Folge bei der Agentur anrufen, weil das Auto wieder Dinge macht, die es nicht soll.

Warum es sich die Kulturtheorie zu einfach macht

Kommt jetzt die Theorie ins Spiel, sind verschiedene Ansätze denkbar. Wittgenstein hat in seiner Spätphilosophie mit dem Konzept der „Familienähnlichkeit" einen Vorschlag zur Güte gemacht, wie man trotz aller Brüche in der Fortschreibung von Lebensformen dennoch deren Einheit oder wenigstens einheitliche Sichtweise nicht verabschieden muß. Alfred Nordmann hat eben noch versucht, aus diesem Konzept technikphilosophisches Kapital zu schlagen[4]. Das Gemeinsame aller Technik ist demnach ihre Eigenschaft, „Dinge im Raum"[5] zu organisieren, über diese abstrakte Gemeinsamkeit hinaus ergeben sich aber nur spontane Gruppierungen, die auf Grund ihrer jeweiligen Ähnlichkeiten verschiedene Verbindungslinien möglich machen. Wittgenstein selbst hatte das Konzept als ein evolutionäres gedacht, und er wollte damit vor allem überzogene Ansprüche der Philosophie an den idealen Lauf der Dinge zurechtrücken, indem das ideale Funktionieren so hart wie möglich mit den Kontingenzen unserer

---

4 A. Nordmann, Technikphilosophie zur Einführung, Hamburg 2008, S. 155.
5 Ebd., S. 154.

Lebenswelt konfrontiert wird. Er erläutert dies am Konzept des Spiels und der Einsicht, daß es eben kein Spiel an sich gibt und damit auch keine idealen Spielregeln, von denen alle besonderen Spiele nur abgeleitete, d.h. theoretisch deduzierbare Varianten wären.

Vielmehr ist die Sphäre einer idealen ‚Grammatik' in der spielerischen Organisation der Dinge ganz zu streichen und an ihrer Stelle der reale, sprunghafte Verlauf nachzuvollziehen, der sich ergibt, wenn die Philosophie eben nicht eingreift und die Dinge, wie der späte Wittgenstein es immer wieder betont, einfach so läßt, wie sie sind. So ergibt sich aus seiner Sicht im diachronen Überblick eine Entwicklungsgeschichte, die nach Art natürlich kontingenter Fortschreibung mit dem Einbruch von Zufällen rechnet und dabei eben grundsätzlich immer so oder auch anders verlaufen kann. Die Verbindung zwischen den ‚Generationen' von Spielen und ihren Regeln schafft dann die zeitlich lokale Koinzidenz von Eigenschaften, die sich nach Art eines Stammbaums gruppieren lassen: hat die erste Generation die Eigenschaften ABCD, die zweite BCDE, die dritte CDEF, die vierte DEFG, dann ist die fünfte mit den Eigenschaften EFGH zwar materiell von der ersten bereits vollkommen verschieden, dennoch aber mit ihr in einer Entwicklungslinie verbunden, insofern sich die Neudefinition schrittweise aus dem ursprünglichen Bestand an Eigenschaften heraus nachvollziehen läßt. Die Kulturtheorie hat sich diesen Grundgedanken in der Zwischenzeit anverwandelt und für unsere Kulturentwicklung im ganzen (familienähnlich) fruchtbar gemacht. Sie darf als common sense der derzeitigen Kultur- wie Technikkulturbetrachtung gelten[6].

Der theoretische Ansatz, den ich im folgenden vorstellen will, geht allerdings noch einen Schritt weiter, weil die Anforderungen an die ‚Familienähnlichkeit' zwischen den verschiedenen Gebrauchsmodi der Geräte in der Praxis doch größer sind, als sie durch die Annahme einer bloß kontingenten Ähnlichkeitsbeziehung bereits befriedigt werden könnten. Es ist ja nicht so, daß wir dem evolutionären Schema folgend zu jeder neuen Gerätegeneration gleich auch mit einer neuen Menschengeneration ansetzen können, die Zeiten, da paradigmatischer Wechsel der Technologien gerade einmal im Leben stattfinden (oder noch seltener), gelten heute als Mittelalter, oder aber sind Technologien, die sich so langsam verändern, einfach rar gewor-

---

6 Vgl. dazu meine Besprechung der neueren Literatur zum Stand der Dinge: „Was ist Kulturphilosophie", in: *Philosophische Rundschau*, Bd. 55 (2008), Heft 1, S. 1-23.

den. Mit Wittgenstein gesprochen haben wir zu jedem neuen ‚Spiel‘ nicht gleich auch einen neuen Spieler. Vielmehr gilt es ja gerade, innerhalb einer Lebensspanne kontinuierlich mit neuen Gerätschaften und ihren Weiterentwicklungen fertig zu werden. Und dabei soll eben nicht gelten, neues Spiel, neues Glück, vielmehr ist es wünschenswert, daß sich die einander ablösenden Gebrauchsweisen der Nachfolgegeräte so ergänzen, daß es möglichst einfach ist, vom Gebrauch des Vergangenen auf die Maîtrise des Kommenden umzusteigen. In die Abfolge der Apparateevolution muß demnach über das kontingente Fortprozessieren noch methodisch ein weiteres Element eingelassen werden, das mit einer genuinen Zielausrichtung zu tun hat. Diese Form von Teleologie darf allerdings nicht mißverstanden werden. Sie ist nicht so anspruchsvoll gedacht, wie dies noch im Baconschen Geist der Aufklärung geschehen ist und in Voltaires Geschichtsphilosophie schließlich ausbuchstabiert wurde: daß die ganze Zivilisation auf ein Endziel zusteuert, in dem das technische Niveau der „arts et métiers“, wie es auch in der *Encyclopédie* heißt, zu einem Optimum ausgebildet wurde. Das Ziel des Prozesses ist nicht die perfekte Maschine, ein solcher Glaube an die beste aller technischen Welten hat sich in den immer neuen, zuweilen atemberaubenden Qualitätssprüngen der Geräte ad absurdum geführt. Ebenso wenig ist damit das Gegenteil gemeint, so daß der beste technische Zustand der Zivilisation der Naturzustand ist, wie es mit Rousseau für die Fortschrittsgegner zum Credo wurde. Das philosophische Ziel besteht nicht in einem reverse-engineering, ausgehend vom status quo. Erstrebenswert erscheint mir vielmehr das Einlesen einer Teleologie in den Prozeß der Entwicklung, die vom zielorientierten Gebrauch des Geräts selbst ausgeht, der unbestritten sein muß, solange man ernsthaft mit den Gegenständen umgeht und sie nicht für rein ästhetische oder spielerische Zwecke gebraucht. Jeder will mit seiner Handhabung eines Gerätes ja bestimmte Aufgaben erledigen und Vorgaben erfüllen. Mit der Gebrauchsanmutung eines Gerätes und seiner angepeilten Zielbestimmung (wobei Abweichungen ja meist und in Grenzen möglich sind), ergeben sich bereits engere Margen für eine gelungene Nachfolgebeziehung. Ein Nachfolger erscheint dann legitimerweise ein solcher zu sein, wenn nicht nur das gleiche Markenschild draufsteht oder man sich einfach einer Konvention beugt, weil irgend jemand behauptet, X sei ein neuer Y. Nachfolger ist vielmehr jenes Gerät, das in der besonderen Art und Weise, in der mit einem Gerät eine bestimmte Aufgabe erfüllt werden konnte, vergleichbar ist mit dem Vorgänger. Wie bei Menschen, die man auch an der Besonder-

heit ihrer Performanz mißt und meint, X sei ein würdiger Nachfolger
von Y, wenn er dessen Format hat, so sind auch Geräte dann legitime
Verwandte, wenn sie einen vergleichbaren Charakter zeigen, in dem
was sie tun und wie mit ihnen umgegangen werden kann. So ist freilich immer Raum für Veränderungen und Neuansätze, aber zugleich
kein absoluter Bruch in der Ab- und Nachfolgebeziehung mehr vor-
auszusetzen. Grenzfälle müssen allerdings extra besprochen werden,
wenn bspw. zwei Geräte durch ihre absolute Unvergleichbarkeit mit
anderen eine ausgesprochene ‚Seelenverwandtschaft' zeigen. Im Nor-
malfall aber zieht sich ein teleologisches Band durch die Abfolgebe-
ziehung, die sich aus einer grundsätzlichen Übereinstimmung in der
allgemeinen Absicht des Gerätegebrauchs ergibt, spezifiziert durch die
Besonderheiten veränderter Gebrauchsweisen und -wünsche. Wie
kompliziert und intrikat jenes Wechselspiel von allgemeiner Zielset-
zung und besonderer Zielverfolgung gedacht werden muß, ergibt sich
einmal schon aus dem Umstand, daß sich aus dem konkreten Zielverfolg erst das Allgemeinverhalten ergibt, umgekehrt aber sich die
Konkretion des Gebrauchs nur unter Voraussetzung einer Allgemein-
perspektive der Handhabung anbietet. Es handelt sich also um eine
wechselseitige Konstitution, in der nicht einfach aus der allgemeinen
Zweckangabe, wie sie meist schon im Namen enthalten ist (Kochlöf-
fel, Automobil), auf jeden besonderen Gebrauch geschlossen werden
kann, sondern in der wegen eines immer auch naheliegenden ‚Miß-
brauchs' (z.B. Eierlauf, Autokino) eine Veränderung der Gesamthin-
sicht auf das Gerät und eine ihr angepaßte Umgestaltung natürlich
erscheint. Man möchte mit der Zeit eben andere Dinge mit derselben
Sache auch tun können. Wegen einer solchen natürlichen Zweckent-
fremdung zeigt sich die allgemeine wie besondere Zweckbestimmung
grundsätzlich offen für wechselnde Kontexte. Verschärfend kommt
hinzu, und das ist die eigentlich technikbedingte Pointe, daß die im
Gebrauch konkretisierte Technik schon an sich erweiterte Spielräume
bietet, insofern man Dinge nicht nur so oder so handhaben kann,
sondern durch einfache Zusätze oder Tuning sogleich ganz neue
Möglichkeiten entstehen. Aus einem Rasenmäher entsteht nach ein
paar Stunden Umbau mühelos ein Gocart. Noch schwieriger wird das
Verhältnis von Allgemeinem und Besonderen weiter, wenn schon am
Bauplan des Geräts selbst Hand angelegt wird, und die möglichen
Abweichungen vom Normgebrauch nicht mehr oder weniger zufällig
entstehen und einfach passieren, sondern vielmehr planmäßig hervorgebracht werden. Und schließlich erscheint aus Gründen, die noch
geklärt werden müssen, der an sich harmlose Vorsprung durch Tech-

nik als Ursache für Verwirrung, wenn der Vorsprung selbst für diejenigen, die ihn wollen, zu groß wird und man landläufig zu Formulierungen Zuflucht nimmt, die in einer Entwicklung schon science fiction sehen. Bei Autos bspw. nennt man Prototypen Concept-Cars, wenn man damit seitens des Herstellers andeuten will, man habe verstanden, daß (noch) kein Mensch wirklich mit einem solchen Auto sich im Alltag fortbewegen wollte.

Eine teleologische Ausrichtung des Entwicklungsprozesses bewirkt jedenfalls, daß der technische Vorsprung nicht im Nichts erstaunlicher, aber vollkommen unbrauchbarer Maschinen endet, die jene Zukunft, für die sie gemacht scheinen, nie erleben – zuletzt, weil sich die Zukunft bekanntlich immer anders entscheidet als unsere Vorhersagen es nahelegen. Die Teleologie im Entwicklungsprozeß bewirkt demnach, den Generationenwechsel der Geräte nicht ins vollkommen Offene oder Leere laufen zu lassen, wie dies ein zufallsgeneriertes Evolutionsschema will, sondern richtungsweisend zu wirken; richtungsweisend nicht mit Blick auf ein erstes oder letztes Ziel, sie wirkt vielmehr auf lokaler Ebene und immer projektbezogen. Sie bewirkt, daß der Sprung vom Alten zum Neuen nachvollziehbar wird, wenn das Kriterium für den Nachvollzug darin besteht, mit dem Alten wie mit dem Neuen dasselbe tun zu können; dasselbe wird wiederum verstanden nicht in dem strikten Sinne einer Identität der Vollzüge, sonst wären auch die Geräte zumindest funktionell vollkommen identisch und es gäbe gar nichts Neues und nichts Altes. Mit dem Neuen dasselbe tun zu können wie mit dem Alten bedeutet dagegen, in ein und derselben generellen Hinsicht damit zu hantieren, wobei die Unterschiede als Besonderheiten der Konkretion erscheinen, und wenn wir an der Vorstellung von Fortschritt festhalten wollen, ist das Neue in seiner besonderen Handhabung auch immer auch noch besser als das Alte, zumindest in irgendeiner für uns relevanten Hinsicht. Als Kriterium dafür, wo die die Teleologie einer gemeinsam geteilten generellen Hinsicht beginnt und wo sie in der besonderen Konkretion des Neuen aufhört, lassen sich theoretisch zwei Herangehensweisen unterscheiden, die in der Praxis jedoch nie vollkommen voneinander getrennt erscheinen: man kann analytisch die Einzelvollzüge und -funktionen eines Geräts auseinandernehmen und dann eine Synthese versuchen, wo sie mit dem Vorgängermodell übereinkommen und wo nicht, wo sie eine sinnvolle Ergänzung bieten (einem offengebliebenen Desiderat des Vorgängers nachkommen und wo nicht), und wo sie schließlich dem Kern der Aufgabe, die mit dem Gerät gelöst werden soll, seinem eigentlich Sinn und Zweck, gerecht

werden (letztere Bestimmung muß freilich noch näher bestimmt und
später geklärt werden); die andere Herangehensweise an die Frage, ob
ein Nachfolgegerät als solches gelungen ist, oder nicht, verläßt sich
dagegen nicht auf Analyse, sondern auf Evidenz. Als Benutzer des
Alten muß ich mich im Neuen und in dem, was ich mit ihm tue,
wiedererkennen können. Selbst wenn die Dinge äußerlich schon sehr
verschieden erscheinen mögen und ein spontanes Wiedererkennen
nicht wirklich naheliegt, kann eine solche Evidenz doch stilbildend
wirken. Man denke beispielsweise an Journalisten, Autotester zum
Beispiel, die im Museum eines Herstellers sich in alte Fahrzeuge setzen, die außer dem Firmenlogo vielleicht technisch nichts mehr mit
ihren heutigen Nachfolgern gemeinsam haben, und doch, sobald sie
sich einmal bewegen, sofort zu dem Ausspruch nötigen: ein echter
Audi, Mercedes, BMW, Ford, und so weiter. Es ist in diesem Ausruf
die besondere Art und Weise gemeint, wie von einem Hersteller
grundsätzlich das Konzept von Autofahren angegangen wurde und zu
immer neuen, aber immer miteinander verwandten und wiederer-
kennbaren Lösungen geführt hat. Unscharf formuliert würde man
von der ‚Philosophie' eines Unternehmens sprechen, und oft sind
auch die Werbesprüche so gemacht, daß der Slogan mit einem Wort
sagen soll, worauf es immer ankam und worauf es immer ankommen
soll: ‚Freude am fahren', – ‚Das Auto', – ‚Vorsprung durch Technik'
und so weiter, generell könnte für alle gelten: ‚Da weiß man, was man
hat'. Schärfer formuliert sollte man anstatt von ‚Philosophie' freilich
von einer Idee in einem Kantischen Sinne sprechen. Weil mit einer
solchen Idee nahegelegt wird, daß sie wie eine Leitvorstellung wirkt,
die niemals vollkommen verwirklicht erscheint, die aber dennoch als
Leitvorstellung stilbildend wirkt, ‚heuristisch' die Forschungen und
Entwicklungen anleitend, indem sie eine Hilfestellung bei der Suche
nach besseren Lösungen gibt – indem sie dem Forschenden und Su-
chenden grundsätzlich klarmacht, wonach er sucht und zu welchem
Ziel er etwas erforscht. Unter der Voraussetzung einer solchen übergreifenden Aufgabenstellung und generellen Zielvorgabe ergibt sich
im Entwicklungsprozeß die besondere Struktur, auf die es im folgenden ankommt und die gegenüber einer anonymen Generationenfolge
der Geräte eine teleologisch korrigierte Gesamtentwicklung favori-
siert. Jene Teleologie stellt sich im Wechselspiel allgemeiner Hinsichten und besonderen Konkretionen ein und verhindert, daß Neuentwicklungen keine (hinreichende) Schnitt-menge an Gemeinsam-
keiten mit den Vorgängermodellen mehr haben, die sie als solche
noch erkennbar machen, und was als Schnittmenge von Gemeinsam-

keiten erscheint, ergibt sich wiederum aus einer funktionalen und lebenspraktischen Eignung der Dinge, das zu tun, wozu sie ursprünglich, eigentlich und überhaupt gedacht waren und wofür sie auch künftig noch vorgesehen sind. Die relative Stabilität unserer Lebenspraxis und die mit ihr verbundene Notwendigkeit, im Alltag durchkommen zu müssen, begrenzen äußerlich den Möglichkeitsraum von Neuentwicklungen und binden innerlich das Konzept des Neuen an das Bewährte des Alten zurück. Die dadurch hervorgebrachte Zielausrichtung ist demnach eine solche, die zwar über Generationen von Geräten hinweg wirkt, die aber innerhalb jener Generationenentwicklung selbst nicht inhaltlich stabil bleiben muß und nur als eine übergeordnete Idee einen formalen Zusammenhang herstellt. Was als ‚Philosophie' eines Unternehmens und seiner Produkte gilt, was als ‚Idee' hinter einer Entwicklungslinie steht, ist gefühlt zwar immer dieselbe, ausformuliert aber selbst neu und verschieden darzustellen und zu denken. Der Prozeß, der hier als teleologisch dargestellt wird, ist so auch mit dem behaftet, was man nach Hegel eine ‚schlechte Unendlichkeit' nennt, was nichts anderes heißt, als daß trotz aller Anleitung und Ausrichtung durch Ideen dennoch ein Endziel der Entwicklung nicht abzusehen ist, zumindest was die besonderen Inhalte und konkreten Zielvorgaben angeht. Es bleibt, aufs Ganze gesehen, nur die Anmutung einer sinnvollen Ordnung und Abfolge überhaupt, wie verschieden und offen die Entwicklungen im einzelnen auch ablaufen und vollzogen werden mögen. Nur die Vorstellung, daß der Entwicklungsprozeß überhaupt sinnvoll und nicht nur zufällig ist, daß die Konzeptionen der Geräte über die Zeit hinweg überhaupt zweckorientiert stattfinden, bleibt bestehen, einen besonderen Zweck hinter allem Geschehen zu vermuten wäre zuviel des Guten, in den beweglichen Verhältnissen unserer Technikentwicklung wäre eine solche Annahme nachgerade schlecht.

II. Methodisches

Wer nach dieser Programmskizze findet, daß ihm dieses Programm bekannt vorkommt, es nur eigenartig verändert erscheint, der sieht richtig. Die von mir vorgeschlagene Herangehensweise in der Technikphilosophie ist an der Methode der Texthermeneutik geschult, wie sie von Hans-Georg Gadamer entwickelt und in vielfacher Weise auf skeptische oder affirmative Art in der Folge den jeweiligen Verhältnissen angepaßt wurde. Sie geht in der Tat von der an Texten und in langer Praxis erprobten Einsicht in die Struktur unseres Verstehens aus, wenn es vor die Herausforderung einer Neuinterpretation von Alt- oder Gutbekanntem gestellt wird, also immer dann, wenn es gilt, alte, eminente und besonders wichtige Texte neu zu verstehen und auszulegen. Wohlbekannt und gut erforscht ist hier das Wechselspiel, das sich zwischen alt und neu abspielt immer dann, wenn sich eine neue Auslegung eines Textes von einer bisherigen oder alten absetzt, indem sie wesentliche Dinge anders macht und (aufgrund neuer Textbefunde, neuer Kontextbestimmungen etc.) neue Behauptungen aufstellt, ihr aber trotz aller Kritik und Schuldzuweisung für ein Mißverstehen zugleich doch auch verbunden bleibt – und zwar verbunden bleibt dadurch, daß die neue Auslegung wie auch schon die alte Auslegung gleichermaßen für sich in Anspruch nehmen, die wesentliche Intention eines Textes, das was eigentlich und in letzter Konsequenz mit ihm gemeint und gewollt ist, erfaßt zu haben. Wohlbekannt ist auch die sich aus diesem Wechselspiel ergebende Einsicht in den besonderen Charakter der historischen Entwicklungslinie, die sich aus der Abfolge und gegenseitigen Bezogenheit der Interpretationen aufeinander in Konkurrenz um den letzten Sinngehalt eines Textes ergibt. Gadamer sieht in der Divergenz und Konvergenz der Auslegungen eine Dialektik am Werk, die im Anschluß an Hegel schon als klüger als ihre Humanbeteiligten gedacht ist, klüger also im Vergleich zu den Egoismen des Rechthabenwollens, die sich in der Binnenperspektive der jeweiligen Interpreten ausbilden und am einmal Erreichten grundsätzlich festhalten wollen. Über solcherlei Beschränkung in der Gegenwart jedes Interpretierens und ihre exklusiven Geltungsansprüche geht die historische Betrachtung der Geisteswissenschaft methodisch hinaus, indem die Rezeption älterer und fremder Interpretationen und die Produktion neuer und eigener

Deutungen eine fortlaufende Geschichte der Wirkung der Texte hervorbringt, oder wie es technisch richtig heißt, eine „Wirkungsgeschichte" von Texten. In der Wirkungsgeschichte wächst zusammen, was zusammengehört, wenn die wahre Autorschaft aus der Teilhabe an einem umfassenden Deutungsgeschehen am noch unentschiedenen Übergang von Herkunft in Zukunft erwächst und das eigentliche und letzte Subjekt der Weltdeutung somit die Wirkungsgeschichte selbst ist, in deren ‚Geist' wir uns nur an untergeordneter oder (mit Hegel) bestenfalls an geschäftsführender Stelle einfinden; oder, um es technischer und mit Gadamer zu formulieren: so wir verstehen, daß wir doch trotz des Selbstbewußtseins als eigenständigem Interpreten nicht mehr sind als schwache, flackernde Lichter im „geschlossenen Stromkreis des geschichtlichen Lebens"[7] der Wirkungsgeschichte. Noch einleuchtender erscheint eine solche Entmachtung des Deutungssubjekts durch sein „Einrücken ins Überlieferungsgeschehen"[8], wenn sich die Arbeit am Fortschreiben des Prozesses nicht als einsame Tätigkeit des Interpreten versteht, sondern als das teamwork eines Kollektivs. Und so ist die Situation des Ingenieurs, der grundsätzlich auf die Mit- und Zuarbeit von Kollegen angewiesen ist, anders als jene des Philologen und des Philosophen, an sich schon offener für die hermeneutische Einsicht in den wahren Beitrag des Einzelnen zum Gelingen des Ganzen. Wer selbst seine genialsten Ideen nur im Austausch mit anderen und deren ihrerseits genialen Anwandlungen erhält oder verwirklichen kann, täuscht sich weniger über den echten Anteil, den er selbst am Erfolg einer Sache legitimerweise beanspruchen darf. Der Geisteswissenschaftler würde sich demnach als Ingenieur seines Zeitgeistes besser verstehen denn als der inspirierte Künstler, der ihm scheinbar autonom und in herkulischer Einzigartigkeit eine Form gibt. Wahrscheinlich hatte Hegel bereits eine Vermutung, die in diese Richtung ging, als er das Wesen der Philosophie nahezu anonym formulierte und postulierte, sie sei „ihre Zeit in Gedanken erfaßt"[9]. Demnach ist es nicht einer von uns, der die Gedanken hervorbringt oder auch nur reflektiert, es ist vielmehr die Zeit selbst, oder genauer, der kreative Prozeß ihrer Fortschreibung, der

---

7 H.-G. Gadamer, Wahrheit und Methode, Grundzüge einer philosophischen Hermeneutik, (4. Auflage) Tübingen 1975, S. 261.
8 Ebd., S. 275.
9 G.W.F. Hegel, Grundlinien der Philosophie des Rechts, Vorrede, in: ders., Werke in zwanzig Bänden, hrsg. v. E. Moldenhauer und K.M. Michel, Frankfurt am Main 1970, S. 26.

sich hermeneutisch seiner selbst bewußt wird, wenn diese Hypostase erlaubt ist. Wir Philosophen sind dann, technisch gesprochen, nur ihr Mundstück.

Geräte als Texte

In einer Diskussion wurde mir kürzlich einmal vorgehalten, ob es nicht illegitim sei, aus der Hermeneutik eine Technikphilosophie zu machen, gebe es doch entscheidende kategoriale wie ontologische Unterschiede, die zu beachten seien. Hermeneutik sei und bleibe eine genuin geisteswissenschaftliche Methode, die es grundsätzlich mit den Dingen der Kultur, also vor allem der Kunst zu tun habe, während sich die Technikphilosophie eben um Technik kümmert und um technische Gegenstände, vor allem um Apparaturen und Geräte. Dazuhin seien die Kontexte verschieden, brauche doch die Hermeneutik das Medium von schöner Kunst und der Sprache, während die Technik die nüchterne Naturwissenschaft und das Rechnen bevorzuge, weiter seien die gesellschaftlichen Zusammenhänge verschieden, so daß die Hermeneutik im entlasteten Raum der Literatur und der Ästhetik wirke, während sich die Technik um Gesichtspunkte vor allem der Physik und der Ökonomie und ihrer Analysen der Machbarkeit bewege. Oder mit einem Wort: Texte sind keine Geräte.

Es würde dem hermeneutischen Duktus des bisher Gesagten widersprechen, würde ich hier einfach auf der Verwegenheit des Unternehmens bestehen, in gewisser Hinsicht ist das schade. Die Wahrheit ist aber, daß man mit den besten Gründen behaupten kann, die Hermeneutik habe es tatsächlich in den tieferen Schichten ihrer Herkunft wie ihrer Konzeption mit technischen Gegenständen zu tun. Als These darf man daher tatsächlich in aller Schärfe behaupten, ja, Texte sind technische Geräte und umgekehrt. Die Behauptung gewinnt an Plausibilität, sobald man sich in der Tat der Herkunft der Hermeneutik aus der Phänomenologie und vor allem aus der Heideggerschen Analyse der Lebenswelt versichert. Heidegger hatte in seiner frühen Phase von *Sein und Zeit* nämlich die Frage, wie die Bedeutung in die Welt kommt, so angegangen, daß er gefragt hat, auf welcher Grundlage wir den Dingen in unserer Lebenswelt überhaupt Bedeutung zumessen. In dem Kontrast, den er zum Vorgehen der Naturwissenschaften aufmachen wollte, bestand er darauf, daß es nicht eine sprachsymbolische Zuschreibung ist, von der wir ,zunächst und zumeist' ausgehen, die in einer abstrakten Beziehung von

sprachlichem Zeichen und weltlichem Gegenstand besteht. Bedeutung entsteht vielmehr dadurch, daß wir im konkreten Umgang mit
den Dingen ihre Bedeutung erkennen und ermessen, und das Medium, in dem sich diese Bedeutungshaftigkeit der Welt herausbildet
und artikuliert, sind die Geräte und Werkzeuge, die uns den Gebrauch der Gegenstände allererst ermöglichen, verbessern, oder radikal und aufs Ganze gesehen, überhaupt vermitteln. Heidegger überträgt entsprechend alles, was uns an Bedeutung in den Sinn kommen
kann, auf das, was uns umgänglich zur Hand ist oder geht, die „Zuhandenheit"[10] der Dinge ist die zugehörige ontologische Kategorie,
und die Dinge erschließen sich in ihrem Sein als das „Zeug", als das
sie uns erscheinen: wo die Philosophie vom So-und-so-Sein der Dinge redet, wie Hegel bspw. vom Ansichsein, dem Fürsichsein, und
dem Anundfürsichsein, enden die ontologischen Wendungen für
Heidegger alle auf -zeug: Reitzeug, Schwimmzeug, Wohnzeug, pars
pro toto: Werkzeug, und so ist alles, was irgendwie für uns Bedeutung hat, immer und grundsätzlich ein Werkzeug. Werkzeug hat Bedeutung als Werkzeug freilich nicht nur dadurch, daß wir es in die
Hand nehmen, sondern dadurch, daß wir es in die Hand nehmen
und zugleich eine Absicht des Gebrauchs damit verbinden, Heidegger
nennt dies das „Um-zu", aus dem sich dann der gesamte Verweisungszusammenhang wie auch die „Verweisungsmannigfaltigkeit" eines Werkzeuges ergibt. Habe ich einem Gegenstand eine Bedeutung
zugesprochen, indem ich ihn zum Zeug gemacht habe, habe ich ihn
zugleich zum Teil eines komplexen Praxisgefüges gemacht, in dem
sich die verschiedenen Praxisvollzüge seriell oder parallel aneinanderreihen und verbinden, so daß am Ende herauskommt, was ursprünglich intendiert war. Jedes Werkzeug ist so mit anderen Werkzeugen
der Intention seines Gebrauchs nach vernetzt und bildet mit ihnen
ein technisches Bedeutungsensemble. Heideggers Beispiele stammen
aus dem Handwerksatelier, in dem der Hammer auf den Nagel, der
Nagel auf das Brett, das Brett auf den Schrank, der Schrank auf das
Wohnen bezogen ist und verweist. Die Lebenswelt ist mit ein wenig
Übertreibung gesprochen selbst in ihrer scheinbar ursprünglichen
Form, die sich die mittelalterlichen Handwerksräume zum Vorbild
nimmt, bereits betrieblich organisiert, und viel fehlt (konzeptionell
zumindest) nicht, um das routinierte Procedere des Handwerkens
nach dem Vorbild moderner, zu der Zeit noch vor allem industrieller
Maschinenkulturen zu verstehen, oder umgekehrt. Anfang der

---

10 M. Heidegger, Sein und Zeit, (15. Auflage) Tübingen 1977, S. 136.

1930er Jahre, als Heidegger dieser Zusammenhang offenbar bewußt geworden ist und er erkennt, wie unromantisch im Grunde schon seine Betriebsverfassung der Welt ausgehend vom Atelier des Handwerkers war, versucht er es noch einmal mit dem Gedanken einer ursprünglichen Sinngebung ausgehend von einem praktischen Werk mit Blick auf die ganze Welt. Diesmal ist es aber das eminente Kunstwerk, in dessen nun internalisiertem Bedeutungsgefüge sich der Sinn der Welt offenbart. Das Kunstwerk kann nämlich für Heidegger etwas, was die modernen Handwerker in seinen Augen schon nicht mehr können, und das ist, in all ihrem Tun noch einen letzten Sinn und Zweck anzunehmen und zu verfolgen, der nicht wie im modernen Wirtschaften darin besteht, nur der reinen Zweckrationalität folgend überhaupt immer nur Mittel für Zwecke bereitzustellen, ohne nach dem Zweck aller Zweckverfolgung selbst zu fragen (das ist ja das Thema und die Aufgabe der Existenzanalyse, dem Dasein wieder Sinn und Zweck zu verleihen). Im Kunstwerk, wenn es wirklich Größe beweist, ist dagegen der Zweck so in die Materie eingelassen und von ihm unablösbar, daß er nicht mehr von den Intentionen modern ernüchterter Handwerker abhängt, die wie Fabrikarbeiter das Ziel ihres Tuns und der höhere Sinn ihrer isolierten Verrichtungen nicht mehr interessieren muß. Das Kunstwerk ist für Heidegger dagegen eine Form von Praxis, in der das Tun des Handwerkers, sprich bildenden Künstlers, vollkommen im Werk aufgeht. Das Kunstwerk ist demnach das Werk, das sich sozusagen selbst realisiert und in dem der Künstler, der es schafft, insofern er es schafft, auch zugleich vollkommen aufgeht[11].

Geräte sind Texte, insofern sie uns Welt erschließen

Wie nahe Texte und Geräte in der Grundkonzeption der Hermeneutik sind, läßt sich in einem zweiten Schritt an der Gadamerschen Weiterführung des Heideggerschen Ansatzes nachvollziehen, und paradoxerweise gerade dort, wo eine Übertragung ins Geisteswissenschaftliche erfolgt. Gadamer hat auf Nachfrage immer wieder zu ver-

---

11 Vgl. dazu M. Heidegger, Der Ursprung des Kunstwerks, Frankfurt am Main 1980 (6. Auflage), S. 1-72; sowie meine Überlegungen zur Stellung von Kunst und Philosophie bei Heidegger: „Heidegger, Metaphysik und Kunst", hrsg. v. M. Gabriel und J. Halfwassen, Heidelberg 2008, S. 173-195.

stehen gegeben, daß er mit seiner Konzeption der Wirkungsgeschichte an den späten Heidegger anschließen wollte und damit die
Vorstellung vom Selbstvollzug der Sinngebung ernst nahm, wie ihn
Heidegger beginnend mit dem Kunstwerkaufsatz konzipierte[12]. So
wie bei Heidegger der Künstler im Kunstwerk aufgeht, so bei Gadamer der Interpret in dem, was er auslegt, und auch dies, was er auslegt, hat in irgendeinem Sinne die Anmutung eines Kunstwerks, besonders, wenn es um die Klassiker der Literatur und der Philosophie
geht, aber auch, wenn heilige oder rechtliche Texte gemeint sind. Der
gute Interpret tut nichts hinzu, sondern entfaltet nur, was im vorliegenden Werk an Sinn schon angelegt ist. Die Divergenz zu Heidegger
erfolgt an dem Punkt, an dem Heidegger nach dem Kriege weiter versucht, den Sinn der Welt (in einer aus Heideggers Sicht jetzt total er-
nüchterten Moderne, für deren Absurdität die Atombombe und die
Flurbereinigung in der Landwirtschaft gleichermaßen stehen) durch
eine weitere Romantisierung seiner Philosophie im Sinne einer Allianz von „Dichten und Denken" zu retten. Hölderlins Hymnen werden zum Vorbild. An die Stelle eines gesteigerten Pathos versucht
Gadamer dagegen, sich auf die bestehenden Verhältnisse eher einzulassen und setzt entsprechend auf eine Allianz von *Wahrheit und Methode*. Auch wenn diese Methode dem Grundanliegen Heideggers
folgend auch noch romantische Züge trägt, insofern sie sich explizit
als eine ‚nur' geisteswissenschaftliche Methode versteht und damit
von vornherein all jene technik-kritischen Gegenwartsanalysen beiseite läßt, die Heidegger zu seiner späten Rückzugsgeste veranlaßt haben – so ist doch die programmatische Naturwissenschafts- und
Technikferne der Methode in Wahrheit weder ausgemacht noch
durchzuhalten. Der Siegeszug des Strukturalismus in der Ethnologie
eines Lévy-Strauss wie in der Psychoanalyse eines Jacques Lacan oder
der Literaturessays Roland Barthes' war kaum zu übersehen, und die
beinahe stoische Geste der Gleichgültigkeit, mit der die Systemtheorie in den 60er Jahren die Übertragung der kybernetischen Strukturen von der Verwaltung der Gesellschaft in die Psyche und zuletzt
auch in die Kultur als ganzer vornimmt, zeichnete sich bereits ab. So
sind aus der Sicht Gadamers auch Texte immer schon Konkurrenten
zu den selbstbezüglichen Maschinencodes und ihren Feedback- und
Feedforward-Programmen, weil beide zuletzt symbolisch generiert erscheinen und somit aus derselben Quelle digitaler Grundelemente

---

12 Vgl. Gadamer, a.a.O., XXIV.

schöpfen. Die plötzliche Rede von einer quasi-anonymen Selbstorganisation der Texte, die in der Literaturwissenschaft bis in die späte Postmoderne hinein Standard wurde, galt es von Beginn an mit einer angemessenen Antwort zu versehen. Und was Gadamer aus der Heideggerschen Vorstellung von Wahrheit zu diesem Zweck mit ins Spiel brachte, war darauf aus, den Restzusammenhang aus einer romantischen Rede vom Geist methodisch umzuformulieren und anwendbar zu machen. Und um jene Anwendung geht es auch im Folgenden. Alles kommt nur darauf an, die aus den zeitgebundenen weltanschaulichen wie geistespolitischen Gründen zur Schau gestellte Ablehnung und Vorsicht gegenüber Fragen der Technik seitens der akademischen Hermeneutik beiseite zu lassen und die Auseinandersetzung um Sinnfragen in der Lebenswelt wieder aufzunehmen, und zwar genau an dem Ort, an dem sie zuerst konzipiert und formuliert wurden.

Der Einwurf, Geräte seien keine Texte, ist demnach falsch: Geräte sind Texte, mit dem frühen Heidegger gedacht sind sie das Medium, in dem wir und durch die hindurch wir mit der Welt Umgang haben, und ein Verständnis der Geräte bedeutet, einen Zugang zur Welt zu haben und den Sinn der Welt zu begreifen, den sie bekommt, wenn wir uns umgänglich darin zurechtfinden. Die Geräte helfen uns, die Welt für unsere Zwecke und damit überhaupt erst einmal auszulegen, wörtlich wie übertragen, und Texte sind aus dieser Sicht nur ein weiteres Mittel und ein komplexeres Gerät, ontologisch gesehen, also dann, wenn es um die grundsätzlichste Form von Sinnzuweisung geht. Heideggers Existenzial der „Erschlossenheit" der Welt bildet die Brücke: Geräte und Texte sind gleichermaßen Schlüssel, mit deren Hilfe wir uns den Sinn der Welt erschließen, indem wir mit ihnen die Probe darauf machen, ob und wie die Welt zu unseren Vorhaben, Vorstellungen und Entwürfen paßt. Texte als Geräte zu sehen heißt dann, sich ihrer ursprünglich technisch-praktischen Erschließungsfunktion zu erinnern und nicht dem Wissenschaftsglauben einer vorgängigen ontologischen Fügung in der Entsprechung von Sprache und Welt zu verfallen (wie dies bspw. der Wittgenstein des *Tractatus logico-philosophicus* noch konnte). Welchen Sinn die Welt hat, hängt davon ab, welchen Umgang wir mit ihr pflegen und aus welchen damit verbundenen gerätetechnischen Vorgaben wir schließlich den Theorieschlüssel unserer Wissenschaftssprache formen, der uns dann erklären soll, wie die Welt an sich beschaffen ist.

Geräte als Texte, die sich ihre eigene Welt erschließen

Der Einwurf, Geräte seien keine Texte, ist mit Gadamer gedacht erst recht falsch: Geräte sind hermeneutisch verstanden nicht nur das Medium, in dem wir und durch die hindurch wir mit der Welt Umgang haben, sie sind in der Folge der kybernetischen Revolution der Maschinen auch noch ein selbstbezügliches Medium, in dem nicht mehr wir als Akteure uns der Geräte als bloßer Mittel bedienen, sondern die Geräte zur Selbststeuerung im Sinne eines permanenten Feedbacks übergegangen sind. Heidegger hatte schon gespürt, daß selbst in seiner Vorstellung einer ursprünglich gebliebenen Lebenswelt, wie er sie im Schwarzwaldhaus und dem darin enthaltenen Handwerksatelier noch vorfand, etwas Unheimliches lag: zwar scheint es in der Gerätewelt des Schuppens noch so zu sein, daß uns der Gebrauch der Werkzeuge offen steht und wir je nach Lage und Kontext selbst entscheiden, was zu tun ist und wie es zu tun ist. Eine Ahnung, daß sich die Geräte wie in Goethes *Zauberlehrling* auf die Hinterbeine stellen und eigenmächtig agieren, hatte er aber auch schon hier. Waren doch die handwerkliche Routine und die Üblichkeiten, die „Man" im Umgang mit den Dingen an den Tag legt, schon als eine existenzielle Normalisierung zu werten und die Norm damit das Unauffällige und Durchschnittliche. Im Rückblick wird aus der informierteren Zeitbetrachtung Gadamers nachvollziehbar, daß Heidegger hier schon nur die moderne Selbstorganisation der Technosphäre anachronistisch vordatiert und vorformuliert hatte und somit das proton pseudos schon in allem Anfang wohnte. Konsequent erscheint dann auch Heideggers Abkehr von einem Primat technisch-sachlicher Weltauslegung und seine anschließende Generalopposition, die aus der klassischen Kulturkritik eine Technikkritik macht, der schließlich nur noch ästhetisch zu begegnen war. Gadamer dagegen nimmt die Fackel einer echten, d.h. innertechischen Technikkritik noch einmal auf und fürchtet sich auch bereits nicht mehr vor der existenziellen Verflachung, die unumgänglich scheint, wenn man sich erst einmal in die neue Alltagssituation einer technisch entlasteten Lebenssphäre einfindet und sich der Bürgerlichkeit nicht schämt, sich darin auch noch wohlzufühlen. Es gilt die kritische Haltung nicht aufzugeben, aber mit einer neuen Betonung auf das Machbare, wie sie charakteristisch ist für die vom Heroismus ihrer Vorgänger irritierten 60er Jahre-Theorien. Auch in der Auseinandersetzung mit der Technik braucht es wie in der Gesellschaftstheorie ein ‚piecemeal engineering‘, das seinen Erfolg aus der Beharrlichkeit seines Ansatzes und dem Vertrauen auf eine Zeit ableitet, an der sich Übertreibungen jedweder Art offenbar auch von alleine abarbeiten. Es ist das Vertrauen in eine neue Mittelschicht des Denkens, die sich einer neuen Gelassenheit erfreuen darf im Vertrauen auf eine abendländische Gesprächskultur, die schon Jahrtausende alt ist und eine lange Erfahrung aufweist im Umgang mit Übertreibungen. Platons Gesprächsangebot an alle Sophisten wird für Gadamer zur philosophischen Grundhaltung, und es erscheint mir kein kleiner Reiz zu sein, an dieses Gesprächsangebot anknüpfend auch die Technikphilosophie ein Stück weit auf den Boden der bürgerlichen Tatsachen unserer Lebenswelt zurückzuholen. Zumal in einer solchen Traditionslinie Raum geschaffen wird für Selbstverständlichkeiten der Art, daß spektakuläre technische Neuerungen und eine atemberaubende Brillanz in ihrer Darstellung dennoch erst einmal den ‚test of time‘ bestehen müssen und nicht gleich an der Hürde einer ersten kleinen Schwierigkeit scheitern dürfen. Selbstverständlich ist ebenso, daß die Faszination des Neuen erst einmal wirken darf, insofern jeder ein neues Gerät erst einmal einfach haben muß, bevor er irgendwann sich darüber klar wird, ob er wirklich etwas damit anfangen kann und er es wirklich braucht. In Platons Dialogen werden solche Appreziationsverläufe immer wieder als Präliminarien vorgeführt, wenn die Partner des Sokrates ihre redetechnischen Errungenschaften erst einmal präsentieren und den Stolz über ihr neues Können ausleben dürfen, bevor die eigentliche Auseinandersetzung dann beginnt. Vieles von dem, was die klassische Technikkritik, und erst recht jene, die uns journalistisch immer wieder aufschreckt, an Paradebeispielen der Verfehlung vorführt, verpufft in seiner Wirkung einfach früher oder später im Alltag. Es ist kein echter Schade, wenn alle erst einmal das superschicke Handy haben und wie auch immer damit posieren müssen, wir alle wissen, das geht vorbei. Interessant wird es philosophisch erst dort, wo die Lösung damit auftauchender Probleme oder Unzulänglichkeiten nicht mehr in der Rückkehr zu einer Normalisierung und Veralltäglichung gesucht wird – so wie es irgendwann normal geworden ist, ein Handy in der Tasche zu haben als Sicherheit, sich im Zweifelsfall mitteilen zu können –, sondern vielmehr Anlaß zu einer Steigerung der Künstlichkeit einer eh schon künstlichen Situation gibt, die uns Staunen macht: wenn im Beispiel das Handy nicht zum Notgroschen der Kommunikation wird, sondern über die Phase des Ausprobierens und Vorführens hinaus zum Vorwand wird, ständig und immer mit irgend jemand im Telekontakt zu sein, auch im Theater, im Kino, in der Schule, beim Date oder am Arbeitsplatz; wenn die Fotofunktion im Handy nicht dazu da ist, Dinge aufzunehmen, die man gerade sieht und erlebt und weil man sie provisorisch festhalten will, sondern umgekehrt mit dem Handy fotografiert wird in einem Ausmaß und so ununterbrochen, daß das Handyfotografieren das Erleben selbst ersetzt: wenn also ein Verhalten, das man bislang vor allem japanischen Touristen nachgesagt hat, zum Alltagsstandard wird. Und wenn schließlich die technische Unzulänglichkeit, die sich im Mangel der Kommunikation auftut (kein Bild, damit kein Blickkontakt und so weiter; beim Foto-Handy: die schlechte Auflösung im Vergleich zu einer Kamera-Kamera), nicht mehr lebenspraktisch und klug, sondern wiederum technisch gelöst wird: der Mangel an Intimität wird durch eine zusätzliche Bildverbindung ausgeglichen, die mangelnde Auflösung beim Bild durch eine Aufrüstung des Fotosensors und seiner Pixelzahl. Hier muß weiter nachgefragt werden, und hier hat die Philosophie ihr Feld, auf dem zuletzt geklärt werden muß, was dem Menschen tatsächlich wichtig ist, und zwar im Lichte dessen, was er bisher getan hat und in dem, was er weiter noch alles vorhat, wie er ganz generell wie auch höchst speziell mit sich und der Welt umgeht.

III. KLASSISCHE TECHNIKPHILOSOPHIE

Technikkritik und ihre zeitlose Begründung

Rückkehr in den Naturzustand

Mit dieser Skizze einer methodologischen Herleitung ist auch schon eine Stellungnahme verbunden, wie sich das nachfolgende Programm innerhalb der großen Auseinandersetzungen im Zusammenhang von Philosophie und Technik situiert. Um es in aller Kürze zu formulieren: während die Tradition ausschließlich ‚vertikale' Lösungen bei der Verortung von Technik in der Lebenswelt vorschlägt, soll hier im Gegensatz dazu eine ‚horizontale' Lösung vorgestellt werden, die entlang der Zeitachse die Möglichkeit einer traditionellen Betrachtung von Technik in Anschlag bringt. Unter ‚vertikalen' Verortungen von Technik in der Lebenswelt verstehe ich solche, die eine besondere Einfassung der Technik in außertechnische Gegebenheiten vorsehen in der Hoffnung, Technik möge so verfaßt einen neuerlichen Halt bekommen. Diese außertechnischen Gegebenheiten sind zeitunabhängig anzusetzen, weshalb ich sie auch ‚vertikal' ausgerichtet verstehe, und weil es sich in der Grundvorstellung der Verräumlichung unserer Weltanschauungen auch so eingebürgert hat. Demnach ist eine grundsätzliche Lösung eine klassische zu nennen, die die Verlängerung des Technikgebrauchs über seine Eigensphäre hinaus und zurück in die natürliche, zuletzt biologische Bedürfnissphäre des Menschen vorsieht. Wenn wir fragen, ob der Mensch die von der Technik zur Verfügung gestellten Möglichkeiten tatsächlich braucht, wird die Antwort ausgehend von den Grundbedürfnissen des Menschen gegeben, wobei sich das Präfix ‚Grund' vor Bedürfnis entweder durch die Vorstellung einer intakten Kultursphäre motiviert, oder wenn dies auch noch prekär erscheint, weil die Erinnerung an solche Zeiten zu fern und damit bereits zu fiktiv ist, dann entsprechend einer Vorstellung unserer durch unsere Physis gegebenen Bedürfnisse. Jean-Jacques Rousseau hat für beide Optionen das bis heute gültige Muster geliefert, indem er während der Hochzeit des französischen Rokoko eines schönen Tages seine Uhr verkaufte und seine seidenen Strümpfe gegen solche aus Naturgarn eintauschte und von nun an das Leben in der Stadt zugunsten eines naturnahes Lebens auf dem

Lande, am besten am Fuße der Berge, aufgab. Er hat in seinen *Discours* den Naturzustand des Menschen vor aller Zivilisation zumindest als eine Folie für eine Bilanz herangezogen dafür, was der Mensch heute alles tut, ohne es naturnotwendig in letzter Konsequenz zu benötigen, und anschließend das „goldene Zeitalter"[13] gepriesen, das ein glückliches war, weil in der Inklusion einer natürlich gebliebenen Sittlichkeit die exklusiven Genüsse und die mit ihnen verbundene Pleonexie noch so unbekannt wie ungewollt waren. Immer wieder erscheint ein solcher Rückgang auf eine sittlich oder biologisch geschützte Sphäre (geschützt vor dem Einfluß technischer Bewirtschaftung durch neue und verlockende Möglichkeiten, sein Leben zu zerstreuen) eine Konjunktur zu haben, die bis in die Aussteigerliteratur unserer Tage hinein nicht abreißt, und gut rousseauistisch das Staunen vor der Möglichkeit pflegt, daß es doch auch ganz anders und mit viel weniger geht. Das Problem bei einer jeden solchen Rückzugslösung kann man mit Adorno gültig formulieren, der bekanntlich meinte, es gibt kein „richtiges Leben im falschen"[14], und wenn die Dynamik technischer Fortentwicklung erst einmal Einzug gehalten hat, ist sie auch selbst noch in ihrer rigorosesten Verdrängung präsent. Rousseau hat sich dies selbst eingestanden, als er von der Veränderung unserer Bedürfnisstruktur und der ihr zugehörigen Zielverfolgung handelte. Demnach denken wir uns das Erreichen vom echten Bedürfnis vorgegebener Ziele immer als einen endlichen Prozeß, indem wir zufrieden sind, wenn wir erreicht haben, was wir wollten (z.B. essen und trinken). Moderne Bedürfnisse sind nach Rousseau schon nicht mehr Bedürfnisse in diesem Sinne, sie erfahren vielmehr eine Erweiterung in dem Augenblick, in dem ich zu ihrer Befriedigung ansetze, und werden anspruchsvoller mit jedem Schritt der Annäherung, den ich ihrer Motivation folgend mache. Solche Bedürfnisse nennt er noch Luxusbedürfnisse, sie sind aber im Grunde schon allgegenwärtig, wie ihm schon an den veränderten Eßsitten und dem von ihnen geforderten Raffinement bzw. ihrer unendlichen Steigerungspotenziale deutlich wird. Anstatt von einer „Perfektion" des Zielverfolgs, bei dem man da ist, wenn man da ist, auszugehen,

---

13 J.-J. Rousseau, Discours sur l'origine et les fondements de l'inégalité parmi les hommes, in: ders., Œuvres complètes, hg. v. B. Gagnebin/M. Raymond, Paris 1964, Bd. 3, S. 148ff, beginnend mit der Beschreibung einer noch menschlich gebliebenen Sprache, dem „cri de la Nature".
14 Th.W. Adorno, Minima Moralia. Reflexionen aus dem beschädigten Leben, I, 18; Gesammelte Schriften, Frankfurt am Main 2003, Bd. 4, S.19.

gelte es besser von einer „Perfektibilität"[15] zu reden, die von dem klassischen Zielverfolg nur noch die Ausgangsbewegung und -richtung,
nicht mehr aber den Zieleinlauf übernimmt, weil dieser immer ver-
schoben, aufgeschoben und schließlich ganz aufgehoben im Prozeß
fortschreitender Zielpotenzierung selbst erscheint. Und der Übergang
von der Perfektion zur Perfektibilität ist nicht etwa ein lokales, sozial
begrenztes Phänomen der europäischen Oberklassen, sondern für
Rousseau bereits die neue anthropologische Grundkonstante von Zivilisation und Aufklärung. Dennoch bleibt die Fiktion wenigstens als
Fiktion erhalten, die unseren Gebrauch von Technik wieder an ihrem
richtigen Ort sieht, wenn es uns gelingt, sie nur noch für unsere na-
turbestimmten, damit unabänderlichen und immergleichen Bedürfnisse einzusetzen. Dann ist jede technische Maßnahme ohne Sorge zu
ergreifen, weil Technik uns dann nur noch entlastet von Unnötigem
und das Nötige notwendig gut erscheinen läßt. Jedes Rezept einer Fa-
stenkur lebt von dieser Fiktion. Wie philosophisch durchschlagend
allerdings das Argument einer perfektibel sich verändernden Menschennatur selbst erscheint, hat sich auch noch die Phänomenologie
des 20. Jahrhunderts immer wieder eingestehen müssen. Heidegger
war hier der erste, der dem Idyll einer natürlich intakt gebliebenen Welt
der Zivilisationsferne mißtrauen mußte, weil, wie gesehen, selbst hier
bereits die Anfänge einer um sich greifenden Technosphäre an jedem
Hammer und Schraubenzieher durchblitzen, wenn man sie nur in
operative Nähe gegenseitiger Verweise hinsichtlich eines technologischen Gesamtprojektes bringt. Und zuletzt ist in phänomenologischer
Linie der auch bereits erwähnte Gernot Böhme zu nennen, der sich
immer wieder und von neuem, nach dem Staunen oder Entsetzen
über die Verzerrungen menschlicher Lebenswelten im Lichte technischer Eingriffe, zugeben und eingestehen muß, daß uns alle Vorstellungen natürlicher Grenzen und von unserem natürlichen Men-
schenwesen schwinden, wenn wir einmal auch nur von der Be-
herrschbarkeit oder Veränderlichkeit dieser unserer Menschennatur
gehört haben. Freilich erinnert uns der Kopfschmerz, so sein Beispiel,
daran, daß wir in unserer Leistungsfähigkeit Grenzen haben, es mit
dem Arbeiten (oder dem Feiern) nicht übertreiben sollen, genügend
schlafen und ausreichend essen und trinken sollen, und dennoch ist
selbst diese schmerzhafte Erinnerung an den stoischen Grundsatz des
naturae convenienter vivere bereits eine, die wir vermeiden können,

---

15 Rousseau, a.a.O., S. 162.

wenn wir nur eine Kopfschmerztablette in Reichweite haben. Natürlich kann ich mich dem Kopfschmerz aussetzen und damit versuchen, mich der Bedingtheit meines Menschenwesens zu versichern, zugleich weiß ich aber auch um die Manipulierbarkeit desselben Wesens, das damit auch zugleich seine grundlegende Orientierungsfunktion wieder einbüßt. Was soll man raten, um der Natur in uns und um uns wieder näher zu kommen: die Dinge auf sich zukommen lassen und den Schmerz aushalten, wenn er sich einstellt? Oder ist nicht das Vertrauen in die Leitungsfähigkeit der Natur und die Begrenzung unserer eigenen Planungen wieder unterlaufen, sobald wir um unsere Möglichkeiten wissen, die scheinbar naturgegebenen Grenzen noch einmal technisch zu verschieben?[16]

Technikkritik und Metaphysik

Die andere Option der Technikkritik, die ebenfalls eine ,vertikale' Ausrichtung ins Zeitlose hat, verlängert die Linie einer Neuverankerung der Technik in die diametral entgegengesetzte Richtung, also nicht zurück in unsere zivilisatorisch-biologischen Herkünfte, und damit zurück ins Physische, sondern umgekehrt ins Metaphysische. Die philosophisch gesehen einfachste Vorstellung davon, wie weit wir im Umgang mit Technik gehen dürfen, was Technik darf und soll und was nicht, bietet dabei eine Theologie, die wissen kann, was an menschlicher Verhaltensweise gottgewollt ist und was nicht. Vor allem bei technikethischen Fragen, bei denen es um die Legitimität technischer Eingriffe bspw. bei der Zeugung oder beim Sterben geht, sind solche Stellungnahmen prominent. Die philosophischen Konzepte setzen in der Verlängerung der theologischen Perspektive an, allerdings erst an dem Punkt, an dem explizites Wissen um die göttlichen Ratschläge unzugänglich erscheint und an deren Stelle Deutung oder Ersatzleistung tritt. Auch für diese Option kann Heidegger als ein Paradebeispiel herangezogen werden. So wie Heidegger zu Beginn der 30er Jahre das große Kunstwerk als kulturstiftend ansetzt, damals noch in Konkurrenz zu großer Politik und großer Philosophie und religiöser Weltdeutung, ab 1938-39 exklusiv, traut er dem Kunstwerk

---

16 Vgl. zuletzt: G. Böhme, Invasive Technisierung. Technikphilosophie und Technikkritik, Zug und Kusterdingen 2008.

wie angesprochen ebene jene Orientierungsleistung aufs Ganze gesehen zu, die er zuvor in den 20er Jahren noch der Handwerkssphäre
intakter Lebenswelten zugeschrieben hatte. Das Faszinosum des
Kunstwerks läßt sich dadurch bestimmen, daß es frei nach Kant als
eine Form von Natur auftritt, die im Kunstwerk mit Heidegger verstanden als quasi-natürlicher Selbstvollzug einer Werkgenese augenscheinlich wird. Die ästhetische Auszeichnung des Kunstwerks als einer Kernbestimmung unserer Kultur darf als ein Siegel für deren
Geltung angesehen werden, wobei sich die Nachfrage nach den tieferen Gründen der Herkunft des Kunstwerks, dem Ursprung der zugehörigen Inspiration des Künstlers, für Heidegger philosophisch verbietet. Man kann zwar annehmen, daß sie in höheren Sphären zu
finden ist, diese Vermutung muß aber für die philosophische Schät-
zung ausreichen, die ästhetische Evidenz gilt jedenfalls als Grund genug. Adorno geht trotz weltanschaulicher Differenz strategisch übri-
gens ganz analog zu Heidegger vor. Auch bei ihm gibt es den frühen
Versuch, in einer ursprünglich gebliebenen Natur des Menschen, die
er psychoanalytisch in der Triebsphäre des Menschen ansetzt, ein si-
gnum veri zu finden, zugleich aber auch die Ästhetik des Kunstwerkes
zur kulturellen Gestaltgebung der erotischen Triebenergien wie auch
zur Beglaubigung ihres vitalen Wahrheitspotenzials heranzuziehen.
Im philosophischen Verständnis des Kunstwerkes zeigt sich die „Metaphysik im Augenblick ihres Sturzes"[17] als das Höhere an der
Schwelle zum Verschwinden, aber selbst in ihrem ästhetisch auf-
leuchtenden Verschwinden hat sie ihre grundlegende Eigenschaft, die
Ordnung der Dinge zu symbolisieren, noch nicht verloren. Und nur
auf dieser Basis einer ästhetisch-philosophischen Letztversicherung
einer ehemals zeitlosen Wahrheit läßt sich für Adorno die schneiden-
de Kritik an der „Kulturindustrie" durchhalten, in der es um das see-
lenlose und konsumtechnische Gemachtsein jener Produkte geht, die
in Wahrheit nur Produkte höchster Inspiration sein dürften. Die vertikale Verlängerung der Technosphäre in die Werkästhetik will damit
bedeuten, daß es eben doch noch ein „Richtiges im Falschen" gibt,
wenn das Werk als echte, wahre und hohe Kunst eine metaphysische
Auszeichnung erhält und damit aus dem Strom, wie Adorno sie
brandmarkt, profitorientierter Zurichtungen und bodenloser Gefäl-
ligkeiten der Werke herausragt. Aber auch bei dieser vertikalen Aus-

---

17 Th.W. Adorno, „Meditationen zur Metaphysik", in: ders., Negative Dialektik, (6.
Auflage) Frankfurt am Main 1997, S. 400.

richtung der Technik auf Metaphysik haben die klugen Autoren erkannt, daß sich im Grunde dieselben Schwierigkeit wie beim Rückgang auf naturgegebene Sicherheiten in der Unterscheidung von richtig und falsch ergeben. Adorno wird nicht müde, seine ganze späte Philosophie als ein Grenzunternehmen zu beschreiben, das immerhin den Versuch macht, dieser Schwierigkeit eingedenk zu sein und an keiner Stelle entsprechend mehr zu einer Affirmation ansetzt. Denn es ist nur zu offensichtlich, daß die Grenze zwischen dem echten Kunstwerk und dem kulturindustriell hervorgebrachten Produkt in dem Augenblick schon durchlässig wird, da wir uns das echte Kunstwerk philosophisch als echtes Kunstwerk erschließen wollen und es damit für die ‚betrieblichen' Zwecke der Lehre in letzter Konsequenz auch ‚konsumfähig' machen. Schon das philosophische Lob kann so tödlich sein, was den Erhalt der Aura eines Kunstwerkes angeht. Das Richtige im Falschen kann so allenfalls im ästhetischen Schein noch verstanden und erfühlt und wahrgenommen werden, an der Schwelle zum Begreifen jedoch entzieht es sich bereits wieder jener Wahrheit, die wir philosophisch gerade dauerhaft an es heften wollten. Adornos philosophische Methode muß sich selbst dem entsprechend als eine *Negative Dialektik* verstehen, die in der Lage ist, noch im theoretischen Zugriff auf ihren Gegenstand sich selbst soweit in den Arm zu fallen, daß die besprochene Sache an sich noch intakt bleibt. Sie versucht also das Paradox eines gedanklichen Zugriffs ohne echte Berührung. Und wie sich Heidegger vergleichbar mit seiner späten Wahrheitssuche im Kunstwerk müht, kann ermessen, wer seinen etymologischen Kunstgriffen in der Suche nach Ursprungsbedeutungen der Worte in Hölderlins Hymnen oder in den Fragmenten der Vorsokratiker folgt in ihrem grundsätzlich vergeblichen Ansinnen, eine Ursprungsbedeutung ausfindig zu machen, die noch nicht durch den Zugriff der Philosophie verstellt ist. Daß aber, je später Heidegger philosophiert, um so früher das Datum für eine metaphysisch intakt gebliebene Zeit angesetzt werden muß, ergibt sich immer schon aus dem Umstand, daß mit der philosophischen Thematisierung – auch mit der besten aller philosophischen Absichten, jene Literatur vom Zugriff der modernen Begriffskunst frei zu halten – bereits eine Kontamination in besagtem Sinne verbunden ist. Also gibt es auch hier kein Richtiges im Falschen.

Technikaffirmation und ihre zeitlose Begründung

Der Mensch als Mängelwesen

Die nachfolgende Stellungnahme innerhalb der großen Auseinandersetzungen im Zusammenhang von Philosophie und Technik braucht noch einen zweiten Seitenblick. Da die technikkritische Alternative, die ich vorschlagen möchte, eben nicht nur technikkritisch ist, sondern unter neuen Voraussetzungen ebenso affirmativ, sei kurz auf die ,Vertikalität' der Argumentation eingegangen, von der auch die Befürworter einer modernen Technikkonzeption ausgehen. Am deutlichsten wird die analoge Struktur der Begründung bei den Apologeten, die versuchen, die moderne Technik gegenüber ihren Kritikern in Schutz zu nehmen und mindestens zu legitimieren, wenn nicht sogar zum neuen Kulturprinzip zu erheben. Auch hier kann man nämlich wie bei den Kritikern zwei Strategien unterscheiden, die zum einen eine Verbindung ,nach oben' zur Metaphysik oder ,nach unten' zur menschlichen Natur suchen. Zwei Protagonisten möchte ich für beide Herangehensweisen benennen, Arnold Gehlen und Hans Blumenberg, und ihre Strategien wie folgt überschreiben: Wiederherstellung des Naturzustandes und Herausstellung eines (metaphysischen) Ausnahmezustandes, im Unterschied zum Programm der Kritiker geschieht beides allerdings gerade nicht, um eine Zivilisation auf technischen Abwegen wieder neu zu fundieren oder metaphysisch richtig zu polen, sondern umgekehrt soll der Rückgang auf den Naturzustand wie der Ausblick auf den Ausnahmezustand erst durch die moderne Technik überhaupt zustande kommen und ihre Annahme legitimieren.

So gesehen findet sich, das wäre meine These, bei Arnold Gehlen das Rousseausche Naturzustandsdenken aufs Neue, nur mit mittlerweile verkehrten Vorzeichen. Rousseau hatte in einer technisch aufgerüsteten Zivilisation und dabei besonders in ihrer Kultur der Künstlichkeit den Grund für eine Zerstreuung des Menschen gesehen, indem die Menschen durch den Einsatz technischer Mittel ihre Ziele nie erreichen, weil sie im Zielverfolg grundsätzlich erweitert und in ihrer dauernden Mutation zu noch weitergehenden Zielen schließlich unerreichbar werden. Der Naturzustand war dagegen die Fiktion eines Menschenbildes, in dem Bedürfnisse noch nicht kulturtechnisch bewirtschaftet und immer weiter potenziert wurden, sondern von der Natur als bestimmte und feststehende isoliert und festgeschrieben wurden. Gegenüber der Komplexität kultureller Machenschaften, die

ins Unendliche zu raffinieren und zu spezialisieren sind, erschien die
Annahme eines Naturzustandes als die geeignete Maßnahme zur Reduktion jener Komplexität, indem sie die Überfülle der Optionen mit
der Überschaubarkeit einer frugalen Existenz kontrastierte, auch
wenn jene Existenz erstens nur in Romanen schlüssig vorgeführt werden konnte und zweitens in der Praxis wiederum großer kultureller
Anstrengungen bedurfte, um die geforderte Isolation von der Zivilisation überhaupt einzurichten und dauerhaft durchzuhalten. Als Arnold Gehlen rund 200 Jahre später mit seiner Anthropologie neu ansetzt, geht es in der Studie *Der Mensch* wiederum um eine radikale
Reduktion von Komplexität, die der Mensch braucht, um in ihm un-
überschaubar erscheinenden Lebensverhältnissen durchzukommen
und nicht in seinem Wesen irre zu werden. Allerdings sind jetzt die
Rollen radikal umverteilt. Nicht mehr ist die Natur die große Re-
duktorin von Komplexität und sind die kulturellen Institutionen die
Generatoren von Unübersichtlichkeit. Vielmehr ist umgekehrt jetzt
die Natur selbst der Grund für eine prinzipielle Überforderung des
Menschen und die Technik die Antwort auf diese Überforderung.
Die Natur setzt uns nämlich nach Gehlen einer dauernden „Reiz-
überflutung" als der „unzweckmäßigen' Fülle einströmender Eindrücke"[18] aus, die es uns ohne weitere Hilfe unmöglich macht, uns in
der Welt zurechtzufinden, weil wir dauerhaft abgelenkt werden von
dem, was uns nützen und helfen könnte. Technik dagegen und ihre
Ausbildung zu einer Institution in unserem Leben verschafft uns einen Überblick, indem ihre Apparatur wie ein Reizfilter wirkt und bestimmte Eindrücke zuläßt, andere blockiert, und für jene, die sie zuläßt auch zugleich eine Form der Handhabung bietet, wie sie un-
schädlich gemacht oder zum Nutzen des Menschen eingespannt werden können. Die Institutionalisierung der Technik als Grundbe-
standteil unserer Lebenswelt wird nötig, weil Technik als ein Ad-hoc-
Verfahren nur momentane Entlastung bringen würde, wenn sie aber
nicht zum Kulturpatent für erfolgreiches Vorgehen wird, in jedem
Augenblick neu erfunden werden müßte, was zuletzt die naturgegebene Überforderung nur noch steigern würde.

    Die Umpolung der Rousseauschen Zivilisationskritik in eine Af-
firmation ihrer technischen Institutionen kann man auf zwei Weisen
erklären. Ideengeschichtlich reiht sich Gehlen in eine lange Tradition
ein, die im Menschen ein Mängelwesen sieht, das anders als alle ande-

---

18 A. Gehlen, Der Mensch. Seine Natur und seine Stellung in der Welt, (13. Aufla-
    ge) Wiesbaden 1986, S. 36.

ren Lebewesen von der Natur nur unzureichend mit Instinkten und
Organen ausgestattet wurde, und besonders seine „Instinktarmut",
wie Gehlen sagt, durch technische Zurichtung seiner Motivation wie
auch der Exekution seiner so generierten Absichten kompensieren
muß. Bereits bei Platon findet sich der Gedanke im Zusammenhang
mit dem Sophisten *Protagoras* im gleichnamigen Dialog, in der Neuzeit ist das Konzept seit Pico della Mirandolas Rede *De hominis
dignitate* prominent, in der die Würde des Menschen an seiner Kreativität festgemacht wird, die er braucht, um mit seinem Instinktman-
gel zurechtzukommen. In beiden Fällen und für alles Folgende vorausgesetzt ist dabei, daß die kosmologische oder göttliche Ordnung
reduziert erscheint und zumindest beim Menschen eine Ausnahme
macht. Und der Sophist wie der Vertreter einer neuen Menschen-
würde gehen weiter davon aus, daß der dem Menschen offenstehende
Freiraum nicht einfach einem Versehen der Natur oder einer Unauf-
merksamkeit Gottes geschuldet ist, sondern als Freiraum gewollt ist
und deshalb auch selbstbewußt vom Menschen angenommen werden
darf. Der Mensch hat nach Pico eben seine Würde nicht mehr als ein
Ebenbild Gottes, sondern als der Schöpfer oder zumindest als Festle-
ger seiner eigenen Natur[19]. Demgegenüber erscheint Rousseau in der
Rolle des Konservativen, der die Offenheit des Menschenwesens für
eigenmächtige Präzisierungen als Sündenfall ansieht und den Naturzustand des Menschen auch entsprechend so definiert, daß der Ur-
mensch die Verbindung zum Tier faktisch zumindest noch nicht gelöst hat und nur der Potenz nach bereits zum Kulturwesen taugt. Die
Menschen des Naturzustandes sind im Grunde wie Bestien, und das
ist auch der Grund, warum Rousseau den Naturzustand nicht guten
Gewissens zum romantischen Fluchtort erklären konnte und eine
Rückkehr zur Natur für ihn auch keine echte Option war.

Zeitgeschichtlich betrachtet, und das wäre das Alternativangebot
zur Ideengeschichte, erscheinen Rousseau und Gehlen weit weniger
im Kontrast, zumindest nicht im weltanschaulichen. Demnach ist
mit Gehlen eine erweiterte Einsicht in die Reichweite wie die
Selbstorganisation technisch funktionierender Institutionen anzusetzen, die jetzt so umfassend und alles durchdringend gedacht werden
müssen, daß selbst für die Fiktion eines Naturzustandes als eines ur-
geschichtlichen Außenbezirks der Zivilisation kein konzeptioneller
Platz mehr ist. Und umgekehrt, sobald die technisch luxurierende

---

19 Vgl. G. Pico della Mirandola, De hominis dignitate, I., 1, hg. v. A. Buck, Hamburg 1990, S. 4ff.

Kultur als eine den Menschen immer schon umgebende Umwelt erscheinen muß und die Technikkultur schließlich selbst zur zweiten
Menschennatur wird, erscheinen wiederum Rousseaus Zivilisations-
kritik und ihre Besinnungsmaßnahmen nur noch als eine weitere, besondere Technik im alltäglichen Kampf mit komplexen Umwelten,
die wir nicht mehr überschauen. Sogar die erste Natur ist demnach
schon ursprünglich, wie es die ökologischen Theorien des 20. Jahrhunderts nach Jacob von Uexküll herausarbeiten, selbst nur noch als
ein Umweltsystem oder besser als ein System von Systemen zu denken. War bei Rousseau Technik und Raffinement noch mit einem
Zwang zur Zerstreuung verbunden, ist Technik als Institution für
Gehlen ein Zwang zur Sammlung, weil zum einen schon die weitere
Umwelt so überkomplex erscheint, daß eine technische Komplexität
als deren humane Reduktion gewertet wird, in der die Welt für den
Menschen bewohnbar wird; und andererseits damit das Menschenwe-
sen und seine von der Natur nur unzureichend festgelegte Instinkt-
struktur überhaupt erst technisch vereindeutigt wird, die Menschennatur als natürlich verstandene sich einer technischen Projektion verdankt und damit selbst ein Konstrukt ist. Die grundsätzliche Übereinstimmung zwischen Rousseau und Gehlen in Sachen Anthropologie zeichnet sich dem entsprechend erst auf einem anderen Niveau
wirklich ab, und die spätere Technikkritik Gehlens ist dafür aufschlußreich, wie sie dem Aufsatz „Anthropologische Ansicht der
Technik" aus dem Jahr 1965 zu entnehmen ist. Demnach befürchtete
Gehlen schon zuvor und generell gesehen eine Verfestigung institu-
tioneller Strukturen, die er „Kristallisation" nennt und damit das
Aushärten der technischen Strukturen meint so, daß sie der Kreativität lebensweltlicher Veränderungen nicht mehr nachgeben, sondern
sie vielmehr zivilisatorisch erstarren lassen und zuletzt in eine Sphäre
abdrängen, die uns unheimlich erscheinen muß. Biologisch gedacht
ist Technik für Gehlen Organentlastung, Organerweiterung und zuletzt Organersatz[20], wobei am Ende beim Übergang zum Organersatz
eben die Gefahr aufleuchtet, daß die als Entlastung angesetzte Entwicklung so perfekt wird, daß sie dem Menschen als einzelnem nicht
mehr hilft, sondern nur noch der Gattung als ganzer, und der Gattung wiederum nicht in ihrer spezifischen Humanität, sondern nur
noch in ihrem technisch generierten Vorteil, sich biologisch besser
fortpflanzen zu können. Technischer Fortschritt wird zum Promotor

---

20 Vgl. A. Gehlen, Die Seele im technischen Zeitalter. Sozialpsychologische Probleme
in der industriellen Gesellschaft, Reinbek 1957.

der Evolution, und Gehlen befürchtet eine Bevölkerungsexplosion, wobei das „Gesetz" jener Entwicklung ein „innertechnisches Geschehen" aussagt, „einen Verlauf, der vom Menschen als Ganzes nicht gewollt worden ist, sondern dieses Gesetz greift gewissermaßen vom Rücken her oder instinktiv durch die gesamte menschliche Kulturgeschichte hindurch" [21]. Die biologische Gattungsfortentwicklung ist freilich erkauft durch eine zunehmende Spezialisierung der menschlichen Lebensbedingungen, die jeden Einzelnen, sich selbst überlassen, hoffnungslos überfordern würde: „... mit seinen natürlich organischen Hilfsmitteln und dem, was er mit seinen Händen zustande brächte, könnte sich ein einzelner zwar in der rohen Natur, aber keine drei Tage in einem nicht-funktionierenden technisch-industriellen System halten" [22]. Dem Prinzip nach konnte aber auch schon Rousseau so klagen, und seine Schwierigkeiten sind eben dem Prinzip nach auch noch Gehlens Schwierigkeiten. Der technische Eingriff in die Menschennatur hat längst stattgefunden, und der Fluchtraum Natur erweist sich bereits als eine Sphäre technisch entfesselter Evolution, die uns schon für unser bloßes Überleben zurückverweist in eine durchtechnisierte Zivilisation. Und so bleibt zuletzt doch nur wieder die ohnmächtige Klage über einen fatalen Fehllauf, in dem der Mensch frei nach Hannah Arendt mit seiner ganzen technisch-kulturellen Überlebensapparatur vom Säugetier zum „Schalentier" [23] mutiert.

Die Legitimität der Neuzeit

Der zweite Teil des Seitenblicks muß kurz auf Hans Blumenbergs Technikapologie eingehen, aus der er die Bestimmung der *Legitimität der Neuzeit* ableitet [24]. Die Vertikalität ihrer Ausrichtung ergibt sich in gewisser Hinsicht bereits aus seiner Opposition zu Heideggers metaphysischem Ansatz. Blumenberg unterstellt dessen Technikkritik eine Säkularisierungsthese, nach der die Wahrheit über die Dinge mit ihrer wissenschaftlich-technologischen Umdeutung in die falschen

---

21 A. Gehlen, „Anthropologische Ansicht der Technik", in: H. Freyer/J. Papalekas/ H. Weippert (Hrsg.), Technik im technischen Zeitalter. Stellungnahmen zur geschichtlichen Situation, Düsseldorf 1965, S. 101-118, Zitat S. 107.

22 Ebd., S. 112.

23 Gehlen zitiert Arendt in: ebd., S. 113.

24 H. Blumenberg, Die Legitimität der Neuzeit, Frankfurt am Main (2. Auflage) 1988.

Hände geraten ist, und trotz der Theologieabstinenz Heideggers werde doch der profanen Behandlung der Seinsfrage in der Neuzeit ausdrücklich eine Verfallstendenz attestiert, und man dürfe durchaus fragen, wovon der Verfall denn ausgehe. Auch wenn philologisch Heidegger an dem Punkt verteidigt werden kann, ist doch der Gesamttendenz der Blumenbergischen Kritik an der Technikkritik insoweit nachzugehen, daß, wenn auch nicht bei Heidegger im Speziellen, doch bei existenzialistischen Ansätzen im Generellen immer wieder Anspielungen auf theologische Begründungsschemata vorhanden sind. Carl Schmitt hat in seiner politischen Theologie darauf zurückgegriffen, Eric Voegelin die Gnosis als eine wiederkehrende Zeittendenz ausdrücklich benannt. Blumenberg jedenfalls setzt der Säkularisierungsthese die Behauptung entgegen, daß die Entstehung der neuzeitlichen Wissenschafts- und Technikkultur nicht eine vorwitzige Tat zweifelhafter Wissenschaftsheroen war, die um ihres prometheischen Vorteils willen das Andenken an das wahre Sein der Dinge aufgaben, sondern umgekehrt, daß es sich bei der Herausbildung einer selbstbewußten Wissenssphäre um einen Akt der Selbstbehauptung handelte, oder, um der Dramatik der Säkularisierungsthese Paroli zu bieten, um einen Akt der Notwehr. Die These wird plausibel, wenn mit Blumenberg die Verwaltung von eminentem Wissen im Sinne eines Heilswissens als eine historische Phase analysiert wird, die ursprünglich schon nicht mehr war als eine Ersatzleistung oder ein Trost dafür, daß die christliche Wahrheit in der Tat auf sich warten ließ, indem die Naherwartung des Weltendes und der rettenden Apokalypse enttäuscht wurde und es theologische Erklärungen dafür brauchte, wie im Interim zu verfahren sei und wie die Seele in Antizipation der Wahrheit ihre Wartestellung erträglicher machen kann. Augustinus' Neugierdeverbot erscheint dafür zentral, insofern mit ihm die Seele von den weltlichen Dingen auf die Sorge um das Heil zurückgelenkt wird und sich die Hoffnung nicht auf ein Fortkommen im Diesseits, sondern im Jenseits konzentriert. Nach Blumenberg konnte jedoch die Theologie in ihrer Heilsverwaltung nie den Charakter der Vorläufigkeit ablegen, und als schließlich im ausgehenden Mittelalter der Glaube an die Kompetenz Gottes, die Dinge auf Erden zu ordnen und zu lenken angesichts von Pest und Religionskriegen schwand, trat auch das Prekäre des theologischen Heilswissens wieder zutage. Gott erschien als ein ferner Gott, dem die menschlichen Dinge nicht nahe genug sind, als daß sie des göttlichen Eingriffs würdig wären, oder aber, zu den Hochzeiten des Nominalismus, konnte er auch als ein zorniger und launischer Gott erscheinen, der es in seinen unvordenklichen Willensentscheiden womöglich nicht einmal gut mit den Menschen meinte. Aus der schmerzlich erfahrenen Gottferne folgt dann für Blumenberg die Lizenz, die menschlichen Geschicke in die eigene Hand zu nehmen und das Neugierverbot zu kippen[25]. Die weitere Geschichte, die zum Siegeszug der Wissenschaften im 19. und 20. Jahrhundert führte, ist bekannt. Und wer versteht, wie eine metaphysisch inspirierte Technik- und Kulturkritik nicht zufällig in einem Jahrhundert der Extreme und der Katastrophen wieder zu Ehren kam, der versteht auch, warum eine neuerliche Aufklärung über die *Legitimität der Neuzeit* nötig war[26]. Blumenbergs Strategie besteht also darin, den Ausnahmezustand, aus dem heraus Heidegger seine Verfallsthese und seine Technikkritik motiviert, selbst zu diskreditieren. Das eminente Wissen vor dem Verfall zeigt sich zuletzt in seinen weltlichen Wirkungen nur als Quelle von Chaos und Zerstörung, Krieg und Niedergang zivilisatorischer Standards, und die beiden Weltkriege des 20. Jahrhunderts sind das blutige Siegel auf diese Einsicht.

Dabei bleibt offensichtlich aber auch in dieser Variante des technikkritischen Konters zuletzt die Opposition von den Vorgaben des Gegners abhängig. So wie Heidegger und andere den zivilisatorischen Ausnahmezustand als eine Quelle eminenten Wissens ansetzen, das uns nur leider im technisch-wissenschaftlichen Zeitalter nicht mehr umstandslos und immer nur gebrochen zugänglich ist, so setzt auch Blumenberg einen solchen Zustand wieder voraus, nur mit entgegengesetzter argumentativer Stoßrichtung. Nur weil wir ihn als Argument annehmen und zulassen, soll die *Legitimität der Neuzeit* bewiesen sein. Ohne einen mit einer Heilserwartung verbundenen Ausnahmezustand gäbe es keine Enttäuschung, die dann erst die neuzeitliche Neugierde entfesselt und die westliche Kultur weltgeschichtlich in Szene setzt. Wie begrenzt die Reichweite der Blumenbergischen Kritik dem entsprechend ist, hat nach dem Erscheinen von *Legitimität und Neuzeit* Dieter Henrich in einer Besprechung bemerkt[27]. Er wirft dem Autor vor, daß die Herleitung der Legitimität bereits in der

---

25 Vgl. ebd. das Kapitel „Die mißlungene Abwendung der Gnosis als Vorbehalt ihrer Wiederkehr", S. 139ff.

26 Zu den Hintergründen vgl. die kluge Rekonstruktion von F. Heidenreich, Mensch und Moderne bei Hans Blumenberg, München 2005, S. 113-121. Ebenfalls hilfreich und eben aus dem Nachlaß erschienen: H. Blumenberg, Geistesgeschichte der Technik, Frankfurt am Main 2009.

27 Vgl. D. Henrich, Die Philosophie im Prozeß der Kultur, Frankfurt am Main 2006, S. 63ff.

frühen Neuzeit mit Nikolaus von Kues und Giordano Bruno, dem
Cusaner und dem Nolaner, abbricht, und damit die für die Technikkritik eigentlich interessante Entwicklung, die sich aus der Industrialisierung und der Informatisierung ergibt, umgeht. Wenn man so
will, geht Blumenberg damit immer noch von einem weitgehend ar-
chaischen Technikverständnis aus, in dem mit der Handhabung der
Werkzeuge noch keine echte Gefahr besteht, daß sich die Technosphäre über die Köpfe ihrer Produzenten erhebt und eigenmächtig
wird.

Technik als Entlastung

Überhaupt erscheint die Grundtendenz in einer vertikal begründeten
Technikphilosophie von der Art, daß sie grundsätzlich immer nur
zwischen den beiden Polen schwankt, Technik entweder als Entlastung des Menschen oder als eine Bedrohung zu verstehen. Die Entlastung entsteht dadurch, daß der Mensch mit Hilfe der Technik einen (natürlichen) Mangel behebt oder einer Notlage begegnet, je
nachdem, wie dramatisch das Bild gezeichnet wird, und es ist dabei
vorausgesetzt, daß der Einsatz von Technik als der Einsatz eines bloßen Mittels gelten darf, das genau jenen Mangel und jene Not behebt, für die eine Technik erdacht ist. Die Gegenthese von der Bedrohung, die die Technik für den Menschen darstellt, geht umgekehrt davon aus, daß sich die Technik eben nicht nur wie ein Instrument benutzen läßt, das nach getaner Arbeit wieder weggelegt
werden kann, sondern grundsätzlich das Potenzial dazu hat, unsere
Lebenspraxis eigenmächtig zu strukturieren, umzugestalten und
schließlich in Eigenregie zu nehmen. Technik erscheint als Bedrohung, weil dann die Lebensformen, die von der Technik kolonisiert
werden, selbst wiederum nicht-technisch begründet sein müssen, sei
es zuletzt als biologische oder als gottgewollte oder metaphysisch im
Sein des Menschen angelegte.

Die Kontroverse zwischen Technikbefürwortern und Technikgeg-
nern zeichnet sich innerhalb dieses Spielraums immer nur durch einen Wechsel der Perspektiven und ein strategisches Verschweigen,
Herunterspielen und schließlich als akzeptabel Akzeptieren der Kehr-
seiten der eigenen Position aus. So kenne ich Philosophen, die sich
darüber erregt haben, daß Heidegger nach dem Kriege offenbar regelmäßig von seiner Schwarzwaldhütte in die Dorfgaststätte herabge-
stiegen ist, um dort die Spiele der deutschen Fußballnationalmann-

schaft im Fernsehen zu verfolgen und schworen, Heidegger wegen dieser Schwäche philosophisch nicht mehr ernst nehmen zu können – eine Reaktion, die höchst naiv erscheinen muß, ist es doch ausgemacht, daß selbst der entschiedenste Technikgegner öfter und gerne Ausnahmen macht und machen muß, will er nicht den Nimbus des Verschrobenen angeheftet bekommen. So kann ich natürlich immer klagen, die Menschen nähmen Schlaftabletten, weil sie die Gabe und Gnade der Nachtruhe als solche nicht erwarteten und schätzten, und die Klage mag auch richtig sein, aber wer würde, vor die Alternative gestellt, bei einer banalen Blinddarmentzündung den schnellen Tod einem medizinischen Routineeingriff vorzuziehen, tatsächlich und ohne mit der Wimper zu zucken, sich für die radikale Lösung im Sinne der Technikkritik entscheiden? Und selbst wenn man für sich noch einen solchen Heroismus in Anspruch nehmen wollte, würde man immer noch so reden, wenn es sich um eigene oder fremde Kinder handelt, deren Blinddarm gereizt ist? Auch die Empörung über Heideggers Verstrickungen in den Fängen des wissenschaftlich-technischen ‚Gestells‘ ist aus meiner Sicht ein Stück weit immer gespielt und nicht wirklich ernst zu nehmen.

Auf der anderen Seite ist aber ebenso klar, daß selbst die rückhaltlosesten Befürworter einer technogenen Lebenswelt nicht umhin können, Ausnahmen zu machen und gutzuheißen. Niemand ist wirklich immer online, dafür sorgt schon das große ‚reset‘, das uns im Schlaf vom Netz einer jeden Kommunikation nach außen nimmt.

So darf man sich immer auch ein wenig über die Einseitigkeiten und Stilisierungen wundern, die in der technikphilosophischen Debatte über lange Zeit auch ihrer Glaubwürdigkeit geschadet haben. Norbert Elias’ feiert bspw. noch Ende der 1930er Jahre den *Prozeß der Zivilisation* als eine Form der Zivilisierung des Menschen, in der äußere soziale Zwänge durch eine innere Selbstkontrolle des Menschen abgelöst werden und ein aristokratisches Ideal der Selbstbestimmung so über die Jahrhunderte der Neuzeit hinweg via Verfeinerung der Sitten zu einer Demokratisierung der Freiheit führt. Zwar erkennt er, daß diese „nun in höherem Maße einsetzende Verwandlung zwischenmenschlicher Fremdzwänge in einzelmenschliche Selbstzwänge“ dazu führt, „daß viele Affektimpulse weniger spontan auslebbar sind“[28]. „Selbstkontrollen“ wie „etwa das ‚rationale Denken‘ oder das ‚moralische Gewissen‘, schieben sich nun stärker und fester

---

28 N. Elias, Über den Prozeß der Zivilisation. Soziogenetische und psychogenetische Untersuchungen, Frankfurt am Main 1995 (19. Auflage), S. LXI.

gebaut als je zuvor zwischen Trieb- und Gefühlsimpulse" ein. Die Verinnerlichung gesellschaftlicher oder staatlich institutionalisierter Zwänge in Form einer psychologischen Kontrollinstanz bleibt aber trotz Freud und der langen Literaturreihe, die über Lacan bis Foucault darin im Sinne des Vitalismus eine Beeinträchtigung unser Lebensenergien erkannte, einfach ein Positivum. Ernst Cassirers Umwertung eines endogenen Technikzwangs zur „symbolischen Form" ließe sich mit derselben Verwunderung kommentieren, wenn man sich die darin enthaltene Zumutung vergegenwärtigt, die anonyme Form einer technologischen Selbstverwaltung, die mit Elias ja bereits bis in den Kern unserer psychischen Verfassung als Selbstkontrolle eingedrungen ist, im guten Sinne der Aufklärung nach Kant und Hegel einfach als eine weitere legitime Geist-Formation anzusehen, in der wir uns, wie Cassirer voraussetzt, als bürgerlich gebildete Persönlichkeiten in den Institutionen der Welt wiederfinden sollen. Was wird hier aus dem Heideggerschen ‚Gestell', das eben ein Gestell ist, weil man sich daran existenziell offenbar nicht gut halten kann? Zwangsstrukturen werden wieder zu harmlosen Instrumenten.

Technik als Bedrohung

Zuletzt bleibt noch Raum zur Verwunderung, wenn in den Generalisierungen der Theorie eine Totalgefährdung der Zivilisation vermutet und auch noch in den Nischen an sich harmlos gebliebener Zustände grundsätzlich Verdächtiges entdeckt wird. Adornos Diktum, es gäbe kein Richtiges im Falschen ist das gnomische Siegel darauf, und das Buch der Bücher, dessen siebtes Siegel bereits als jenes Diktum dechiffriert wird, kann nichts anderes als das früheste schriftliche Zeugnis der Mythen des Abendlandes sein, Homers Odyssee. „Die Menschen hatten immer zu wählen zwischen ihrer Unterwerfung unter Natur oder der Natur unter das Selbst"[29], und die „Inthronisierung des Mittels als Zweck"[30] beginnt mit der List des Odysseus. Er glaubt nur, es sei seine eigene List, die List des Subjekts, das sich durch den technischen Kniff – im Beispiel das Fesseln an den Bootsmast, um den Gesängen der Sirenen gefahrlos lauschen zu können und die Sprachverwirrung und Blendung des Polyphem – einen Vorteil ge-

---

29 M. Horkheimer/Th.W. Adorno, Dialektik und Aufklärung. Philosophische Fragmente, Frankfurt am Main 1969, S. 38.
30 Ebd., S. 62.

genüber den mythischen Naturgegebenheiten verschafft und somit überhaupt erst ‚durchkommt'. In Wahrheit aber handelt es sich hier schon um eine List der Vernunft, die den ersten Täter zum ersten Opfer und ihn zum „Heros" macht, „der dem Opfer sich entzieht, indem er sich opfert". Und jene List der Vernunft ist nicht mehr mit Kant oder Hegel an sich gutmütig und auf ein glückliches Ende in der Weltgeschichte aus, sie ist vielmehr selbst nichts anderes als eine Verselbständigung der Zweckrationalität, die so effektiv wie blind gegenüber allem Zweckhaften ist, daß sie sich selbst noch in ihrer Zweckausrichtung ad absurdum führt. Die *Dialektik der Aufklärung* endet konsequent in der Irre einer vollkommenen zivilisatorischen Ziellosigkeit, und die Irrfahrt des Odysseus ist die mythisch-rationale Vorwegnahme dessen, was passiert, wenn der Mensch mit seinen technischen Vorhaben prinzipiell strandet und an keinem Gestade mehr wirklich zuhause sein wird. Marx hatte jenen Irrlauf der Aufklärung noch auf die politische Ökonomie und die zweckrationale Selbstorganisation der Produktionssphäre[31] beschränkt. Für Adorno und Horkheimer gilt es jetzt, ihre Totalisierung über das Gesellschaftliche hinaus zu beklagen. Beide erleben das Zeitgeschehen in ihrem kalifornischen Exil mit der Einsicht endend, daß die „Widervernunft des totalitären Kapitalismus, dessen Technik, Bedürfnisse zu befriedigen, in ihrer vergegenständlichten, von Herrschaft determinierten Gestalt die Befriedigung der Bedürfnisse unmöglich macht und zur Ausrottung der Menschen treibt". Technische Zivilisation ist in Wahrheit Regression und endet in der Barbarei der Weltkriege. Ihre kalte Kriegsform ist die Kulturindustrie, die schließlich auch noch das philosophische Andenken an das Richtige im Falschen unmöglich machen soll. Kunst als Kitsch läßt Kritik zum Konsumgut werden. Noch einen Schritt weiter in der Richtung einer totalen Kapitalismuskritik wird Herbert Marcuse in den 1960er Jahren gehen, wenn er schließlich vor dem Hintergrund der Studenten- und Protestbewegungen das zivilisatorische Wirken der Konsumindustrie in der Herausbildung des *Eindimensionale(n) Mensch(en)* enden läßt. Wer seine intellektuelle Sozialisation in den anschließenden 1970er und 1980er Jahren erlebt hat, weiß, wie durchschlagend die Geste eines Generalverdachts gegenüber jeder Form von Technikkultur werden konnte, nachdem der Funke erst einmal in die Feuilletons übergesprungen war. Und so ließe sich die Liste derer beinahe beliebig verlängern, die

---

31 Vgl. das 13.Kapitel des ersten Bandes von Marx' *Kapital*: „Maschinerie und große Industrie".

in immer weiter gehendem politischen Eifer eine immer noch weitergehende Technikkritik verlangten, die sich schließlich als grüne Bewegung auch politisch institutionalisierte und sich heute durch eine
neue Technikbegeisterung an die Spitze ihrer Bewegung setzt, indem
von ihrer einstigen Haltung einer Totalverweigerung nur noch der
Kampf gegen die Atomkraft übrig geblieben ist und ansonsten die
Partei zum Anwalt einer Spitzentechnologie wurde, einer grünen
Spitzentechnologie freilich, die ihre Vertreter an der Windkraft und
den börsennotierten Ökostrom- und Solaranlagen längst selbst wieder
reich werden läßt. Auch das ist eine *Dialektik der Aufklärung.*

Technik und Kulturgeschichte

Schließlich gibt es auch noch Ansätze, in denen die Kontroverse zwischen philosophischer Technikkritik und Technikbegründung zuletzt
doch aufgehoben erscheint und eine historische Perspektive gegenüber den Strategien der (metaphysisch oder physisch motivierten)
Letztbegründung ins Spiel kommt. Allerdings geschieht dies unter
dem in der Postmoderne unendlich wiederholten Vorsatz, die Grenze
zwischen Kultur und Natur von vornherein für überwunden zu erklären und daran anschließend für die Technikphilosophie zu behaupten, daß die Technik die natürliche Mitte zwischen Kultur und Natur
immer schon gewesen sei. Wir alle waren immer schon halb Mensch
und halb Maschine, also Cyborgs, und so wie Menschen Cyborgs
sind, sind auch die Tiere, die uns nahestehen, Cyborgs, und innerhalb der Menschengattung sind auch unsere natürlichen Unterschiede nur scheinbare Unterschiede, Mann und Frau nur eine kulturell
antiquierte Erfindung, weil, wie die medizinischen Fortschritte in Sachen Geschlechtsumwandlung schließlich bewiesen haben, grundsätzlich gemacht und damit konventionell. Die OncoMouse[32] schafft
die Durchlässigkeit der Grenzen nach unten, der Terminator nach
oben. Dona Haraway hat diese Position in letzter Konsequenz aus
feministischen Ansätzen heraus entwickelt und auf der Grundlage de-

---

32 Bei der OncoMouse, zu deutsch Krebsmaus, handelt es sich um eine Züchtung,
   bei der einer Maus gentechnisch die Erbinformation einer menschlichen weibli-
   chen Brustkrebszelle implantiert wurde, um ‚ethisch unbedenklich' an der Maus
   als ihrem neuen Wirt Experimente durchzuführen, die zum Studium und zur Be-
   kämpfung des Krebses dienen sollten. Die OncoMouse wurde patentiert von der
   Firma DuPont.

konstruktiver Ansätze bis in die Tierethik hinein verallgemeinert[33].
Alle Argumente, die aus einer unwandelbaren Natur in uns oder einer
uns unverfügbaren Kultur abgeleitet wurden, laufen demnach ins
Leere, weil alle Unterschiede zwischen den beiden Sphären nur façons
de parler sind, und die Technik und ihre Entwicklung in ihrem all-
umfassenden Konstruktivismus bereits alle Attribute von Kultur und
Natur in sich schließt und aus sich hervorbringt. Mit Haraway verbindet sich so ein neuer Rationalismus in seiner technisch-neukon-
struktiven Durchgestaltung der Welt, für die frei nach Spinoza
durchaus wieder die Formel ‚deus sive natura‘ gelten darf.

Wo das Historische in die Technikphilosophie neuerdings aufge-
nommen erscheint, geschieht dies folglich um den Preis, das kritische
Potenzial beinahe vollkommen aufzugeben. Legion sind die Stellungnahmen, die dafür werben, man solle sich endlich eingestehen, daß
Technik an sich und dem Wesen nach gar nichts anderes als Kultur
ist (Walther Zimmerli[34]), und das technische Prozedieren in nichts
oder fast nicht mehr verschieden von dem Fortschritt ist, den wir
kulturell nennen. Günter Ropohl hat bereits Ende der 1970er Jahre
auf der Grundlage der Systemtheorie[35] eine technische Gesamtver-
waltung unserer Wirklichkeit postuliert und bis heute dafür geworben, den von Adorno prominent geleugneten Zusammenhang von
Technik und Aufklärung besser wieder philosophisch zu bedenken
und neu herzustellen[36]. Wohl sei die Technik eine Gegennatur, da es
aber gar keine Natur-Natur mehr gibt (und in Wahrheit nie gegeben
hat), ist auch die Klage über den Verlust eine Erfindung der Roman-
tiker. Eine Rettung der Natur ist demnach nicht durch eine Rückkehr zur Natur möglich, sondern an sich schon nur noch durch
Technik. Nur durch Technik läßt sich eine Nachhaltigkeit natürlicher Lebensformen sichern. Konsequent die Ausblendung von Kultur
und Natur als einer Eigensphäre fortsetzend sieht Christoph Hubig
entsprechend die Technik als die *Kunst des Möglichen*, die gar keine
wahrhaft externe (natürliche) Wirklichkeit oder (kulturelle) Notwen-

---

33 Vgl. D. Haraway, Modest Wittness@Second Millennium. FemaleMan Meets OncoMouse. Feminism and Technoscience, New York (u.a.)1996, vgl. ebenso dies.,
When Species meet (Posthumanities), Minneapolis 2007.
34 Zuletzt in: W.Ch. Zimmerli, Technologie als ‚Kultur‘, (2. Auflage), Hildesheim
2005.
35 G. Ropohl, Eine Systemtheorie der Technik: Zur Grundlegung einer allgemeinen
Technologie, München 1979.
36 Vgl. ders., Technologische Aufklärung: Beiträge zur Technikphilosophie, Frankfurt am Main 1991.

digkeit mehr umgibt, die die Technik zu einer Korrektur oder Anpassung zwingen würde. Zwar ist noch immer von einem Anpassungsvorgang die Rede, allerdings beschränkt sich dieser auf das technikinterne Wechselspiel zwischen technischem Entwurf und technischer Wirklichkeit. Es gibt demnach einen Erfahrungsspielraum, der dem Ingenieur bewußt wird, jedesmal wenn seine Vorhersage des Funktionierens vom Gerät nicht eingelöst wird, wenn die Idee des Geräts mit ihrer technischen Umsetzung nicht mithalten kann. Hubig sieht hier eine Form Hegelscher Dialektik am Werk, die in der Differenz zwischen dem Ansich des Plans und dem Fürsich des Geräts aufbricht, so daß eine Synthese im wünschenswerten Anundfürsich angesetzt werden muß, in dem das Gerät selbst tut, was der Plan für es vorsieht. Allerdings ist klar, daß entgegen der Hegelschen Dialektik hier am Ende einer rein technischen Entwicklungslinie nicht noch eine gesellschaftliche, politische oder historische Sphäre mehr für das Gerätetuning in Frage kommt. Technik entfaltet aus sich selbst die ganze Dialektik, die sie voranbringt. Und am Ende ist nicht einmal mehr klar, ob die Spannung aufrechterhalten werden kann, die sich innerhalb des technischen Prozesses aus der Konfrontation zwischen planerischer Möglichkeit und ihrer Umsetzung in eine technische Wirklichkeit ergibt. Die OncoMouse entfaltet auch hier wieder ihr subversives Potenzial, weil der Unterschied zwischen Natur und Technik mit ihr ad absurdum geführt ist und der genetische Plan schon unmittelbar seine natürliche Umsetzung bedeutet, gibt es doch in der Biologie nichts Natürlicheres als das Gen wie es zugleich auch nichts Technischeres als das Gen gibt[37].

Technik als Empire

In dem Zusammenhang einer historisch informierten Überblendung von Technik und Kultur unter postmodernen Vorzeichen sind noch zwei weitere Tendenzen kurz anzuzeigen. Die eine besteht darin, die alte Opposition zwischen *Erkenntnis und Interesse*, wie sie von Habermas noch 1968 gültig formuliert werden konnte, aufzugeben und die Logik des Marktes kurzerhand nicht nur für kompatibel mit der Logik technischen Fortschritts zu erklären, sondern wünschenswerterweise sogar für miteinander identisch. Craig Venters Entschlüsse-

---

37 Vgl. Chr. Hubig, Die Kunst des Möglichen I. Technikphilosophie als Reflexion der Medialität, Bielefeld 2006, S. 184 und 256.

lung des Humangenoms mit Hilfe privater Investoren gilt als das äußere Zeichen einer solch allseits profitablen Verschmelzung der Sphären. Als eine innere Beglaubigung kann komplementär dazu eine aktuelle Tendenz herangezogen werden, die zwar noch von der klassischen Kapitalismus- und Technikkritik ausgeht, die von ihr früher aber noch als unheilvoll bewertete Allianz von Kapital und Technik heute als eine zutiefst kreative und damit selbst natürliche Sphärenverschränkung versteht und diese zuletzt sogar euphorisch begrüßt. Der Grundgedanke stammt aus der politischen Theorie, in der Antonio Negri und Michael Hardt den Klassenkampf im Spätkapitalismus neu definieren wollten und dabei herausfanden, daß eine zeitgemäße Anarchie gegenüber den Institutionen zuletzt in nichts anderem mehr bestehen kann als in dem kreativen Wirtschaften der Einzelsubjekte, die sich in ihren Spekulationen weder an gegebene Regeln noch an bürgerliche Moralen halten und in jedem Moment den Sturz des Systems vorbereiten, paradoxerweise aber mit ihrer Haltung einer forcierten Dauerinnovation von immer neuen Spekulationsprodukten und höchstprofitablen Geschäftsmodellen das System zugleich auch wieder hervorbringen[38]. Fairerweise muß man hinzufügen, daß das Lob einer spekulativen Entfesselung menschlichen Handelns und Wirtschaftens noch vor der großen Finanzkrise ausgesprochen wurde, nur so konnte der Jungunternehmer zum Proletarier werden und seine Selbstbereicherung zur sublimsten Form des Klassenkampfes. Via des Foulcaultschen Begriffs von Biopolitik hat jene Spätvorstellung des Klassenkampfes, die sich vom dramatischen Fach ins Komische gerettet hat, neuerdings auch Einzug gehalten in eine ‚Kritik‘ des „Biokapitalismus‟[39]. An der Stelle von Kritik steht aber für Rosi Braidotti auch gleich nur noch „Transposition des Lebens‟, d.h., unsere Körper sind an sich schon Bürger zweier Sphären, der biologischen wie der ökonomischen, und sie sind es als „verleiblichtes Kapital‟[40] sogar in ein und derselben Hinsicht. Verständlich wird das, wenn sowohl die Biologie als auch die Ökonomie aus dem Grundprinzip eines erneuerten Vitalismus abgeleitet erscheinen und somit nur verschiedene Erscheinungsweisen einer radikalen Kreativität sind, die

---

38 A. Negri/M. Hardt, Empire. Die neue Weltordnung, Frankfurt am Main (u.a.), 2003; dies., Multitude. Krieg und Demokratie im Empire, Frankfurt am Main (u.a.) 2004.
39 R. Braidotti, „Zur Transposition des Lebens im Zeitalter des genetischen Biokapitalismus‟, in: M.G. Weiß (Hg.), Bios und Zoë. Die menschliche Natur im Zeitalter ihrer technischen Reproduzierbarkeit, Frankfurt am Main 2009, S. 108-135.
40 Ebd., S. 115.

alles irgendwie Lebendige gleichermaßen durchherrscht. Der griechische Ausdruck „Zoë" soll mit dem Gestus eines archaisierenden Immerschon jene vitale Grundkraft des Kosmos von der Naturauffassung einer vergegenständlichenden Biologie unterscheiden und seine Dynamik zugleich als kapitalistische Mobilisierung entfalten. So leidet mein Körper nicht einfach mehr unter der Fremdherrschaft biologischer Manipulation und gentechnischer Eingriffe, er wird von mir selbst ebenso als eine Spielmarke in einem globalen Genmonopoly eingesetzt, in dem ich mich am besten zum Promotor meiner Selbstverwertung mache. Komme ich damit durch, werde ich zum Agenten gegen die „Bio-Piraterie"[41], mit der die Patentierung biotechnologischer Produkte gemeint ist. Ich muß demnach mein Biokapital selbst verwerten, um dem Biokapitalismus Einhalt zu gebieten – zugleich ist die Selbstverwertung aber auch nur der erste Schritt zu einem neuen Patent (und sei es nur als Schutz vor der Patentierung der Bio-Piraten), und so werde ich selbst zum Bio-Piraten gegen die Bio-Piraterie. Piraterie ist damit Piraterie gegen Piraterie, und Systemgegnerschaft ist nichts anderes als Systemerhaltung. Negri und Hardt hatten schon mit der prinzipiellen Schwierigkeit zu kämpfen, daß es im Spätkapitalismus keine Sieger und keine Verlierer mehr gibt, keine Profiteure und keine Ausgebeuteten, und deshalb der Klassenkampf in Zukunft nicht mehr zur Emanzipation einer an den Rand der Gesellschaft gedrängten Gruppe führen kann. Somit erscheint der Widerstand nur noch innerhalb des Systems möglich, und zwar als ein Widerstand des Systems gegen das System. Das bedeutet aber, daß der einzig zu erwirkende Unterschied nur noch im *Bewußtsein* der Akteure zu vollziehen ist, und zuletzt heißt Befreiung alleine, daß ich mich in dem, was ich sowieso tue, weil ich es unter den Imperativen des Biokapitalismus tun muß, nicht mehr als Verlierer, sondern als Gewinner sehe, nicht mehr als Unterdrückter, sondern als selbstbestimmt und frei, als Herr über meine Angelegenheiten da, wo sie mir zuvor fremdbestimmt erschienen. Ich werde zum Unternehmer meiner selbst. Damit ist aber nicht mehr als eine Umcodierung erreicht, in der sich der Handwerker plötzlich als Künstler verstehen darf und das dröge Wirtschaften zur kapitalistischen Selbstentfaltung stilisiert wird. Letztendlich endet die Befreiungsbewegung in einer Ästhetisierung gesellschaftlicher Bio-Machtverhältnisse als einer Wendung ins Spielerische, bei der ich jetzt den Eindruck haben darf, daß auch ich im Spiel wieder eine Chance habe. „Transposition des Lebens" ist so

---

41 Ebd., S. 120.

wie ein musikalischer Terminus zu verstehen – was er ja ursprünglich einmal gewesen ist –, der nahelegt, daß ich die Melodie, die bisher in Moll gespielt wurde, jetzt in Dur wiedergebe. Und da hier immer noch ein materieller Unterschied bestehen bleibt, wäre es vielleicht noch passender, einfach von einer ‚enharmonischen Verwechslung' zu sprechen. Es ist die gleiche Melodie, bei der man sich nur planmäßig vertut, zu welcher Tonart sie in Wahrheit gehört. Die Autorin tut sich jedenfalls schwer, am Ende ihres Artikels noch klar zu machen, wo eine Kritik an der „neo-liberale(n) Euphorie"[42] ihren Anker hat. In der Forderung nach einer Intensivierung des Lebens in Zeiten, in denen die „perverse Logik des Biokapitalismus" herrscht, sind nur noch Zweideutigkeiten enthalten: „Die Macht der Zoë bewirkt, dass der ‚Mensch' zwischen einer Zukunft, die keine Sicherheiten bietet, und einer sich ständig wandelnden Gegenwart gefangen ist, die nach Sicherheit schreit". Alles erscheint hier so weit durchkapitalisiert und mobilisiert, daß sich darin jetzt offenbar auch noch, wie die Autorin zum Schluß zu verstehen gibt, eine „humanistische Nostalgie" darin wiederfinden lassen muß. Oder besser eine Ästhetik des Flusses, in der frei nach Nietzsche nur noch das Dionysische als die ständige Steigerung unserer kreativen Energieflüsse unserer Existenz einen Sinn verleiht.

Technik als Kunst

Die zweite postmoderne Tendenz im Zusammenhang einer historisch informierten Überblendung von Technik und Kultur überspringt sozusagen die ökonomische Sphäre und behauptet einen direkten Zusammenhang zwischen Technik und Kultur, verstanden als eine Parallele in der Entwicklungslogik von Technik und Kunst, zugespitzt von Technik und Poetik. Der Grundgedanke kann bis in den Expressionismus Ernst Blochs zurückverfolgt werden, in dem Technik als die Kunst nicht einer Vernutzung der Dinge erscheint, sondern als poetische Möglichkeit, den Dingen zu ihrem wahren Ausdruck zu verhelfen, d.h., durch einen Eingriff in die Natur ihr Wesen herzustellen oder gar zu steigern. Gleich zu Beginn im *Geist der Utopie* ist „ein alter Krug" das Raum- und Zeitschaffende Ding an sich, das uns

---

42 Ebd., S. 132.

mit „ältesten Zeiten"[43] verbindet und „nahe" und fern definiert und
in sich noch ein romantisch dunkles Geheimnis verbirgt: „so müßte
ein Kunstwerk aussehen, um eines zu sein"[44]. Heidegger kann in dem
Zusammenhang auch gleich noch einmal genannt werden, wenn er
das Wesen eines Wasser- und Weinkrugs zum ontologischen Paradigma
des Dings macht und als das „Krughafte des Kruges" erschließt[45], das einen Unterschied in der Welt macht (indem es eine ontologische
Grenze in die Welt bringt von Innen und Außen, Einschließen und
Ausgrenzen und so weiter). Marcuse hat Ende der 1950er Jahre in einer gedanklichen Pause von einer totalen Kapitalismuskritik die be-
freiende Möglichkeit ins Auge gefaßt, die von uns technisch geschaf-
fenen Kulturdinge könnten, psychoanalytisch verstanden, Ausdruck
unserer Kreativität sein und somit eine „Kultur ohne Unterdrückung"
hervorbringen, indem sie als materielle Selbstbefreiung des Eros verstanden werden[46]. Und schließlich kommt zur gleichen Zeit mit Roland Barthes Essays über die *Mythen des Alltags* auch schon eine Lust
an der einsetzenden Ästhetisierung der Lebenswelt ins Spiel, die mit
der berühmten Vergöttlichung des Citroën D.S. (sprich ‚déesse') au-
genfällig wird[47]. Hier spätestens hat die Vergöttlichung technischer
Produkte nichts mehr mit Romantik zu tun, und die ästhetische
Überhöhung ist nicht mehr dazu da, epochale Kulturstandards zu setzen und für alle sichtbar zu beglaubigen. Als die D.S. auf den Markt
kommt, ist dies kein dramatisches Geschehen mehr, das vom Philosophen in der Hoffnung kommentiert wird, einer absteigenden Zivilisation würde gerade noch einmal ein Rest Kultur abgerungen. Es
wird vielmehr bereits die komische Seite jener Philosophenhoffnung
sichtbar, die uns heute bei der Lektüre von Blochs und Heideggers
Krugphantasien unwillkürlich entgegenschlägt[48] und zugleich eine

---

43 E. Bloch, Geist der Utopie, Bearbeitete Neuauflage der zweiten Fassung von 1923,
   Frankfurt am Main 1964, S. 18.
44 Ebd., S. 19.
45 Vgl. M. Heidegger, Das Ding, in: *Vorträge und Aufsätze*, Gesamtausgabe, Frankfurt am Main 2000, Bd. 7, S. 173ff.
46 H. Marcuse, Eros und Kultur. Ein philosophischer Beitrag zu Sigmund Freud,
   Stuttgart 1957, S. 13.
47 R. Barthes, Mythen des Alltags, Frankfurt am Main 1964, S. 76-78, in Original:
   Mythologies, Paris 1957.
48 Vgl. die Persiflage, der bereits Heideggers Bruder Fritz sich nicht enthalten konnte, anläßlich einer Fastnachtsrede auf den ontologischen Tiefsinn des Philosophen
   zu verfassen, der in den Krug schaut: „Das Fassende des Faßbaren ist die Nacht
   …", zitiert aus J. Soentgen, „Adornos Lachen, Adornos Tränen", in: L. Hagedstedt,
   Alles über den Künstler. Zum Werk von Robert Gernhardt, Frankfurt am Main
   2002, S. 86.

modernere Auffassung ihres Gedankens nahelegt. Nicht mehr wird die Technik einem übergeordneten Kulturmaßstab untergeordnet (und ihr zugemutet, diesen als Kunst selbstlos zu verkörpern), umgekehrt wird die Hochkultur vielmehr als Technikprodukt entlarvt und mit ihm gleichgesetzt, und der Umschlag der Betrachtungsweise bewirkt die Komik, um so mehr, als wie im *zerbrochenen Krug* Heinrich von Kleists wir im Grunde schon von Anfang an wußten, daß wir es selbst sind, die als Täter hinter dem dramatischen Ereignis stehen, über das wir staunen und richten. Der Umschwung oder besser Abschwung der Betrachtung kommt grundsätzlich schon in der Ästhetik Kants ins Spiel, wenn Kant die Schöpferkraft im Genie und damit im Menschen selbst verortet, auch wenn es noch die Natur im Menschen ist, die schöpferisch wirkt. Weitere Stationen der ästhetischen Profanation sind Baudelaire, der mit seinen paradoxen Wendungen aus den *Fleurs du Mal* das Erhabene der Kunst mit dem Modischen gleichsetzt, das Ewige mit dem Frivolen, und Paul Valéry, der in seinem *Eupalinos* das Gedicht zu nichts mehr als einer poetischen Laune macht, die sich nur noch aus einer komischen Selbstaufreizung der poetischen Technik heraus erklären läßt.

Parallel zur Abkoppelung der schönen Kunst und ihrer Kultur von den göttlichen Maßstäben ewiger Ordnung werden die schönen Dinge, die ihre Auszeichnung verdienen, zugleich von den menschlichen Bedürfnissen und ihrer Gebrauchslogik abgetrennt. Den Anfang macht auch hier wieder Kant, bei dem wir das Schöne schätzen gerade aus „interesselosem Wohlgefallen"[49], bei Baudelaire ist der inspirierte Künstler nur noch an dem ungelenken und komischen Verhalten zu erkennen, das er wie ein auf einem Schiff gestrandeter *Albatros* im gleichnamigen Gedicht an den Tag legt, und bei Valéry erscheint die Schönheit des Gedichts selbst nur noch als das kühle Design, in dem sich die Kombinationslogik der Worte ein passendes Kleid gibt[50]. Überhaupt ist das Design die augenscheinlichste Evidenz für eine Veränderung, in der die einstmals schöne Kunst ihre ‚Wurzeln im Himmel' und ihre Verankerung in der Lebenswelt verloren hat.

---

49 I. Kant, Kritik der Urteilskraft, § 2, die erste Formulierung heißt hier: „Ein jeder muß eingestehen, daß dasjenige Urteil über Schönheit, worin sich das mindeste Interesse mengt, sehr parteilich und kein reines Geschmacksurteil sei", in: ders., Werkausgabe, hg. v. W. Weischedel, Frankfurt am Main 1981, Bd. X, S. 117.

50 Im referierten Sinne hat Hans Blumenberg alle nötigen Stilisierungen geleistet in: „Sokrates und das ‚objet ambigu'. Paul Valérys Auseinandersetzung mit der Tradition der Ontologie des ästhetischen Gegenstandes", in: ders., Ästhetische und metaphorologische Schriften, Frankfurt am Main 2001, S. 74-111.

Wenn wir von Design reden oder Design als solches erkennen, ist bereits klar, daß hier einer Sache eine Form und ein Anschein gegeben wird, der sich nicht mehr unmittelbar und umstandslos aus der Sache selbst herleitet, sondern bereits eine von uns gewollte Zutat ist. Designmöbel bspw. werden solche genannt, die nicht nur bequem sind (wenn sie überhaupt bequem sind), oder die Form von Möbeln haben, die Möbel immer schon hatten und der Idee des Möbels an sich entsprechen; Designmöbel haben immer noch ein Plus in der äußeren Gestaltung anzubieten, das man nicht von vornherein und nicht immer schon mit dieser Form Möbel in Verbindung bringt. Das Design richtet sich augenscheinlich also nicht im Platonischen Sinne nach Urbildern, die sie verkörpern hilft, oder nach einer bestimmten Gebrauchsvorstellung, wie sie mit Aristoteles jedem Gebrauchsgegenstand zugemutet werden darf. Design ist demgegenüber eine Zutat, die offenbar erst einmal vollkommen im Belieben des Designers liegt. Besonders deutlich wird dies immer dann, wenn das Design, wie seit den 60er Jahren Mode, einer Sache eine Anmutung gibt, die eigentlich einem ganz anderen Gegenstand zukommt, im Beispiel ein Sessel im Raketendesign, man denke aber auch bspw. an Spaghetti-Eis und ähnliches. Nochmals Platonisch gesprochen entwirft demnach das Design Abbilder von Urbildern, die es nie gegeben hat, weil sie als Hybride eigentlich undenkbar sind (Spaghetti und Eis), oder weil sie überhaupt so unerhört sind, daß sie selbst als eine Kombination aus anderen Urbildern nicht mehr durchgehen können (immer dann, wenn die landläufige Reaktion ein „Was ist denn das?" mit mimischer Betonung des Fragezeichens ist, und der Fachmann auf die Frage – nach kurzem Zögern – auch nur mit den Schultern zuckt). In einer von Aristoteles entworfenen Gebrauchs-Ontologie würde das Design als der Widersinn beschrieben, der entsteht, wenn die Zweckursache und die Formursache einer Entität auseinanderfallen, was in der Natur unweigerlich zur Bildung von Monstern, in der Literatur zur Erfindung von Fabelwesen führt. Im Alltag wäre es so, wie wenn wir auf einem Besen fliegen oder aus Wasser Wein machen könnten. Die Welt müßte also entweder verhext oder wunderbar sein.

Das moderne Design ist jedoch in der Lage, die klassische Ordnung der Dinge selbstbewußt umzustülpen. Es nutzt die alte Vorstellung der Inspiration allenfalls noch als Fabel für die Frivolität ihrer Formveränderungen und spielt sie aus gegen die Gebrauchsanmutung, die alle Geräte bis in die neue Sachlichkeit der Formel „form follows function" hinein begleitet hatte. Als Kern des Designs erscheint eine Verschmelzung von Künstlertum und Ingenieursgeist, mit der besonderen Pointe, daß beide ununterscheidbar werden genau an dem Punkt, an dem das Künstlertum ingeniös wird und unerhörte Geräte entwirft und der Ingenieursgeist künstlerisch, indem er einlädt zur Kreation unwahrscheinlicher Gebrauchsdesigns. Und wo der Gebrauch einer Sache wie ihre äußere Erscheinung mit der gleichen Freiheit von Vorgaben und Zielen entworfen und nach rein ästhetischen Gesichtspunkten ausgestaltet werden können, da ist klar, daß sich zwischen der Innovation im Design und der Innovation im Gebrauch zuletzt keine echte Kontroverse mehr entwickeln läßt. Beide Sparten sind nur verschiedene Ausformungen eines umfassenden Kreativitätskonzeptes, das sich des Primats der künstlerischen Entwicklung vor den Ansprüchen der Gesellschaft bewußt ist, und was zuvor nur für die schöne Kunst selbstverständlich war, wie selbstverständlich auch für die technische Kunst in Anspruch nimmt. Es fällt uns nach der langen praktischen Gewöhnungsphase des vergangenen halben Jahrhunderts und der akademischen Feier einer artistischen Dauerinnovation schwer, die Auffälligkeiten des Konzepts als solche zu bemerken. In der disziplinären Analyse bleibt aber das Staunen über eine Allianz zweier Sphären, die, wollte man es auf eine Formel bringen, als eine sich ergänzende Kombination von künstlerischer Avantgarde und technischem Fortschritt erscheint. Von der Avantgarde der schönen Künste erborgt sich der technische Fortschritt die Lizenz, frei von jedem Praxisdruck erst einmal voranzuschreiten und Fragen der Verwertbarkeit hintanzustellen. Die Grenze zwischen schöner und technischer Kunst erscheint in dieser Hinsicht aufgehoben, seitdem die Kunst im 20. Jahrhundert die Ready-Mades erfunden hat und Konstrukteure wie Jean Tinguely die Technik zur Spielform erklärt haben, so daß selbst schwerindustrielle Maschinenarme zu Bestandteilen luftiger Mobiles werden; ergänzt durch die Tendenz der Technikentwicklung selbst, die Außenerscheinung ihrer Maschinen eigens zu inszenieren (bei Autos z.B. durch Lufteinlässe, Auspuffrohre, Seitenschweller) und dies um so freier, um so mehr sich die Funktionalität mit Hilfe komprimierter Technik nach innen verlagern läßt und damit zugleich mehr Raum schafft für die Gestaltung der Schauseite der Apparate. Überall, wo das comic-hafte der Erscheinung deutlich wird, z.B. beim Autotuning, das nur durch grenzenlose Übertreibung besteht (wer braucht Auspuffenden groß wie Ofenrohre?), ist dies nicht zu übersehen.

Aber auch die künstlerische Avantgarde gewinnt bei der Verschmelzung mit ihrem technischen Ableger. Um im militärischen Bild zu bleiben, das sich mit der Metapher der Avantgarde als einer

Vorhut nahelegt, trägt die Verbindung zu einer Mobilisierung der Masse bei und bewirkt, daß künstlerische Extravaganz kein elitäres Unterfangen mehr bleiben muß und der Rest des Feldes aufschließt. Der technische Fortschritt, indem er unsere Lebenswelt in ihrer Gesamtheit durchdringt und unsere Lebensverhältnisse immer neu und immer anders gestaltet, wird zum Vehikel für künstlerische Innovation und ihr modernes Prinzip, ihrer Zeit immer vorauszusein. Und wollte man es weniger martialisch formulieren, trägt die Allianz mit der Technik dann zu einer Demokratisierung des künstlerischen Fortschritts bei, was auch bereits seit den 1930er Jahren der Surrealismus und die neue Sachlichkeit gleichermaßen im Auge hatten, als letztere Beton zu Kunst und erstere eine geniale Delinquenz zum ‚acte gratuit' für jedermann machen wollten: alle sollten in traumhaft nüchternen oder traumhaft verbotenen Gebäuden leben dürfen.

Resümee

Die Hintergründe dieser Entwicklung sind im Hauptteil zu präzisieren, hier bleiben erst einmal nur die Folgen für eine affirmative oder kritische Bewertung der Technik zu ziehen. Offenbar ergänzen sich die Autonomieforderung der Avantgardekunst und die Tendenzen zu einer Durchtechnisierung der Lebenswelt auf eine Weise, die ihre Verbindung immun erscheinen läßt für prinzipielle Einwände. Sowohl Einsprüche seitens allgemeiner Ordnungsvorstellungen als auch konkrete Bedenken hinsichtlich der Verwendbarkeit von Innovationen scheinen unangebracht, sobald von Seiten der Kunst Fragen der Verwertbarkeit zurückgewiesen werden und von Seiten des technischen Fortschritts die Vorstellungen der Ontologie, es müsse für alles Vorbilder geben. Was richtig und was falsch ist, ergibt sich alleine aus dem Prozeß der künstlerisch-technischen Innovation selbst, und welche Idee wir zu einem neuen Artefakt uns hinzudenken müssen und welchen Gebrauch wir davon machen, muß aus dem Faktum der Innovation allererst und nachträglich abgeleitet werden. Genaugenommen ist selbst noch die Rede von richtig und falsch im Verfolg technisch-künstlerischen Fortschritts falsch, weil richtig immer ist, was neu entsteht, und was nicht neu entsteht, ist nicht einmal falsch, weil es eben gar nicht erst ist. Das Falsche im Prozeß ist als das Gestrige immer schon vergessen, sobald das Neue erst einmal da ist. Es wäre deshalb selbst noch mit der nüchternen Betrachtung der Ökonomie nicht mehr nachvollziehbar, nach welchem Auswahlprinzip der Fortschritt ein Fortschritt genannt werden könnte. Sieht die Ökonomie immerhin noch die Maxime einer Gewinnsteigerung vor, so fragt es sich, wie der Gewinn überhaupt zu bemessen wäre, wenn er alleine im Fortschreiten selbst veranschlagt wird. Gewinn bedeutet Nutzen, und auf den darf es ja im autonomen Technikbetrieb nicht ankommen. Man müßte sich also analog eine Form von Gewinnsteigerung vorstellen, in der es nur noch Steigerung gibt, aber keinen Gewinn mehr. Fortschritt hieße dann ein reines Prozedieren im Entwerfen und Potenzieren von Möglichkeiten, die als Möglichkeiten nur gelten dürfen, wenn sie von anderen Möglichkeiten möglichst verschieden sind. Alles, was dann in der Absetzung vom Bisherigen und der Projektion des Zukünftigen als möglich erscheint, ist auch so wirklich, wie es überhaupt nur wirklich sein kann, wenn alles so wie so nicht mehr als eine konzeptuelle Möglichkeit ist. Oder kurz gesagt: von Seiten einer Wirklichkeit, wie auch immer sie alternativ zu einem technisch-avantgardistischen Fortschrittsprogramm gedacht ist, läßt sich nichts mehr einwenden, weil für die klassischen Vorstellungen der Wirklichkeit kein Platz mehr ist oder/und sie als kleinbürgerlich und damit obsolet erscheinen. Eine Kulturphilosophie, die sich in diesem Sinne mit der Registratur von *kulturellen Tatsachen* bescheidet[51], hat auch das Sensorium für jede mögliche Kritik eingebüßt, und wo nur noch Tatsachen als solche registriert werden, ist selbst noch die Vorstellung einer Affirmation überholt, denn man weiß auch nicht mehr, wogegen etwa Bestehendes affirmiert wird. Im Grunde ist es die Crux, die in einer Überführung der Geisteswissenschaften als Kultur*wissenschaften* in die Methodologie der Naturwissenschaften entsteht und mit einer gleichzeitigen Betonung der *Kultur*wissenschaft nicht überdeckt werden kann. Sie endet in einem Positivismus, mit der Bescheidung auf eine Faktenerhebung, die im Kulturellen schon auf der Möglichkeitsebene einsetzt und die Verbindung zur Welt der physischen Tatsachen durch das Konzept einer abstrakten Machbarkeit aufrecht erhält, gemäß dem Motto, das seit Giambattista Vico für alle Kulturwissenschaft grundlegend ist: „verum et factum convertuntur"[52].

---

51 Vgl. R. Konersmann, Kulturelle Tatsachen, Frankfurt am Main 2006.
52 Vgl. K. Löwith, Vicos Grundsatz: verum et factum convertuntur. Seine theologische Prämisse und deren säkulare Konsequenzen, Heidelberg 1968.

Professionelle Technikgeschichte

Die professionelle Technikgeschichtsschreibung, die sich um die Erzählung von Schicksalen verschiedener technischer Erfindungen oder Entwicklungen kümmert, kennt heute entsprechend auch nur positive und damit ahistorische Standards der Bewertung, zumindest, insofern sie die Geschichte ohne Rücksicht auf die besondere Komponente menschlicher Praxis und ihrer spezifischen Fortschreibungsmöglichkeiten erzählt. „Technologies are social constructions"[53] ist die Grundformel für die Technikgeschichten der vergangenen 40-50 Jahre, wie sie David E. Nye resümiert, und ausgehend von der Vorstellung von Technologie als einer sozialen Konstruktion kann dann unterschieden werden, wer was bedingt. Während die sogenannten ‚Externalisten' darauf bestehen, daß die Technologie einen eigenen Determinismus entfaltet und der Gesellschaft einfach ihren Stempel aufdrückt und sie zu etwas macht, was sie ohne das Aufkommen einer Technik nicht sein wollte, erscheint die Gegenposition von der Art zu sein, die Gesellschaft als die Umwelt zu betrachten, in der eine bestimmte Technik überleben muß. Das Konzept ist mehr oder weniger darwinistisch angelegt und geht davon aus, daß nur die am besten an die gesellschaftlichen Bedürfnisse angepaßte Technik überleben wird: „Variation in design continues during early stages of development, until one design meets with wide approval"[54]. Zuletzt erscheint die Selektion der angebotenen Technikvariation als eine Funktion des Marktes, nur was konsumiert wird, überlebt[55]. Raffiniertere Zugänge sehen immerhin die Möglichkeit vor, daß sich die Technik selbst ermächtigt und vom gesellschaftlich Gejagten zum Jäger wird, es also einen Umschlagpunkt in der Entwicklung gibt, an dem die Technik beginnt, der Gesellschaft ihre eigenen Rahmenbedingungen der Akzeptanz zu oktroyieren. Sie bilden dann eine eigene Infrastruktur aus, die ihre Netz so eng knüpft, daß es für den Verbraucher keine echte Wahl mehr gibt zwischen einer Technik und ihrer Alternative. Am Beispiel des Automobilbaus zeigt Thomas Hughes, wie sich die dampf- und elektrobetriebenen Fahrzeuge ab dem Zeitpunkt nicht mehr gegen die Benzinautos durchsetzen konnten, als das Netzwerk von Tankstellen, Raffinerien, Reparaturwerkstätten usw. mit einem

---

53 D.E. Nye, Technology Matters. Questions to Live with, Cambridge (Mass.) und London 2007, S. 49.
54 Ebd., S. 50.
55 Vgl. ebd., S. 66.

sanften Druck aus Bequemlichkeit und Preisvorteil ihre Konkurrenz für fast ein Jahrhundert aus dem Felde schlagen konnten. Der Wechsel von der System- zur Umweltrolle nennt Hughes, mit einem Gespür für die Geschichtslosigkeit dieses Vorgangs, „technological momentum"[56]. Wo die externalistische Perspektive verlassen wird und ein internalistischer Zugang angeboten, gibt es wiederum zwei Varianten zu unterscheiden. Eine rein technikinterne Geschichtsschreibung kümmert sich um die technikinterne Vorgeschichte einer Erfindung, die bei der Biographie des Erfinders und den zeitbedingten Schwierigkeiten, die sich aus dem damaligen Stand der Technik und des verfügbaren wissenschaftlichen Hintergrundwissens ergibt[57]. Die ‚Kontextualisten' gehen dagegen von der Einsicht aus, daß jede Technologie immer eingebettet erscheint in den größeren Kontext einer erweitert gedachten Gesellschaft[58]. Auch hier neigt man wieder zu extremen Entweder-oder-Positionen. Entweder wird die Wechselwirkung zwischen bestehenden Techniken und Einrichtungen betont, die es für die Neuerfindung praktisch unmöglich machen, zu reüssieren, wie am Beispiel des Marktversagens des Bildtelefons in den 1960er Jahren gezeigt wird[59]; wenn eine neue Technologie Erfolg hat, sind dann konsequent gedacht immer andere als die technisch-praktischen Faktoren mit im Spiel, wie Design oder Preis; oder aber der Neuerfindung wird gleich wieder eine „(re)construction of the world"[60] zugetraut. Läßt man sich auf eine Vermittlungsposition ein, erscheint der Einfluß des Kontextes als eine Kulturabhängigkeit in Raum und Zeit, die soweit geht, daß sie aus einem Gerät im Zusammenhang wechselnder Inanspruchnahme und Handhabung sogleich viele verschiedene macht. Und so relativistisch, wie die Kulturen nebeneinander stehen, so wenig haben dann auch die verschiedenen Ausformungen der Geräte und Maschinen noch miteinander zu tun. Es ist zuletzt ein symbolischer Kontext, der so von der Gesellschaft aufgespannt und vermittelt wird, in dem die Dinge zuletzt eine Bedeutung bekommen. Die Maschine wird zum Statussymbol oder zum Merkzeichen kultureller Besonderheit, mit der man sich gerne von

---

56 Th. P. Hughes, „Technological Momentum: Hydrogenation in Germany, 1900-1933. Past and Present", August 1969, S. 106-132.

57 Zu der besonderen Art der Erzählung vgl. J. Staudenmaier, Technology's Storytellers: Renewing the Human Fabric, Cambridge Massachusetts 1985.

58 Das Organ der Bewegung ist die Zeitschrift *Technology and Culture.*

59 Vgl. K. Lepartito, „Picturephone and the Information Age: The Social Meaning of Failure", in: Technology and Culture 44, Nr. 1 (2003), S. 50-81.

60 Nye, a.a.O., S. 61.

anderen unterscheiden will – in den von Nye gegebenen Beispielen
sind das eine Autokultur im Gegensatz zu einer Fahrradkultur, eine
Kultur der beleuchteten Werbeflächen gegenüber einer Advertising-
Abstinenzkultur –, was umgekehrt bedeutet, daß der lebenspraktische
Zweck der Technik, der Umgang, um den es geht, zweitrangig geworden ist und somit zuletzt die Technikkultur geöffnet wird für einen Dezisionismus im Rahmen eines So-oder-auch-ganz-anders-
Könnens. Es scheint dann so, als könnten wir tatsächlich politisch-
gesellschaftlich entscheiden, welche Technik wir gerne annehmen
würden und welche nicht. Natürlich ist richtig, daß es solche Fälle
gibt, sonst gäbe es nicht die zahlreichen Ethikkommissionen und die
akademische Disziplin der angewandten Ethik, und es ist natürlich
richtig, daß wir über Stammzellenforschung und vieles damit Vergleichbares beraten und abstimmen können. Dennoch sind dies gerade die Ausnahmefälle, auch wenn sie auffällig, weil medienpräsent
sind, in denen die Geschichte einer Erfindung nicht mehr in ihrer lebenspraktischen Implementierung verfolgt wird, sondern deshalb
Aufmerksamkeit verdient, weil sie besondere rechtliche oder moralische Rahmenbedingungen betrifft, die über die rein praktischen Fragen des gelungenen Umgangs schon hinausgehen. Wo solche Ausnahmefälle auch beiseitegelegt werden, ist das letzte Konzept, mit
dem die aktuelle Technikgeschichtsschreibung aufwartet, mit einer
„naturalization of technology"[61] überschrieben. Naturalisierung
meint, daß technische Erfindungen oder auch nur ein fortlaufender
Gerätewechsel früher später nicht mehr als künstlich, sondern als
natürlich erscheinen, sobald dem Verbraucher unbewußt bewußt
wird, daß er nicht mehr ohne ein neues Produkt oder eine Erfindung
sein kann. Es hat sich so in den Standard seiner Erwartungen und
seiner Alltagsvollzüge eingepaßt, daß es unauffällig und unverzichtbar
zugleich geworden ist. Diesen Vorgang aber eine Naturalisierung zu
nennen bedeutet auch wiederum das Eingeständnis, daß mit dem
Konzept der Technik als Technik in dem Zusammenhang nichts
mehr anzufangen ist. Und wenn alles früher oder später zu unserer
natürlichen Umwelt wird, braucht es in der Tat auch keine Technikgeschichte mehr.

---

61 Ebd., S. 65.

IV. DIE NATURALISIERUNG DER HERMENEUTIK

Als Lektion aus dem Durchgang durch die Hauptpositionen der Gegenwart zur Technikkritik und Technikaffirmation kann man die Einsicht zurückbehalten, daß es erstens eine Neuausrichtung der Technikphilosophie braucht, die nicht mehr vertikal orientiert ist und nach überzeitlichen Maßstäben Ausschau hält, und zweitens, daß bei einer horizontalen Reformulierung es nicht zu einer Anpassung der Philosophie an das technische Prozedere in der Zeit soweit kommen darf, daß vor lauter Übereinstimmung von Kultur und Technik keine Divergenzen mehr zu finden sind, die aus Sicht kulturell informierter Bedürfnisse Anlaß zum Nachdenken geben. Wenn Technikgeschichte nahtlos in Kulturgeschichte übergeht und Kulturgeschichte in Naturgeschichte, dann kann die Philosophie der Technik nicht mehr sein als eine Form der Buchhaltung, die Wechsel registriert, aber nicht mehr kommentiert. Es sei denn, der Kommentar bestätigt bei jedem Entwicklungsschritt nur noch dessen Eigensinn, sei es als einen kulturellen, hinter dem jedoch nicht mehr die Menschen stehen, die in ihm kultiviert werden, oder ohne Umwege gleich als einen naturgeschichtlichen, als der jeder Technik-Kultur-Bruch im Lichte eines darwinistischen Ausleseverfahrens des leistungsfähigsten Geräts gemäß dem jeweiligen Stand seiner Technik erscheint.

Horizonte der Phänomenologie

Was in einer horizontalen Betrachtung der Technik und ihrer Geschichte hinzukommen muß, ist entsprechend ein Konzept der Zeit, das nicht mehr in der Gegenwart aufgeht und jeden Stand der Technik zum Standard nimmt, nur weil er besteht, sondern umgekehrt die Dimensionen der Vergangenheit und der Zukunft ebenso ernst nimmt, weil nur in ihnen eine moderne Verbindung gelingt zwischen dem Stand der Technik, wie sie ist, und dem Ansinnen menschlicher Praxis, das ohne eine Erinnerung daran, wie es bisher war und was man bisher alles konnte, und eine Aussicht, wie man es auch morgen noch gerne in der Lage wäre, zu tun, nicht bestehen kann. Methodologisch hat hier die Phänomenologie vorgearbeitet, indem sie spätestens seit Heidegger den ,Präsentismus' einer technisch-wissen-

schaftlichen Betrachtungsweise der Welt kritisierte und an dessen
Stelle eine theorieimmanente Rücksicht auf deren Geschichtlichkeit
veranschlagte. Husserl hatte bereits mit dem Konzept des ‚Horizonts'
der Wahrnehmung die Logik festgelegt, nach der sich diese theorieimmanente Geschichtlichkeit bestimmen lassen sollte. Auf der ganz
elementaren Ebene der Wahrnehmung haben wir demnach bereits
noch kein Bewußtsein von einem Ding, wenn nicht in der gegenwärtigen Wahrnehmung (Bild, Ton, oder/und aus anderen Sinnen ge-
speist) noch präsent ist, was eben gerade noch wahrgenommen wurde, und auch schon projiziert ist, was gleich darauf folgend an Wahrnehmung erwartet werden darf. Husserl nennt das Mitführen des
Ebenvergangenen „Retention" [62], die Vorausschau auf das gleich
Nachfolgende „Protention", und Protention und Retention haben in
sich noch spiegelbildliche Verlaufsformen. So nimmt die Intensität
der Retention ab, je weiter der vergangene Eindruck zurückliegt, die-
jenige der Protention ebenfalls, je weiter voraus die Erwartungshal-
tung ihre Inhalte projiziert, allerdings ist meistens die Reichweite der
Retention größer als die Vorausschau der Protention. Das Standardbeispiel, an dem man sich die protentional-retentionale Hofbildung
der Wahrnehmung um die gegenwärtige „Urimpression" herum anschaulich macht, ist nach Husserl das Hören einer Melodie. Wenn
ich zu jedem Zeitpunkt (t) nur den Ton hören würde, der mir nur in
diesem Moment gegenwärtig ist, würde ich nie in die Lage versetzt,
eine Melodie zu hören, weil ich dann nur eine Abfolge einzelner Töne wahrnehmen würde. Zur Melodie wird das Wahrgenommene erst,
wenn ich in jedem Moment des Hörens einerseits noch mithöre, was
eben zuvor noch erklang (t-1), und in dem, was zuvor erklang, noch
präsent ist, was diesem Ton vorausging (t-2) und so weiter, bis die
Retention so schwach ist, daß sie mir nicht mehr bewußt sein kann
(t-n); umgekehrt habe ich beim Hören eines Melodietones auch
schon immer Erwartungen dahingehend, wie es gleich weitergehen
wird (t+1) und im Vorhören des Nachfolgenden auch schon eine vage Erwartung, wie es danach weitergehen wird (t+2). Beim ersten
Hören einer Melodie ist auch klar, daß die Erinnerung an das gerade
Gehörte im Umfang größer ist als die sinnvolle Vorausschau auf das
gleich Kommende (z.B. t-3; t+1), das sich erst noch einer vorläufigen
Anwendung von Konventionen und Melodieformeln verdankt.

---

62 E. Husserl, Vorlesungen zur Phänomenologie des inneren Zeitbewußtseins, hg. v.
M. Heidegger, Tübingen 1980, S. 390.

Das Bewußtsein einer Melodie stellt sich nach Husserl also erst ein, wenn um die gegenwärtige Wahrnehmung herum ein zeitlicher Horizont aufgespannt wird, in dem die Gegenwart durch ihre Einbettung in Vergangenheit und Zukunft sinnvoll wird. Neuere Ergebnisse der Hirnforschung haben ergeben, daß die Biologie unseres Gehirns in der Tat eine solche horizontale Wahrnehmung der Dinge vorsieht. Demnach ist unser „Arbeitsgedächtnis" von der Art, daß es immer nur wenige Dinge auf einmal präsent halten kann (3-7 Gegenstände, je nach Komplexität der wahrgenommenen Dinge und der Genialität des Probanden[63]), und sich um die gegenwärtige Wahrnehmung in der Tat ein Zeitpuffer bildet, in dem das gerade noch Wahrgenommene mitpräsent ist, ohne daß jedoch eine bestimmte, d.h. „explizite" Erinnerung vorliegt, das sah auch schon Husserl so.

Die weitergehende Linie in der Entwicklung der Methodologie sieht mit Heidegger vor, daß jene zeitliche Horizontbildung aus dem Theoretischen ins Praktische verlagert wird und Vergangenheit und Zukunft nicht mehr die erweiterten Wahrnehmungsspielräume der Gegenwart sind, sondern zu Handlungsspielräumen werden. In die Gegenwart der Wahrnehmung der Welt geht demnach mit ein, wie ich mich bisher lebenspraktisch in der Welt verhalten habe und wie ich vorhabe, künftig meine Existenz hienieden auf Erden zu fristen. Die besondere Pointe der Existenzphilosophie, die durch die praktische Ich-Zentrierung (sprich „Jemeinigkeit"[64] des Welt-Entwurfs bei Heidegger) des Weltbezuges entsteht, bringt eine Aufwertung des Zukunftshorizontes mit sich bei gleichzeitiger Abwertung der Vergangenheitsperspektive. Wie ich mich selbst und die Welt verstehe, ist eine offene Frage, deren Offenheit von der Unsicherheit und Gestaltbarkeit alles Kommenden abhängt. Wo ich mich im Sinne der Existenzphilosophie ohne den schützenden Schirm einer intakten Kultur und traditionellen Weltanschauung wiederfinde und philosophisch auf mich allein gestellt bin, mit Lukács' Stichwort im Zustand einer „transzendentalen Obdachlosigkeit"[65], hat (mit Sartre) die Existenz Vorrang vor der Essenz, oder bin ich (mit Nietzsche) immer der, der ich erst noch werde.

---

63 Vgl. G. Roth, Denken, Fühlen, Handeln. Wie das Gehirn unser Verhalten steuert, Frankfurt am Main 2003, S. 159.
64 Heidegger, Sein und Zeit, a.a.O., S. 7.
65 G. Lukács, Die Theorie des Romans. Ein geschichtsphilosophischer Versuch über die Formen der großen Epik, Darmstadt/Neuwied 1982, S. 47.

Horizonte der Hermeneutik

Für eine Technikphilosophie anwendbar wird die phänomenologische Horizontbeschreibung, sobald mit der Nachkriegshermeneutik die existenz-egologische Perspektive aufgegeben wird und die bislang nur vom Einzelnen aufgespannten Sinnhorizonte mit Gadamer untereinander in eine dialogische Beziehung gebracht werden. Heidegger hatte die Sache so dargestellt, als wäre jeder von uns bei der Auslegung der Dinge in einem hermeneutischen „Zirkel"[66] befangen, den es nicht zu vermeiden gilt (obwohl zirkulär in der Begründung), sondern in den es vielmehr hineinzukommen gelte. Das philosophische Rätsel bestand aber doch darin, wie eine auf sich allein gestellte Existenz überhaupt noch zu einer Vorgabe kommt, einem Vorbegriff der Welt, ausgehend von dem man sich handelnd und urteilend in der Welt zurechtfinden sollte. Wenn wir schon lebensweltlich keine Vorgaben eines Weltbildes von der neuzeitlichen Wissenschaft und Technik mehr akzeptieren wollen, weil zu abstrakt und unhistorisch, und zugleich für eine Orientierung in der Welt uns nur noch auf das immanente Abgleichen von Voraussicht und Eintreffen von Erwartungen angewiesen sind, wie schaffen wir es, hier einen Anfang zu machen? Woher kommt der Input? Heidegger sprach in *Sein und Zeit* vom ‚geworfenen Entwurf‘[67], und legte mit der Rede von der Geworfenheit unserer Existenz nahe, die gegebenen Umstände würden uns schon nahelegen, wovon auszugehen ist. Die „Faktizität" der Verhältnisse, wie er früher sagt, wirkt hier normativ, das Gegebene ist das Vorgegebene, von dem wir einfach ausgehen müssen, weil wir es nicht anders können. Die „Geworfenheit" oder die „Faktizität" unserer Existenz trägt dabei fast naturale Züge, und was wir kulturell voraussetzen, wenn wir denkend und handelnd in die Welt eingreifen, ist so grundlos anzunehmen wie der Umstand, daß ich als Mann oder Frau geboren werde, hier und nicht dort auf die Welt komme, in dieser und nicht jener Zeit groß werde und so weiter.

Gadamer dagegen löst das Zirkuläre der Argumentation auf andere, nicht mehr monologische Weise, indem er die Faktizität unserer Existenz nicht mehr als unvordenkliche Gegebenheit hinnimmt, sondern sie als einen Horizont versteht, den wir selbst zwar nicht gemacht haben, der deshalb aber nicht gleich wie ein Stück Natur hin- und anzunehmen ist. Die Geworfenheit ist demnach nichts anderes

---

66 Heidegger, Sein und Zeit, a.a.O., S. 203; vgl. Gadamer, a.a.O., XXIII.
67 Vgl. Heidegger, Sein und Zeit, S. 293.

als der Entwurf der anderen, die mir vorangingen, und in den hermeneutischen Zirkel hineinzukommen bedeutet nichts Rätselhaftes mehr, weil ich nur in der Geschichte ein Stück zurückgehen muß, um einzusehen, daß hinter dem scheinbar Naturgegebenen einer Kultur auch schon Existenzen stehen, und ich existenziell also nicht vor einem absoluten Neuanfang stehe. Was bei Heidegger eine gegebene Voraussicht auf die Welt und ihre Ereignisse war, die als eine unmittelbar zu akzeptierende Vorausgelegtheit der Dinge einen Anfang macht, wird bei Gadamer zum verhandelbaren Vor-Urteil, das mir von anderen vermittelt ist und mir in seiner Eigenart als Vorurteil die Lizenz zur vorläufigen Übernahme wie auch zur kritischen Absetzung und Berichtigung bietet. Was meine Existenz an Vorgaben umgibt ist damit kein bloßes Geschick mehr, sondern wird zum Gegenstand möglicher Auseinandersetzung mit meiner Vergangenheit.

Die Dialektik der Horizonte

Wie das Dialogische der Beziehung von Vergangenheit und Gegenwart im Spiegel der Zukunft methodologisch zu bestimmen ist, kann mit einer kurzen und einer langen Antwort versehen werden. Die kurze Antwort begnügt sich mit dem pauschalen Hinweis, alles, was sich an sinnvollem Austausch zwischen der Perspektive des Vergangenen und einer in die Zukunft blickenden Gegenwart ermitteln läßt, vollzieht sich nach dem Muster eines sinnvollen und guten Gesprächs, in dem alle Teilnehmer den Eindruck gewinnen können, nachher schlauer als vorher zu sein und dazuhin noch in der Lage sind, auseinanderzugehen, ohne daß es im Gespräch Sieger oder Verlierer gibt. Das Muster für eine solche Gesprächskultur findet sich, wie schon angedeutet, im Platonischen Dialog, und die Hermeneutik Gadamers mutet der Gesprächskultur die Erklärungslast zu, die intrikaten Wechselbeziehungen zwischen den Partnern in Raum und Zeit ganz aus sich heraus sinnvoll zu gestalten. Vorbild für das Gelingen eines Gesprächs ist, wie Dieter Henrich einmal bemerkte, für Gadamer die akademische Seminardiskussion, und seine Methodologie sei, aufs Ganze gesehen, nichts anderes als die Formalisierung einer Gesprächspraxis, die er jahrzehntelang eingeübt habe. An der pauschalen Antwort festzuhalten bleibt, in der methodologischen Übersicht, zumindest, daß bei einer sinnvollen Bestimmung des Verhältnisses von Alt und Neu oder von Hier-so und Dort-ganz-anders eine prinzipielle Entlastung vom Druck des Rechthabenwollens vorausgesetzt werden muß und die beteiligten Perspektiven nicht mehr in kämpferischer Absicht und mit Eitelkeiten verbunden werden dürfen.

Die lange Antwort auf die Frage nach dem Kern der dialogischen Methodologie muß allerdings auf die besondere Logik einer hermeneutischen Gesprächskultur eingehen, die dem Wunder zugrunde liegt, daß das Gespräch selbst klüger ist als seine Teilnehmer und im Verlauf einer Auseinandersetzung im besten Fall die Sache selbst gewinnt, und nicht ihre Interessenvertreter. Hier haben wir uns in den vergangenen 50 Jahren daran gewöhnt, die methodischen Dinge unter dem Namen von Diskurs, Konsens und dem zwanglosen Zwang des besseren Arguments anzusprechen, wenn wir der Frankfurter Schule folgen, oder aber mit der Vorstellung von einer überlegenen Wirkungsgeschichte der Deutungen, die jedes vorschnelle Behaupten eines Besser-Verstehens enttäuschen muß, indem sie darüber belehrt, das alles Besser-Verstehen nur ein Anders-Verstehen ist, umgekehrt es aber auch keinen Fortschritt gibt, wenn nicht jedes Anders-Verstehen mit dem Vorsatz des Besser-Verstehens versucht, das Bisherige zu verdrängen[68]. Sowohl die Frankfurter Schule, wie sie ihre Diskurs-Methodologie in ihrer zweiten Schulgeneration mit Habermas und Apel entwickelt hat, als auch die Hermeneutik, die mit der Konzeption der Wirkungsgeschichte arbeitet, haben ihre Methodenanweisungen aus den anspruchsvollsten Projekten entwickelt, die der Deutsche Idealismus mit Kant und Hegel hervorgebracht hat. Die grundsätzliche Einsicht besteht dabei im Sinne der Aufklärung in dem Wirken der Vernunft, die selbst unter widrigen Umständen es noch versteht, ihren Ansprüchen mit List gegen die Tücke ihrer Widersacher zum Durchbruch zu verhelfen. Bei Kant ist damit noch das Wechselspiel von Natur und Kultur gemeint, in dem sich die Zivilisation kontinuierlich an den Irrationalismen abarbeitet, die wir in unserem triebgesteuerten Handeln weiter in uns tragen, und nie ganz werden überwinden können, solange gilt, daß der Mensch aus „krummem Holz" geschnitzt ist. Bei Hegel wird der Antagonismus von Vernunft und Unvernunft bereits anders verteilt, nämlich nicht mehr zwischen den zwei Polen der Menschennatur, sondern zwischen unreflektierten und reflektierten Verhältnissen. Nach Hegels Diktion liegt dem Wirken der Vernunft demnach zugrunde, daß sie ständig „unmittelbar" angenommene Ansichten – die uns unmittelbar wahr erscheinen, weil wir sie ungefragt als selbstverständlich gültig voraussetzen – in einem kritischen Licht erscheinen läßt, in dem sie erst einmal so unmittel-

---

68 Vgl. Gadamer, a.a.O., S. 284ff.

bar, wie sie angenommen wurden, auch unmittelbar verworfen werden. Die kritische Reflexion auf das Gegebene in der Anschauung der
Dinge ist aber noch nicht das Ende der Geschichte, weil sich die Vernunft, Hegel sagt zu ihr Geist, nochmals eines besseren besinnt und
bei der ersten Verwerfung der Selbstverständlichkeiten durch kritische Einwände nicht stehenbleibt, sondern in einem zweiten, nachfolgenden Schritt der pro und contra verhandelten Sache auf den
Grund geht und nach einem tieferen Verständnis der Sache fragt.
Landläufig gesprochen könnte man diesen zweiten Reflexionsschritt
auch so beschreiben, daß die Einsicht reift, bislang einen grundsätzlichen Fehler begangen zu haben, indem man in den zwei widerstrei-
tenden Urteilen nur Vorurteile erkennt, die beide nicht richtig sein
können, weil sie die Sache noch nicht auf dem Niveau ansprechen,
auf dem sie als solche begriffen werden will. So braucht es eine übergeordnete und gegenüber den Vorurteilen überlegene Sicht, in der
sich der wahre Charakter einer Sache zeigt und zugleich klar wird,
daß die Vorurteile nur vorläufige Aspekte der eigentlich verhandelten
Sache darstellen konnten. Vorurteile sind demnach nicht falsch, weil
sie die Sache falsch wiedergeben, sondern weil sie die Sache nicht auf
dem ihr angemessenen Niveau wiedergeben. Gegenüber dem Kantischen Dualismus von Natur und Vernunft zeichnet sich bei Hegel
damit eine Historisierung der Dialektik ab, in der zwischen dem unmittelbar für richtig gehaltenen Vorurteil und dem nachfolgenden
kritischen Einwand nicht mehr eine Motivationsdifferenz (die unter-
scheidet zwischen Natur oder Vernunft und damit beide als zeitlos
ansetzt) steht, sondern eine Reflexionsdifferenz, und die Reflexionsdifferenz ist wiederum nur ein Produkt der Zeit, denn für Hegel kann
der in uns und allen Dingen wirkende ,Geist' gar nicht anders, als
früher oder später alles unmittelbar Angenommene in Zweifel zu ziehen und um einer besseren Einsicht willen aufzulösen, oder wie Hegel sagt, in diese Einsicht „aufzuheben". Auch das, was Hegel Synthese nennt und damit die überlegene Einsicht meint, in die unsere Vorurteile eingehen, indem sie überwunden erscheinen, auch die Synthese ist für Hegel nichts mehr, was der Zeit im Sinne einer dialektisch
gesuchten und dann gefundenen Wahrheit enthoben wäre. Denn
auch die Synthese markiert nur einen vorläufigen Haltepunkt im Er-
kenntnisprozeß, an dem die Reflexion nur Atem holt, um erneut einzusetzen und von vorn zu beginnen: denn das, was sich heute als der
Weisheit letzter Schluß präsentiert, ist morgen bereits wieder eine
Meinung unter anderen und wird zur Partei, der gegenüber sich in
kritischer Abkehr im Nu wieder eine Gegenpartei bildet, und die in

der Synthese zu Ende gekommene Dialektik beginnt einen neuen Dreischritt ihrer Argumentation. Endgültige Wahrheit ist nur ein anderes Wort für die Täuschung, einmal mehr einem Vorurteil erlegen zu sein. Oder anders gewendet: nur die Einsicht in die Endlichkeit aller unserer inhaltlich konkretisierten Einstellungen und ihre dialektische Abfolgestruktur ist selbst nicht mehr endlich im üblichen Sinne, und über den philosophischen Status dieser Einsicht bei Hegel und über ihn hinaus darf man dann akademisch noch einmal trefflich streiten: ist die dialektische Struktur aller aufeinanderfolgenden historischen Positionen und ihr logisches Wechselspiel selbst ein Absolutum, wie es Hegel tatsächlich nahelegt, oder darf auch noch einmal die dialektische Konzeption selbst in ein dialektisches Verhältnis gebracht werden, so daß sie als ein Angebot der philosophischen Formalisierung gelten darf, das durchaus noch Nachbieter und womöglich zeitgemäßere Überbieter zuläßt? Die Geschichte der Hegelnachfolge, die weiterführend mit Marx beginnt und bis in die Postmoderne reicht, läßt natürlich die zweite Option als die wahrscheinlichere erscheinen.

Wie dem auch sei, ich habe absichtlich die Hegelsche Dialektik in den allgemeinsten Termini dargestellt, erstens, weil sie in ihrer reinsten Form in Hegels großer *Logik* tatsächlich so allgemein und sachunspezifisch gemeint ist, wie ich es hier darstelle (soll sie doch das Wesen aller Dinge im Sinne einer generellen Ontologie wie auch das Wesen allen Erkennens in der Art einer Erkenntnislehre beschreiben, zugleich Grundlage für alle spezielle Metaphysik und Naturwissenschaft wie auch der Psychologie, der praktischen Philosophie, Rechtsphilosophie, Geschichtsphilosophie, Ästhetik und Theologie sein); und zweitens, weil es mir gleich auf die Besonderheiten ankommt, die das Methodenkonzept in der Anwendung bekommt, so daß es für eine Technikphilosophie in Reichweite ist.

Gadamers Pointe in der Wiederentdeckung der Hegelschen Dialektik bestand wie gesehen darin, dem Existenzialismus Heideggers wieder ein Bewußtsein für geschichtliche Zusammenhänge zu verschaffen, mit der Betonung auf Zusammenhänge, weil natürlich Heideggers Ringen um und mit der Seinsgeschichte eine grundsätzlich historische Ausrichtung hat, die nur eben die Diskontinuitäten und den Neuansatz betont und das bürgerliche Fortschreiben von Geschichten als ein Denken ablehnt, das nicht radikal genug vorgeht. Zugleich hatte er aber auch den Impetus des Existenzialismus in seiner ganzen Modernität verstanden, in dem auf die Endlichkeit aller Dinge bestanden wird, im Horizont einer begrenzten Lebensdauer des Menschen, aber auch der Dinge und vor allem und zuerst der Art und Weise, wie wir sie verstehen. Er hatte verstanden, daß die Taktfrequenz der Zäsuren, die uns in unserem Weltverständnis verändern, dramatisch ansteigt und die Vorläufigkeit aller unserer Weltgewißheiten nicht mehr durch eine aufklärerische Hoffnung zu beheben ist, der Art, daß wir mit Kant und Hegel noch erwarten dürfen, aus der Serie der Enttäuschungen, die uns als Anhänger unhaltbarer Doktrinen entlarvt, als endgültig belehrte hervorzugehen. Die Katastrophen der Weltkriege und die andauernden dogmatischen Oszillationen in einem *Zeitalter der Extreme*[69] waren darauf das Siegel. Anders als Hegel besteht Gadamer dem entsprechend auf dem offenen Ende der Dialektik, die nicht mehr den Sprung aus den historischen Verwicklungen in die Unendlichkeit vernünftiger Einsicht wagt, sondern sich bescheidener gibt und mit der „schlechten Unendlichkeit" vorlieb nimmt. Schlechte Unendlichkeit war der abschätzige Titel Hegels für eine Dialektik, die über das Hin- und Her zwischen der Annahme einer Position als zeitlos und der Konfrontation mit ihrer zeitlich beschränkten Geltung nicht hinauskommt, für Gadamer ist es aber ein kleiner Ehrentitel der Dialektik, weil in der Sisyphusarbeit solcher Enttäuschung noch das Höchste enthalten ist, was sich die Philosophie nach dem Ende der großen Erzählungen, wie es Lyotard später sagen wird, sinnvollerweise vornehmen darf[70].

Die Bescheidung auf eine Dialektik ohne spekulatives Ende und dem Heureka unüberbietbarer Einsicht hat schließlich bei Gadamer auch noch sachliche Gründe. Da seine Hermeneutik eine Methodologie sein will, die als Grundlage für die Geisteswissenschaften konzipiert ist, wird das Kerngeschäft in der Auslegung von Texten gesehen. Was Hegel und Heidegger noch für unser Weltverständnis im Ganzen angesetzt haben, muß bei Gadamer ‚nur noch' für die Seminargegenstände gelten, die mit der sokratischen Gewißheit untersucht werden können, daß man sich auch am nächsten Tag wieder treffen kann, um noch einmal von vorn zu beginnen. Und jene Einsicht, das ist aus der Vorläufer-Methodologie des 19. Jahrhunderts zu lernen, wie sie Gadamer mit Schleiermacher und Dilthey diskutiert, hat natürlich auch den Historismus als die Erfahrung im Rücken, daß im historischen Wechsel der Positionen kein Anfang und kein Ende abzusehen ist.

---

69 E. Hobsbawm, Das Zeitalter der Extreme. Weltgeschichte des 20. Jahrhunderts, München 1995.
70 Vgl. Gadamer, a.a.O., S. 324ff.

Resümee

Die Übertragung oder Anwendung der Hegelschen Reflexionsstruktur auf die geisteswissenschaftliche Seminararbeit führt dann zu folgenden Grundannahmen. Ein zu deutender Text ist grundsätzlich als eine Weltauslegung zu verstehen. Das kann man wörtlich nehmen bei einer Literatur, die wie bei Romanciers vom Schlage eines Balzac oder Proust ganze Welten errichtet, eben aufkommende oder eben vergangene, wörtlich auch in der Philosophie, der Theologie und den literarischen Klassikern, die es mit den Grundstrukturen der Welt überhaupt zu tun haben und meistens auch unumwunden normativ verstanden werden dürfen; übertragen aber, und davon geht die Hermeneutik aus, in jedem Text überhaupt, in dem Welthaltiges zu finden ist, also auch literarischen Texten aller Art, im Grunde und zuletzt in jeder Form von Text. Die Dialektik beginnt dann mit der Präzisierung jenes Auslegungsangebots, das uns ein Text macht, und damit wieder an dem Punkt, an dem Texte nicht einfach mehr nur rezipiert werden und dabei einleuchten, sondern auffällig werden, weil dem einzelnen Leser nicht klar ist, was genau gemeint ist, oder ein Streit mit anderen entsteht darüber, wie es gemeint ist. Dann bietet die Hermeneutik die Besonderheit, daß in Präzisierungs- und Streitfragen nicht mehr der Autor eines Text-Stücks darüber entscheidet, wie es gemeint war (der Autor ist hier auch nur ein Leser unter anderen und nicht einmal ein privilegierter Leser, dies höchstens zeitlich, weil er als erster Zugang hat), die richtige Deutung sich vielmehr im dialektischen Prozeß der Diskussion herausbilden soll; richtig ist dann wieder, was über den jeweiligen Stand einer Kontroverse hinausführt, insofern diese sich nicht mehr mit Zusatzinformationen, d.h. philologisch-technischer Zurüstung, entscheiden läßt, und ganz noch im Sinne Hegels wieder nach einer übergeordneten Perspektive verlangt. Das Pro und Contra, das sich im Streit um die richtige Deutung aktuell neutralisiert, wird aufgehoben in einem programmatischen Neuansatz, aus dem heraus man im Rückblick versteht, warum die bisherigen Deutungsangebote pro und contra zu kurz greifen und die darin erhobenen Vorwürfe gegenseitigen Mißverstehens unversöhnlich bleiben mußten. Im Rückblick erscheint es dann so, daß der vormalige Streit selbst Voraussetzungen hatte, die jetzt historisch geworden sind und den Grund für eine gegenseitige Schuldzuweisung im Mißverstehen bildeten. Manchmal, das war das Ideal der Aufklärung und dabei auch noch Hegels, hat die Geschichte tatsächlich dazugelernt, wenn sich im Verlauf eines Streites irgendeine Einsicht herausgebildet hat, die sachlich weiterführt und bewahrt werden sollte, und sei es nur als die Einsicht, in eine Sackgasse geraten zu sein, die aber offenbar einmal bis an ihre Ende beschritten werden mußte; manchmal, und das entspricht eher der heutigen Resignation über die Lernfähigkeit der Geschichte, sind die Voraussetzungen im Laufe der Zeit einfach andere geworden, und, wie am Beispiel vieler Schulstreitigkeiten zu lernen ist, werden diese nicht durch ein besseres und überlegenes Argument entschieden, sondern, wie der Wissenschaftshistoriker Thomas Kuhn einmal bemerkte, nur noch dadurch, daß ihre Vertreter irgendwann aussterben. Ein Problem wurde dann nicht gelöst, es hat sich einfach erledigt, weil es unter neuen Voraussetzungen niemand mehr interessiert.

Wirkungsgeschichte der Texte und Wirkungsgeschichte der Geräte

Eine horizontale Neuausrichtung der Technikphilosophie, die ich für eine Öffnung der Technikphilosophie für ihre geschichtlichen Voraussetzungen vorschlagen möchte, nimmt entsprechend die Vorgaben der Hegelschen Dialektik, der Heideggerschen Phänomenologie und der Gadamerschen Hermeneutik auf und versucht sie auf die aktuelle Bedürfnislage zu übertragen. Heideggers Horizontbestimmung kommt dabei zuerst ins Spiel, indem sich der Horizont beim Gerät aus seiner Einbettung in die praktischen Zusammenhänge des Um-zu als den praktischen Zielen ergibt, die man mit Hilfe des Gerätes verfolgen kann, als das, wozu es gut ist und gemacht sein sollte. Der endliche, d.h. historische und kulturräumlich begrenzte Charakter eines solchen praktischen Horizontes ergibt sich aus der Veränderlichkeit der unmittelbaren und der weitergespannten Ziele, die man mit einem Gerät verfolgen kann. Ein Kühlschrank ist sicher zum Aufbewahren von Lebensmitteln erdacht, aber nichts hindert daran, ihn zur Kühlung von Kleidung in Breiten großer Hitze oder nach dem Eintreten der globalen Erwärmung an vielen Orten zu gebrauchen. Und der Kühlschrank ist auch nicht mehr nur Kühlschrank im üblichen Sinne, wenn ich über das unmittelbare Anliegen der Kühlung von Lebensmitteln hinaus ihn zur Kühlung biologischer Kampfstoffe gebrauche, so daß er in diesem weitergehenden Zusammenhang nicht mehr als Kühlschrank allein, sondern auch zugleich als ein Kampfmittel gelten kann.

Anschließend an die Frage, wie die Beziehung zwischen den verschiedenen, kontextabhängigen Gebrauchsweisen zu denken ist, kommt ergänzend die Hegelsche Dialektik und die Gadamersche Dialoglogik zum Einsatz. Mit Blick auf letztere Anleihe erscheint das Gerät als ein Instrument zur praktischen Weltauslegung, in dessen Gebrauch ein Unterschied in der Welt gemacht wird zwischen dem, was gebrauchstechnisch miteinander verbunden ist und dem, was nicht. So gehört die Schraube zum Schraubenzieher, der Hammer zum Nagel, das Auto auf die Straße und so weiter. Und wie die Deutung einem Text einen besonderen Sinn verleiht, so der Gebrauch einem Gerät. Je nachdem, wie ich es benutze, verstehe ich es anders und neu, was zuletzt schon auf der Ebene von Stilfragen deutlich wird. Was jetzt methodisch aus dieser Annahme folgt, ist ein Prozeß im Wechselspiel von Hardware und Software, wenn damit die beiden Komponenten einer sich ergänzenden Sinn- und Funktionsbestimmung gemeint sind, bei Texten wie bei Geräten. So wie nämlich die Deutung eines Textkorpus darauf aus ist, den eigentlichen Sinn des ganzen zu ermitteln, so ist mit der deutenden Handhabung eines Gerätes die Ermittlung seines Sinnes und Zwecks verbunden. Und ausgehend von dem, was in der Hermeneutik seit den Zeiten der Romantik der tiefere Sinn eines Textes genannt wird, oder das, was eigentlich mit ihm gemeint ist, ist in der Handhabung des Gerätes noch einmal ein Unterschied zu machen zwischen einem vorläufigen Gebrauch, der immer möglich ist und vieles offen läßt, und seinem eigentlichen Gebrauch, der das Gerät in seiner Bestform erscheinen läßt, als dem, wozu es eigentlich gedacht ist, mit Aristoteles würde man von seiner ‚areté‘ sprechen. Weil die Methodenbeschreibung notwendig abstrakt ist, auch hier kurz ein Beispiel. Mit jedem fahrtüchtigen Auto kann ich morgens Brötchen beim Bäcker holen, aber ein Rennauto gehört auf die Rennstrecke, ein Geländewagen ins Gelände, und die sprichwörtliche ‚Einkaufstasche‘ ist eben auf dem Parkplatz vor dem Supermarkt erst recht am Platz. Nur dort entfalten die Mobile die Eigenschaften, die ihren wahren Charakter ausmachen und uns finden lassen, sie seien in ihrem Element. Und wer sich vertut, wird meist schon in der Praxis bestraft.

Das historische wie das kulturräumlich spezifische Wechselspiel kommt jetzt in Gang, sobald das Verständnis des Geräts variiert und dabei im Laufe der Zeit oder im Wechsel des Ortes Zweifel aufkommen läßt, ob die Variation in der Handhabung noch im Rahmen einer konventionellen Gebrauchsweise ist oder ob sie bereits auf eine weitergehende Veränderung deutet. Immer können im Primärgebrauch eines Gerätes Unterschiede auftreten, ohne daß man deshalb bereits auf einen Paradigmenwechsel schließen müßte, aber ab einer anfangs nur intuitiv zu erschließenden Grenze wird schließlich doch deutlich, daß es hier im Hauptgebrauch des Geräts, verstanden als das, was man der Statistik nach meistens und der Absicht nach grundsätzlich mit einem technischen Gegenstand anfangen will, eine Veränderung gegeben hat. Sehe ich zum Beispiel, daß in einem Auto geschlafen und gewohnt wird, kann das ein Zufall sein, weil es sich den Auto-Ausflüglern gerade anbot, sehe ich aber, daß viele so in den Urlaub fahren, gewinnt die Veränderung bereits einen anderen Charakter, und sehe ich schließlich, daß Menschen ihre Wohnung kündigen und ganz ins Auto ziehen, weiß ich, daß hier gerade das Wohnmobil erfunden wurde. Sobald man sich einen solchen Wechsel auf der Software-Ebene des Gebrauchs eingesteht, ist auch klar, daß die Hardware entsprechend angepaßt wird. Im Beispiel muß das Auto ein wenig größer werden, es sollte eine gute Schlaf- und Kochmöchlichkeit bieten und eine sanitäre Einrichtung bekommen und schließlich auch ein neues Typenschild, das es offiziell als ein Wohnmobil vorstellt und zuläßt. Wer sich wundert und vermutet, die Übertragung der Texthermeneutik auf eine Verstehenslehre von Technik sei hier einseitig, der wundert sich zu früh. Denn auch Texte haben ganz selbstverständlich einen solchen Hardware-Aspekt in den philologischen Tatsachen, auf die sich die Deutungen stützen. Verändert sich die grundsätzliche Herangehensweise an einen Text, werden entsprechend passende Stellen im Text gesucht, reicht dies nicht aus, sucht man in den Entwürfen, Notizen, Tagebüchern und Briefen, findet man hier auch nichts, könnte es sein, daß der Text apokryph ist, und ist dies auch unwahrscheinlich, schreibt man eben selbst das Buch um und schreibt es so, wie es der Autor eigentlich hätte schreiben müssen. Es gibt durchaus Deutungspraxen, die auch vor dem letzten Schritt nicht zurückschrecken, und wer einmal über die Untreue und Brillanz zugleich der Heideggerschen Kantdeutung gestaunt hat, der hat ein gutes Beispiel dafür, daß solche Operationen nicht von vornherein zum Schaden und gegen das Geloben von Texttreue geschehen müssen.

Um von einer Wirkungsgeschichte der Texte auf eine Wirkungsgeschichte der Geräte zu kommen, braucht es schließlich nur noch die Iteration des eben beschriebenen Vorgangs im Wechselspiel von Hardware und Software. Das neue Produkt kann man sich gemäß der Hegelschen Dialektik als Synthese denken, die aus einem sich widersprechenden Gebrauch des Bisherigen entstand, das Auto einmal verstanden als ein Mobil, in dem man sich fortbewegt, das andere mal wird aus der Fahrgastzelle ein fixer Wohnraum, und als Synthese ent-

steht dann das Wohnraumautomobil oder kurz Wohnmobil. Als
Synthese bleibt absehbar aber auch das Wohnmobil nicht weiterem
Wandel und Modellwechsel enthoben, vielmehr wird es selbst wieder
zur Technik gewordenen These, der sich im Gebrauch widersprechen
läßt, indem man bspw. das Wohnmobil für Wüstensafaris gebraucht
und daraus ein Wüstenschiff macht, oder indem man es abdichtet
und zum Wasserfahrzeug macht, oder das zum Wasserfahrzeug abge-
dichtete Wohnmobil fest vor Anker legt und damit das Wasserhaus
erfindet und so weiter und so fort. Verstehen heißt hier frei nach Gadamer und seiner These von der schlechten Unendlichkeit seiner
Dialektik immer ‚anders verstehen‘, und ein Ende solcher Fortschrei-
bungen ist wenigstens prinzipiell nicht absehbar. Eine Wirkungsgeschichte der Geräte geht wie ihr Vorbild bei den Texten davon aus,
daß in jedem Gerät, das das Zeug zum Klassiker hat, ein Überschuß
an Bedeutung und Determinierung vorhanden ist, der bewirkt, daß
über eine einmalige Handhabung hinaus es immer Möglichkeiten
zum alternativen Umgang mit ihm geben wird, und damit zu einer
weitergehenden und die Kultur befruchtenden Neudeutung und
Umdeutung des Bestehenden führt[71]. In der umgangssprachlichen
Wendung dessen, was der Markt eine Marke nennt, ist die Erinnerung an einen solchen Bedeutungsüberschuß des Klassikers seines
Fachs immer noch vorhanden. Als eine echte Marke markiert das Ge-

---

71 Man kann natürlich weiter fragen, woher der Bedeutungsüberschuß kommt, und
   philosophisch muß man das auch tun. Verschiedene Versionen derselben Antwort
   sind möglich, je nachdem, wie man das Erklärungsmuster quadriert: in einer vertikalen Ausrichtung lautet die Antwort, der Bedeutungsüberschuß leite sich aus einem den Prozeß metaphysisch befruchtenden Prinzip her, wie es der Neuplato-
   nismus mit dem Konzept des transzendenten Einen annimmt, aus dem sich alles
   in der Welt aus ihm Folgende wie ‚logoi spermatikoi‘, also seminale Gedanken,
   ableiten läßt, und aus den Gedanken dann Dinge und so weiter (vgl. Plotin, Pro-
   klos). Die komplementäre Antwort, die nicht metaphysisch von ‚oben‘ herab eine
   Erklärung versucht, sondern von ‚unten‘ herauf motiviert, zieht wie der Vitalismus
   unsere naturgegebene, immer überschießende Lebensenergie heran, die wir im besten Falle kreativ nutzen (vgl. Nietzsche, Bergson). Die ‚horizontale‘ Ausrichtung
   geht grundsätzlich von einem Primat der Verlaufsform im Entwicklungsprozeß aus
   und nimmt den Überschuß als einen natürlichen, wenn er nach Darwinistischem
   Muster einem Variations- und Selektionsprozeß folgt, einen performativen, wenn
   er die überschüssige Fortschreibung aus dem Charakter der involvierten Handlungen selbst erklärt und auf einen einzelne Handlungen übergreifenden Geschichts-
   prozeß projiziert. Der Aristotelische Gedanke von der ‚energeia‘ findet dabei Eingang in die Geschichtsbetrachtung und führt wie bspw. bei Wilhelm von Hum-
   boldt zum Konzept einer energetischen Sprachentwicklung. Letzterem Ansatz
   würde ich grob gesprochen den meisten Kredit einräumen und ihn allerdings
   handlungstheoretisch weiter ausformulieren.

rät eben etwas und verbürgt, daß man ihn auch morgen noch gebrauchen kann, sowohl was sein Funktionieren angeht, als auch seine Anmutung, im Versprechen der Marke, morgen noch nicht veraltet zu sein. Wer heute einen Markenschuh kauft, will damit mehr als eine Saison durchstehen, und wenn auch klar ist, daß Schuhe an sich nicht zeitlos sind, sollte doch der Klassiker unter den Schuhen eine oder zwei Moden mindestens überstehen.

Der Umfang der Gerätegeschichte

Eine solche Open-end-Wirkungsgeschichte der Geräte, die sich aus einem anfänglichen Überschuß an Deutungsmöglichkeiten speist, kann schließlich noch auf verschiedenen Niveaus angesetzt werden. James Utterback[72] hat drei Ebenen unterschieden, auf denen sich der Fortschritt in der Technik artikuliert: erstens jene, die auf langfristige Veränderungen abzielt, deren Produkte als technischer Durchbruch gelten können, von großen Erfindern und Science-fiction-Autoren vorgestellt werden und in der Prognose als „prediction" erscheinen; zweitens solche, die einen Zeitrahmen von weniger als 10 Jahren haben, als Innovationen gelten, von Ingenieuren und Unternehmern hervorgebracht werden und als Typ der Vorhersage das „forecasting" haben; und schließlich die Ebene, auf der in Zeiträumen von weniger als 3 Jahren nachgedacht wird und auf der es um Modellerneuerungen und face-liftings geht, um die sich Designer und Marketingexperten kümmern und die mit einer „projection" als Vorhersage auskommt[73]. Klarerweise beginnt die Wirkungsgeschichte der Geräte, die ich kurz Gerätegeschichte nennen will, noch unterhalb den drei genannten Ebenen dort, wo sich Mikroentwicklungen andeuten, die jedoch das Potenzial zur modischen oder gebrauchstechnischen Verdichtung haben und sich im besten Falle zum Trend oder zur gewitzten Gebrauchsalternative verstetigen können. Jeder beobachtet entsprechend, wie bspw. Handys vom Nutzer ,personalisiert' werden, indem man für sie besondere Etuis entwickelt oder individuelle Klingeltöne auswählt. Hieran schließen Marketingstrategen wie Designer

---

72 Vgl. auch die zugehörigen Sparten der Erneuerung bei den Geräten selbst, in: J. Utterback, Mastering the Dynamics of Innovation, Boston (Massachusetts), 1994, S. 193: „*invention* (ideas or concepts for new products and processes), *innovation* (reduction of an idea to the first use or sale) and *diffusion* of technologies (their widespread use in the market)".
73 Vgl. zur tabellarischen Übersicht Nye, a.a.O., S. 34.

an und kommerzialisieren so gut es geht jene Variationen im Mikrogebrauch der Dinge solange, bis die raffinierteren Einpackungen und Ausstattungen schon mitgeliefert werden und im ‚default-modus‘, also der Grundeinstellung bereits verfügbar sind. Nicht zuletzt natürlich mit der Aussicht, durch das anspruchsvollere Grund- und Gebrauchsdesign eine Lust auf weitere Personalisierung zu wecken, die dann mit noch mehr Aufwand bewirtschaftet werden kann. Die musikalisch ins Zweifelhafte abgleitenden Klingeltöne sind dafür eben ein berüchtigtes Beispiel. Auch die Grenzen der drei nach dem Kriterium der Nachhaltigkeit geordneten Sektoren sind jeweils wieder mehr oder weniger willkürlich zu bestimmen. Schaut man auf die Produktentwicklung bei den Autos ist oft die Grenze zwischen bloßem face-lifting und der Vorstellung einer nächsten Generation fließend, ebenso bei dem Übergang von Innovation zu echten Erfindungen. Ob nur ein schon bestehendes Produkt grundsätzlich erneuert wird oder ob die Erneuerung nicht bereits eine eigenständige Erfindung bedeutet, ist wiederum an den Autobeispielen bspw. nicht immer klar auszumachen. Zumindest zum Zeitpunkt der Innovation kann nicht deutlich vorhergesehen werden, ob es sich um eine exotische Variation oder um den Beginn einer neuen Ära von Transportmitteln handelt. Die Zeit muß es zeigen, zumal eine Änderung der Rahmenbedingungen die Gewichte bei der Beurteilung radikal verschieben kann. Ist heute das Elektroauto ein Fahrzeug, das man mit viel gutem Gewissen fährt und entsprechend öffentlich kenntlich machen muß, ist es morgen unser aller erste Wahl, weil wir überhaupt nur noch Strom zu ‚verfeuern‘ haben. Die Skala der Modellerneuerungen, Innovationen und bahnbrechenden Erfindungen hat technisch zumindest nach oben einen Abschluß dort, wo die sogenannten Menschheitserfindungen ansetzen, zu denen man meist nur noch mythisch datierbare Entdeckungen und Erfindungen rechnen kann: das domestizierte Feuer, das Haus, das Boot, das Rad.

Die Einbettung der Gerätegeschichte in die Praxis

Während die technikhistorische Betrachtung hier abbricht, muß die philosophische Betrachtung noch einmal weiter fragen, wenn es darum geht, was die vorgestellte Struktur der Gerätegeschichte bedingt und wie sie noch einmal außerhalb der Technikgeschichte und ihrer immanenten Kriterien zu begründen ist. In der Antwort auf diese Frage liegt zuletzt der Schlüssel, mit dessen Hilfe sich aus meiner

Sicht die Notwendigkeit wie auch die Legitimität und die Reichweite der vorgestellten Argumentation erschließen und bemessen lassen muß. Vorausgesetzt für das Verfassen und Verfolgen einer Gerätegeschichte nach dem Muster der Wirkungsgeschichte ist nämlich, daß auch noch der Sinn und Zweck von Menschheitserfindungen nicht in ihnen selbst zu finden ist, sondern davon abhängt, wie ich die menschliche Praxis grundsätzlich strukturiert sehen will. Es wird im folgenden vorausgesetzt, daß jede Erfindung nicht an sich Selbstzweck ist und aus sich heraus den menschlichen Umgang mit ihr vorherbestimmt und damit schon mit einem Sinn versieht. Daß das keine kleine Einschränkung ist, wird sich im Folgenden zeigen, wenn von der besonderen Logik der Technikentwicklung wie ihrer Vermarktung und Kulturprägung die Rede sein wird. Nur der Hinweis darauf, wie viele Geräte auf der Grundlage einer Spielekonsole zumindest nicht unmittelbar mit unserer Lebensplanung und Lebensfristung zu tun haben, mag genügen. Und auch hier wird noch einmal zu unterscheiden sein, ob es in der Geräteentwicklung und -nutzung liegt, zum Gelingen unserer Kultur beizutragen oder nicht, und dies ist nicht im Sinne eines kulturkonservativen Denkens, wie es die Kulturkritik seit 150 Jahren zelebriert und dabei nur klassische Konzepte von Kultur bzw. Hochkultur kennt, gleich mißzuverstehen. Gemeint sind vielmehr schon ganz basale Phänomene wie das Fortbestehen oder restlose Verschwinden von Ansätzen, die aus technischen Gründen keine Zukunft haben konnten. Nur ein Beispiel: Man vergleiche die Computerspiele mit dem Klavierspiel, und man wird schnell zugeben müssen, daß die meisten, vielleicht absehbar alle Computerspiele durch die radikalen Veränderungen und Erneuerungen der Software wie der Hardware nicht in der Lage sind und sein werden, auch nur zwei Jahrzehnte am Stück zu überleben; während sich das Klavierspiel über viele Jahrhunderte hinweg entwickeln konnte und zu einer eigenen Kultur mit einer eigenen Geschichte und Verläufen werden konnte, die sich mit der Gesamtkultur austauscht und sie bereichert, unter der technischen Grundvoraussetzung, daß die Tastatur eine Klaviatur ist, die sich nur geringfügig verändert hat und alle elektronischen Zurüstungen bislang konkurrenzlos verkraften konnte; während hier also das key-bord des Klaviers und seiner Derivate Vergangenheit, Gegenwart und absehbar eine Zukunft hat, bricht die ‚Kultur‘ aller Videospiele in dem Moment ab, in dem ihre Software von einer viel komplexeren abgelöst wird und ihre Joysticks mit jeder Generation auch zugleich generalüberholt werden. Niemand, der in den Spielen der 90er Jahren noch Meister war, wird dies in den 0er und 10er Jahren unseres Jahrtausends noch sein, es sei denn, er hat wieder ganz von vorn angefangen. Wer glaubt, das Beispiel sei ein Ausnahmephänomen, denke weiter an Schach im Vergleich zu World of Warcraft und so weiter.

Was wiederum die Geräte betrifft, die grundsätzlich lebenspraktisch und nicht luxuspraktisch konzipiert sind, gehe ich davon aus, daß wir sie auch tatsächlich nutzen wollen, um weitergehende Praxisbezüge möglichst gut und möglichst komfortabel, anspruchsvoll oder stilvoll zu ermöglichen. Auch hier kann man wieder gleich einwenden, daß man das nicht muß, und daß selbst Alltagsgeräte immer auch das Potenzial für außergewöhnliche Handhabungen in sich haben. Jeder, der anfängt, mit den Dingen zu spielen anstatt sie zu gebrauchen, entdeckt solche Potenzen. Wenn aber die Spielerei zum Hauptgeschäft wird, ist dies lebenstechnisch, wie wenn ich eine Wette auf das Unwahrscheinlich abschließe, und dann brauche ich in der Tat noch einen Kontext, indem sich das Unwahrscheinliche des Gebrauchs mit all seiner Komik oder Exotik noch einmal auszahlt. So oder ähnlich muß man sicher verstehen, wie die Gameshow „Wetten, daß …" zum Erfolg werden konnte: nimm einen Alltagsgegenstand und versuche damit Dinge zu machen, die man niemals im Alltag damit machen würde, und versuche dies als eine Form von Artistik zu verkaufen – dann ist der Auftritt am Samstag abend der minutenkurze Höhepunkt eines jahrelangen Trainings. Wer es allerdings auch nicht bis dahin schafft, der muß sich am Ende fragen lassen, was die Kunst, mit einem Gabelstapler ein Frühstücksei zu öffnen, wirklich der Menschheit und sich selbst an Gewinn hinzugebracht hat.

Aristotelismus und Hirnphysiologie

Zwei Vorsichtsklauseln müssen noch aufgemacht werden. Wer nämlich mutmaßt, ob nicht wiederum die Vorstellung vom Leben und seinen in sich geordneten Zielen und Zwecken philosophisch einen Rückgriff verlangt, der weit zurückgeht und zuletzt erst bei Aristoteles und seiner Lehre vom ‚eu zen', dem guten Leben, halt macht, der hat im Prinzip zwar recht. Dennoch möchte ich nicht soweit gehen und unter Berufung auf einen Neo-Aristotelismus argumentieren, denn ein solcher müßte erst einmal anspruchsvoll reformuliert werden, anspruchsvoll deshalb, weil die conditio humana eine conditio moderna ist und heute immer eine entsprechende Komponente kulturell beschleunigter und dezentrierter Lebensformen mitbedenken muß, die in der Aristotelischen Ungeschichtlichkeit und Ortsgebundenheit unserer Lebensplanung nicht enthalten ist. In meinem Buch über *Montaigne und die Moderne* habe ich versucht, den Bruchlinien zwischen einer antiken und einer modernen Anthropologie im Umbruch der frühen Neuzeit zu folgen. Hier möchte ich die Argumentation aber entlasten und nur soviel Aristotelismus voraussetzen, wie er in jedem von uns fraglos noch vorhanden ist, der sich immer wieder von neuem ärgert, wenn er mit Geräten umgehen muß, die nicht funktionieren, der also beim Datenverlust seines Computers nicht bereits stoisch bleibt und die Anleitung zur Inbetriebnahme des Druckers nach dem 5. Fehlversuch einfach aus dem Fenster wirft. Eine Formulierung der Ziel- und Zweckstruktur unseres Handelns ex negativo reicht hier aus, solange klar ist, was es bedeutet, wenn wir nicht tun können, was wir aus guten Gründen gerne tun wollen, und eine Beweislast für die Auszeichnung der guten Gründe als solche noch nicht gefordert wird. Heidegger hat in *Sein und Zeit* gefunden, daß die Dinge als Werkzeuge nur dann auffällig werden, wenn sie ihren uns selbstverständlich gewordenen Sinn verlieren, vulgo, wenn sie kaputt gehen und damit versagen. In Erweiterung dieses Gedankens kann man darauf schließen, daß der Restaristotelismus in unserem Weltumgang dort zu finden ist, wo er als unbefragte und unauffällige Sinngebung noch so selbstverständlich ist, daß offenbar noch keine künstliche oder wissenschaftlich fundierte Einstellung in ihn eingegangen ist. Wie weit man diese Schutzzone einer unauffällig gelingenden Praxis im Einzelfall ausdehnen will, bleibt dem Kontext überlassen. Meistens deuten Routinehandgriffe auf ihre Einhaltung hin, Handgriffe, die vorherrschen bei allem, was sich mit dem Präfix ‚Alltag' versehen läßt, und selbst in stark technisierten und künstlichen Umgebungen wie derjenigen von Forschungslabors oder Tanztheatern gibt es noch eine Teeküche, in der nicht jeder Handgriff und jede Fußdrehung einzeln und neu geübt werden muß, sondern einfach und immer schon so war, wie es normalerweise so vorgesehen ist.

Die zweite Vorsichtsklausel, mit der ich eine Ablehnung durch vorschnelle Einordnung in Schubladen vermeiden möchte, knüpft ebenfalls an einer Selbstverständlichkeit an, die jedoch auch eine weitergehende wissenschaftliche Betrachtungsweise erlaubt und von ihr wesentlich profitiert. Niemand wird lange darüber streiten, ob das, was die Ergonomie an Verbesserungen für den Umgang mit Geräten gebracht hat, sinnvoll ist. Ein Geräteschaft, die gut in der Hand liegt, ist besser als eine, bei der mir die Dinge entgleiten, sei es Axt oder Hammer oder was auch immer an einem Stil hängt. Druck-

knöpfe, die sich dem Finger anpassen und ein Abrutschen verhin-
dern, sind besser als solche, bei denen ich andere Tasten gleich mit-
erwische und alles, was in dieser Art noch zu nennen ist. Eine An-
schmiegsamkeit des Geräts an unsere Physis kann man aber nicht
nur, wie schon angedeutet, rein körperlich fordern, sondern auch be-
züglich des physischen Parts, den unsere Motorik in der hirnphysiologischen Steuerung unserer Handhabung ausmacht. Auch hier gibt
es im Verstehen noch unterhalb der Schwelle einer rein kognitiven
Einsicht nach dem Muster einer schrittweise vorgehenden Metho-
denanweisung noch Erkenntniselemente, die auf ein Know-how der
Nachahmung angewiesen sind und zugleich ein Entgegenkommen
der Gerätschaft fordern. Wie ich mit einem Gerät am besten umgehe,
zeigt sich an einer Technik der Handhabung, die ich am besten und
vor allem am schnellsten dadurch lerne, daß mir jemand vormacht,
wie es geht. Bei allen Sportarten ist dies überdeutlich, auch beim Erlernen eines Instruments, aber genau genommen auch nicht weniger
beim Gebrauch eines Staubsaugers oder beim Fahren eines Autos.
Man hat verstanden, wie es geht, wenn man den Dreh am Lenkrad
raus hat und elegant durch die Kurven schwingt, so es Straße und
Auto oder ein zänkischer Beifahrer zulassen. Man behilft sich bei der
Beschreibung meist mit Gefühlsanweisungen, wie es sich anfühlen
muß, wenn es richtig ist, und es braucht Bilder statt dürrer Worte,
um zu erklären, wie man in einen Schwung rein und wieder raus
kommt. Hinter dieser Binsenweisheit des Alltags steht aber auch die
neuere Einsicht der Neurologen, daß wir in unserem Gehirn besondere Resonanzsysteme unterhalten, die es uns ermöglichen, beim Anblick der Handlung eines anderen unmittelbar zu verstehen, einmal,
was er will, d.h. welche Absicht er mit einer Geste verfolgt, als auch
die Art und Weise des Vollzugs, das Wie der Ausführung, das bis in
Stilfragen hineinreicht. Die prominenteste Entdeckung der Hirnphysiologie betrifft in diesem Zusammenhang die sogenannten Spiegelneurone, die der Aristotelischen Rede vom Menschen als einem Tier,
das zur Nachahmung (Mimesis) fähig ist, auf neue Weise Nahrung
geben. Demnach lernt schon das Neugeborene den Mund zu öffnen,
wenn Mutter oder Vater ihm vormachen, was zu tun ist, es spiegelt
das Verhalten und versteht unmittelbar, daß schon im Nachmachen
das Potenzial zur Weltaneignung wie zum Eintritt in soziale Verbän-
de liegt, um es ganz abstrakt zu sagen[74]. Jene Einsicht verläßt den

---

74 Vgl. M. Tomasello, Die Ursprünge der menschlichen Kommunikation, Frankfurt
    am Main 2009.

Menschen nicht mehr bis zum Ende, und jene Einsicht in den kognitiven Primat des Vor- und Nachmachens kann man auf vielfältige Weise
fruchtbar machen für eine Neuausrichtung der Technikphilosophie.
Wenn es nämlich stimmt, daß wir zunächst und zumeist nicht anders
können, als uns einen unmittelbaren Zugang zur Handhabung einer
Sache durch Nachmachen zu verschaffen, dann sind bspw. Gebrauchsanweisungen dann gut gemacht, wenn sie versuchen, das Know-how
eines Handwerkers, der vormacht, wie es geht, möglichst gut zu imitie-
ren. Das heißt z.b. auf überpräzise und unterkomplexe Beschreibungen
gleichermaßen zu verzichten und möglichst die Komplexität der technischen Zusammenhänge durch intuitive Anschauungsmöglichkeiten
schnell beherrschbar zu machen. Ikonische Darstellung wäre ein Stichwort dafür, daß Gebrauchsanweisungen mit Bildern und Schemata arbeiten sollten. Aber auch was die Logik der schriftlichen Anweisungen
angeht, läßt sich aus der einfachen Tatsache einer Zielorientierung unseres Gebrauchs eine weitreichende Forderung ableiten. So wundere ich
mich regelmäßig, wenn mir in einer Gebrauchsanweisung zuerst einmal alle Möglichkeiten und Leistungsdaten präsentiert werden, die in
einem Gerät stecken, und man im Grunde zuerst noch lernen soll, wie
das ganze Gerät funktioniert und welche Funktion auf welcher anderen
Funktion aufbaut, mit ihr verbunden ist und mit ihr wechselwirkt. In
Wahrheit interessieren alle diese Daten nur den Ingenieur oder den
Spion, der das Gerät dem Markenpiraten empfehlen will, mich interessiert beim Studium der Gebrauchsanleitung dagegen, wie ich zügig das
tun kann, was ich mit dem Gerät eigentlich will. So banal das klingt,
wenn man mit einem Handy erst einmal telefonieren will, hat man
doch schon ganz gut zu tun, wenn man zuvor noch die geodätischen
Magnetfeld-Daten eingeben muß, die zur Funktion des Kompasses
und zur Programmierung des Navigationssystems nötig sind. Eine
Ordnung der Gebrauchsanleitung nach Zwecken und nicht nach
Möglichkeiten wäre demnach sinnvoll, und natürlich geht es dabei
nicht nur um die einmalige Gebrauchsanleitung, die beim Erstbetrieb
oder im Reparaturfall gelesen sein will, sondern ebenso um das Menü,
mit dem ich täglich konfrontiert bin.

Die biologische Plastizität der Praxis

Wem das alles noch banal erscheint, weil unmittelbar einsichtig –
und nur leider eben den Konstrukteuren und Handbuchschreibern
nicht immer präsent – dem sei noch ein weiterführender Gedanke

angeboten. Er geht von der Frage aus, wie sich unser Lernen einer Handhabung über die Zeit weg gestaltet, und wie uns die Codierung unserer Resonanzsysteme hier offenbar enge Grenzen setzt. Haben wir einmal bestimmte Abläufe in einer gewissen Folge und Betonung gelernt, fällt es uns deutlich schwerer, beim selben Ablauf umzulernen, als wenn wir von Null beginnen können und nicht schon ein beschriebenes Blatt wären. Jeder, der sich beim Spielen eines Instruments oder im Sport eine fehlerhafte Technik angelernt hat, weiß, wie mühsam es ist, von ihr wieder wegzukommen, und daß es zuletzt weit einfacher erscheint, ein anderes Instrument zu lernen oder eine andere Sportart zu betreiben. Offenbar ist die Plastizität einer einmal eingespielten Bewegungsfolge und Bewegungsart nicht mehr so groß, wie wenn noch nichts dergleichen feststeht, und die Neurologen verweisen in solchen Zusammenhängen auf sogenannte „Ketten-Organisation"[75] von für die Motorik zuständigen Neuronen, die Handlungen gemäß ihrer Intention strukturieren und vorhersehbar und nachvollziehbar auch für Außenstehende machen. Wenn das stimmt, braucht es nicht zu verwundern, daß der Ärger besonders groß ist, wenn ich das Handy der Freundin benutzen will und irgendwie alle Tasten etwas anderes machen. Offensichtlich ist ein solches Fehlverhalten, wenn ein Hersteller dazu übergeht, links und rechts zu vertauschen, also z.B. beim Telefon die Abhebetaste rechts zu positionieren, das Auflegen links vom Gerät. Aber auch schon dann, wenn beim Schreiben einer SMS das Textprogramm ungewohnte Dinge macht, ist eine Frustrierung meistens nicht weit. Weil dann, wenn es wichtig ist und wenn keine Zeit für ein akademisches Studium der Einzelfunktionen ist, uns unsere biologische Prädisposition den hirnphysiologischen Imperativ klarmacht, der will, es muß unmittelbar verständlich sein und auf Anhieb funktionieren. Eine solche Reaktion nicht als zu überwindende Ungeduld unsererseits, sondern als legitime Forderung an das Gerät zu richten, dazu soll die Berufung auf die Neurologie helfen.

Auch die Berufung auf eine biologische Grundausstattung, die sich zeitgemäß in der Hirnphysiologie aktualisiert, zielt zuletzt methodisch gesehen nicht auf eine vertikale Verankerung unser Technik und ihres Gebrauchs in einer invariablen Bedürfnisstruktur, die man bei allen Menschen über die Zeit weg als konstant annehmen dürfte. Sie dient vielmehr dazu, daran zu erinnern, daß sich auch Lern- und

---

75 G. Rizzolatti/C. Sinigaglia, Empathie und Spiegelneurone. Die biologische Basis des Mitgefühls. Frankfurt am Main 2008, S. 95.

vor allem Umlernprozesse nicht voraussetzungslos vollziehen, und
man in der zeitlichen Nachfolge der Erfindungen gut daran tut, das
Neue erreichbar zu gestalten, so daß man sich vom Alten ausgehend
noch erschließen kann, wie es ungefähr weitergeht. Unsere kognitive
Natur, in dem Bereich, in dem sie auf einen schnellen und sicheren
Zugriff angewiesen ist, braucht die Vorlage einer eingespielten Praxis,
die die wesentlichen Züge schon vorausplant und nur noch an den
Enden mit Hilfe unserer gezielten Aufmerksamkeit auf das, was wir
gerade tun, neu ausrichtet. Und nochmals zum Schluß wiederholt:
man darf das ganze hier vorgestellte Programm anzweifeln aus akademischen Gründen, wenn man der Meinung ist, die Rede von Zielen und Zwecken habe selbst in der Ethik nichts mehr zu suchen; es
braucht hier keine philosophische Letztbegründung, sondern nur das
Eingeständnis, daß wir es im Alltag deutlich besser haben könnten,
wenn es uns die Gerätebauer, die Handbuchschreiber und Menüdesi-
gner einfacher machen würden und einsehen wollten, um wieviel an-
sprechender ein Produkt wird, wenn es intuitiv verständlich ist und
direkt auf unsere Gebrauchsabsichten antwortet.

V. Die Logik technischen Eigensinns

Nach der Übersicht über den philosophischen Stand der Dinge und die Methode der Untersuchung soll es im zweiten Teil um die Sache selbst gehen, in zweierlei Hinsicht: einmal, insofern sie als Technik fraglich und uns fremd wird, und zum anderen, was später verhandelt wird, wo ihre Potenzen liegen, um uns wieder familiärer und vertrauter zu werden.

Man kann den fraglichen Zug auch als das Paradox ansprechen, daß uns technische Dinge zum Gebrauch vorgestellt werden, ohne daß wir wirklich einen Gebrauch für sie hätten. Landläufiger formuliert geht es um eine Erklärung für das ungläubige Staunen über unglaubliche Funktionen eines Geräts, die uns ein Verkäufer vorstellt, von dem wir noch nicht einmal eine Ahnung haben, um was es sich dabei tatsächlich handelt, und ob wir es je wirklich wollen wollten. Noch in den 60er Jahren konnte man mit einem solchen Staunen Filmerfolge erzielen, wenn die Autos von James Bond mit kugelsicherem Glas und Raketenrucksack für den Fahrer ausgestattet waren. In der Zwischenzeit steckt in jedem Auto-Verkäufer etwas von dem Film-Ingenieur ‚Q‘, wenn er uns bspw. das Navigationsdisplay erklärt, das einst in *Goldfinger* dem Helden (damals noch in der Radar-Ausführung) anzeigte, wo er sich selbst befand und wie dicht ihm seine Widersacher auf den Fersen waren.

Eine Erklärung für die Schere, die sich zwischen technischer Entwicklung und unseren praktischen Erwartungen an sie auftut, soll systematisch fundiert und auf drei Ebenen gegeben und diskutiert werden:

1.) auf der Ebene der Technik,
2.) im Denken der Ökonomie und
3.) als begründet in unserer Kultur.

Dabei sei vorausgeschickt, daß im Rahmen der klassischen Technikkritik hier zweifellos vieles bereits analysiert und kategorial durchdrungen wurde. Jetzt bietet sich aber, wie es mir scheint, über die klassischen Einzelanalysen der Kulturkritik hinaus die Möglichkeit zu einem Gesamtverständnis – einem Gesamtverständnis, das sich der

Möglichkeit verdankt, Parallelen und Analogien in den verschiedenen Sonderwegen und -verläufen auszumachen, die schließlich nicht mehr getrennt voneinander zu verstehen sind, sondern zuletzt auf ein gemeinsames Prinzip verweisen. Das letzte Mal, daß sich philosophisch eine solche Aussicht bot, die wissenschaftlich-technische Verfassung der Welt aus einem Prinzip heraus zu verstehen, war historisch mit der Marxschen Analyse der politischen Ökonomie gegeben. Ihr lag zur Hochzeit der Industrialisierung die Kerneinsicht zugrunde, daß am Maschinenwesen die Welt genesen oder untergehen muß und die Maschine unsere Investition ist, mit deren Hilfe wir Gebrauchsgüter bedarfsgerecht produzieren. Im technischen Fortschritt lag für Marx noch die Gefahr, daß die Versorgung zu gut gelingt und die Überproduktion zu dramatischen Ungleichgewichten führt, die zuletzt in wirtschaftlicher Rezession und gesellschaftlicher Revolution enden. Heute erscheint uns die Lage dagegen dahingehend verändert, daß die Maschine grundsätzlich keine Investition mehr darstellt, mit deren Hilfe wir bedarfsgerecht produzieren wollen, sondern zu einem Mittel der Spekulation geworden ist – was in der Praxis heißt, daß wir Güter für einen Gebrauch herstellen wollen, den es noch gar nicht gibt, und die Maschine oder Technik, die wir für eine solche Produktion erfinden, nur die Verheißung auf eine spätere Versorgung mit Gütern ist, die wir dermaleinst nach der Maßgabe der neuen Produktionsmittel dann auch noch erstmalig brauchen sollen. Kaushik Sunder Rajan hat eben für großes Aufsehen mit seinem Buch darüber gesorgt, wie sich im Lager der Biotechnik-Unternehmen eine Allianz von Risikokapital und Zukunftstechnologie herausgebildet und zu dem geführt hat, was er mit dem Schlagwort *Biokapitalismus* belegt[76]. Die Biotechnologie wird demnach zu einer Sparte der „venture science", die biologisch-technische Verfahren entwickelt für Therapien, die bestenfalls entfernte Möglichkeiten darstellen, vom Marketing aber bereits als Wirklichkeit künftiger Anwendungen gepriesen werden. Was früher eine absehbare Investition in unsere Gesundheit war, wird jetzt zur Spekulation über das, was wir übermorgen überhaupt noch Gesundheit nennen werden, mit unabsehbaren Folgen. Die schlimmste dieser Folgen wäre, daß auf biotechnischem Wege unsere Natur so verändert wird, daß dadurch die Verfahren, in die teuer investiert wurde, tatsächlich gerechtfertigt werden. Dann scheitert nicht wie bisher womöglich die Therapie an den biologischen

---

76 K.S. Rajan, Biokapitalismus. Werte im postgenomischen Zeitalter, Frankfurt am Main 2009.

Tatsachen, sondern die biologischen Tatsachen werden so verändert, daß die Therapie irgendwann tatsächlich greift. Der technische Fortschritt ist dann keine Investition in die Wirklichkeit mehr, sondern eine Spekulation auf eine Möglichkeit, der sich die Wirklichkeit notgedrungen anpassen muß. Wer nach den Turbulenzen auf den Finanzmärkten den Eindruck gewinnt, die Ökonomie folge in der Zwischenzeit vergleichbaren Prinzipien, und wer schließlich versteht, wie die Computerspiele-Industrie uns den resoluten Eintritt in ein ‚second life' empfiehlt, in dem die bloße, computergenerierte Möglichkeit für uns zur Wirklichkeit wird, der hat gute Gründe für die nachfolgende Lektüre. Erst recht, wenn es sich herausstellen sollte, daß die angesprochenen Einzelbefunde in den drei Sektoren von Biologie, Wirtschaft und Kultur einer durchgängigen Spekulations-Logik folgen, die ihnen als Quellcode dient und nach dem Muster einer Hegelischen Prozeß-Logik-Analyse allen Besonderheiten einer Zeitanalyse zugrunde liegt. Wenn es gelingt, im Rahmen der Technikbetrachtung hier gemeinsame Konturen aufzuzeigen, wäre auch ein Beitrag zu dem geleistet, was Hegel als das Kerngeschäft der Philosophie annimmt: „Philosophie ist ihre Zeit in Gedanken gefaßt".

Die Technik und ihre Motive

Das Beispiel stammt aus dem Automobilbau des vergangenen Jahrzehnts. Es findet sich im Zusammenhang mit den medialen Möglichkeiten, die es sich zur Maxime gemacht haben, Nützliches mit Angenehmem zu kombinieren. Im konkreten Fall geht es um die Einführung der Bildschirme in die automobile Oberklasse. Ursprünglich waren sie zur Navigation gedacht, um die Zielfindung beim Autofahren zu erleichtern. Das war Mitte der 1990er Jahre. Die Bildschirme waren aber zugleich auch schon gut genug, nicht nur einfache Schemata abzubilden, sondern auch laufende, lebendige Bilder zu produzieren. Mit der Folge, daß jetzt jeder, der ein Navigationssystem orderte, auch gleich einen Fernseher und später noch ein Film-Abspielgerät in seinem Auto hatte[77].

Ein Wendepunkt kam, als sich mit den neuen Fahrzeugen nicht nur im Test eine größere Auffahrunfallgefahr als gewöhnlich einstellte. Die Fahrer waren in den entscheidenden Augenblicken mit den

---

77 Vgl. Multimedia im Auto. FAZ, 28.10.2003, Nr. 250, S. T4.

Augen auf dem Bildschirm, anstatt auf der Straße, mit dem Ohr
nicht bei der Sache, sondern bei der Sprache aus den Lautsprechern.
Das Fernsehprogramm oder die DVD hatte sie in eine andere Welt
entführt, und von dort kamen sie nur unfreiwillig und zuweilen mit
einem Knall der Airbags wieder zurück in die erste Wirklichkeit, die
des Straßenverkehrs.

Die Folge war: die Technik wurde umgestellt. Man baute eine
Schaltung ein, die das Fernsehen nur noch erlaubt, wenn der Wagen
wirklich steht[78]. Aber auch das Fernsehen bei Tempo Null erwies sich
auf die Dauer als impraktikabel. Denn wie geht das im Stop- and Go-
Verkehr? In der Stadt, an der Ampel, oder wenn man im Stau steht?
An dem ständigen An- und Aus hat offenbar niemand wirklich eine
Freude gehabt. Und die Lösung kam schließlich, als es gelang, Mo-
nitore für diejenigen einzubauen, die nicht lenken müssen, sondern
abgelenkt werden wollen: also die Hinterbänkler im Auto[79].

Der Zwiespalt der geschilderten Entwicklung – ein Zwiespalt, der uns
die Entwicklung als Fortschritt und Rückschritt zugleich empfinden
läßt –, rührt daher, daß hier offenbar zwei verschiedene Logiken am
Werk sind. Die erste möchte ich die Logik der technischen Notwendigkeiten nennen, die zweite jene der technischen Möglichkeiten. Die
technische Notwendigkeit ergibt sich aus der klassischen Annahme
des technischen Geräts als eines Mittels, das für einen bestimmten
Zweck konstruiert wird. Der Zweck darf als gegeben angenommen
werden und ist im Falle des Automobils grundsätzlich das Bedürfnis
der Fortbewegung von A nach B, und ein Mittel ist dann ein geeignetes Mittel, wenn es im Rahmen der technischen Möglichkeiten eine effiziente Zielverfolgung ermöglicht. Habe ich große Strecken in
kurzer Zeit hinter mich zu bringen, ist das Flugzeug ein Mittel, bei
mittleren Strecken ebenso Auto oder Schiff oder Fahrrad und so
weiter. Die Effizienz des Mittels ist in der Logik der Notwendigkeiten
meßbar, sodaß besser ist, was den Zielverfolg in einer relevanten Hin-

---

78 Der Audi A8, die K-Frage und die Politik auf der Straße: „Das Display des Navigationssystems zeigt im stehenden Fahrzeug das Fernsehprogramm mit den quali-
tativen Einschränkungen des terrestrischen Empfangs. Während der Fahrt bleibt
die vordere Anzeige dunkel. Hinten kommen dann die beiden großen farbigen
Flüssigkristallanzeigen von Alpine zum Einsatz. Sie liefern auch bei hellster Son-
neneinstrahlung ein erstklassiges Bild, und der Ton wird über die Audio-Anlage
des Fahrzeugs wiedergegeben. Der Fahrer hört also mit, sieht aber nichts." FAZ,
14.05.2002, Nr. 110, S. T4.
79 Großes Kino für die Kleinen: „ … die Anlage richtet sich ausschließlich an die
Passagiere auf der Rückbank." FAZ, 06.04.2004, Nr. 82, S. T4.

sicht besser macht; meßbar bei der Fortbewegung ist die Geschwindigkeit, mit der ich von A nach B komme, und technischer Fortschritt bedeutet dann z.b. eben höhere Geschwindigkeit. Das Navigationsgerät trägt dazu bei, daß ich mich weniger oft verfahre, also
durchschnittlich schneller ans Ziel komme, ergo ist es als technischer
Fortschritt zu werten. Das scheint alles noch nicht erstaunlich, denn
die zugrundeliegende Rationalität der technischen Notwendigkeiten
ist eine simple Zweckrationalität, wie man sie bei jedem Zielverfolg
mal mehr, mal weniger stringent in Anschlag bringt.

Bei der Logik technischer Möglichkeiten ist die Lage dagegen nicht so
selbstverständlich, und ich versuche, die Dinge so zu stilisieren, daß
man am Ende den Eindruck hat, die Logik der technischen Notwendigkeiten sei hier geradezu auf den Kopf gestellt. Zuerst muß man
dazu einsehen, daß die Logik technischer Möglichkeiten vom nüchternen Zielverfolg schon einmal abgekoppelt ist. Wer sich ernsthaft
um Fragen kümmert wie jene, ob ich während der Fahrt lieber fern-
sehe oder videospiele, trägt mit seiner Entwicklung grundsätzlich
nicht mehr zum Fortschritt effizienterer automobiler Fortbewegung
bei. Fernsehen macht mich beim Autofahren nicht schneller. Weiter
muß man verstehen, daß der Einbau eines Fernsehers ins Auto auch
nicht einem bereits bestehenden Bedürfnis entspringt, so, als habe
man im Grunde immer schon gewollt, daß man zugleich autofahren
und fernsehen konnte, und nun, da sich die technische Möglichkeit
dazu bietet, wird sie auch endlich umgesetzt. Carl Benz war kein
Nachrichtentechniker. Vielmehr ergibt sich der Einbau des Fernseh-
empfangs überhaupt nicht mehr aus einer konkreten Zielvorgabe,
sondern aus dem technischen Fortschritt der Geräteentwicklung
selbst, also aus der Verbesserung des Mittels. Da das Navigationsgerät
im Beispiel aber aus einem ganz anderen, d.h. hier nachrichten- und
elektrotechnischen Bereich stammt als der Automobilbau, eröffnet
seine Verbesserung auch Möglichkeiten, die für die Frage der Fortbewegung und ihrer Verbesserung vollkommen irrelevant sein können. Wer auf seinem Iphone oder Gameboy videospielt kann sich
womöglich darüber freuen, jetzt auch noch damit Filme schauen zu
können. Aber das Auto ist natürlich kein Gameboy. Das alles ist so
offensichtlich und selbstverständlich, daß die detaillierte Ausführung
nur noch für die Pointe gut sein kann, daß sich die Logik der technischen Möglichkeiten um diese Einsicht dennoch nicht schert. Denn
das Erstaunliche an dem geschilderten Prozeß ist ja gerade, daß bei

der Aufrüstung des Navigationsgeräts zum Fernseher offenbar nicht
mehr weiter gefragt wird, ob es auch gebraucht und der Fernseher
jemals während der Fahrt für den Fahrer angeschaltet wird. Aus-
schlaggebend für den Einbau ist demnach nicht die Zielführung,
sondern die bloße Bereitstellung der Mittel, und bereitgestellt wird,
was sich an neuen Möglichkeiten *als* Möglichkeiten aus der fortgeschrittenen Technik selbst ergibt. So gesehen ist es dann konsequent,
wenn aus der Verbesserung der Bildqualität der kleinen Flachbildschirme nicht nur ein verbessertes Navigations-Display resultiert,
sondern zugleich auch der Fernsehempfang realisiert wird, weil er
eben jetzt technisch machbar ist. Die Verbesserung der Technik eröffnet eine Möglichkeit, die als bloße Möglichkeit bereits den Imperativ hat, Wirklichkeit zu werden. Taugt das Display zum Fernsehempfang, muß es einen Fernseher im Auto geben.

Immer noch schiene die vorgestellte Logik technischer Möglichkeiten an sich harmlos, wenn man als deren Motive einfach nur Stolz
oder Übereifer seitens der Ingenieure annehmen dürfte, die zeigen
wollen und vielleicht sogar zeigen müssen, wozu sie in der Lage sind,
würde man sie nur gewähren lassen im Ausreizen einer Technik. Man
denkt dann an Vorstellungen bspw. von Concept-Cars, mit denen
man, wie es in den Broschüren heißt, ,nur einmal zeigen wollte, was
morgen alles möglich sein wird', das heißt natürlich ohne echten Anspruch auf Realisierung. Fakt ist allerdings, daß sich die Logik technischer Möglichkeiten mit ihren Produkten nicht in den Nischen der
Autosalons versteckt, sondern uns vielmehr und jeden Tag auf offener
Straße begegnet. Und das liegt zuletzt daran, daß die Entwicklung
technischer Möglichkeiten nicht mehr dort Halt macht, wo die alten
Notwendigkeiten wieder ins Spiel kommen und nahelegen, die Sache
abzubrechen. Vielmehr erscheint die technische Entwicklung in ihrer
eigenen Logik zuende geführt, wenn ihre neuentwickelten Möglichkeiten, anstatt von den gegeben Bedürfnissen ad absurdum geführt zu
werden, umgekehrt die Wirklichkeit darüber belehren, was sie eigentlich sein sollte. Kurz, nicht das neue Mittel wird verworfen, weil
es keinen sinnvollen und im Kontext passenden Zweck dazu gibt,
vielmehr projiziert das Mittel seinen eigenen Zweck und verlangt von
uns, daß wir ihn zu unserem neuen Bedürfnis machen. Und das Entscheidende an dieser Logik ergibt sich in der Konsequenz des skiz-
zierten Gedankens ganz zum Schluß: sobald sich die Wirklichkeit widerständig gibt und klar ist, daß wir das gewünschte Bedürfnis im
gewünschten Zusammenhang von alleine nicht haben würden, ist
wiederum die Lösung von der Art, daß sie nicht von den Zwecken

ausgeht und uns weitergehend motiviert, wie auch immer dies in der Praxis zu denken bzw. nicht zu denken wäre, sondern umgekehrt wieder die Lösung des Problems eine technische sein muß, die bei den Mitteln beginnt und ihre Instrumente so weiter- und fortdesignt, bis unsere Bedürfnisse schließlich nicht mehr anders können (sollen), als sich einverstanden zu erklären. Im Beispiel heißt das, der Fernsehempfang wird nicht etwa wieder ausgebaut, er wird vielleicht in einem ‚Multi-Media-Paket' verpackt und damit nicht mehr so prominent plaziert, zugleich wird er technisch verfeinert: wo er zum Sicherheitsrisiko wurde, wird nachgebessert, indem Fernsehen eben nur noch läuft, wenn der Wagen steht. Mit dem Folgeproblem, daß im Stop-and-Go-Verkehr das Fernsehen mitten im Satz oder in einer Szene abbricht und dann wieder anspringt, wird auch wiederum technisch umgegangen, indem das Fernsehen für den Beifahrer jedenfalls durchgängig zu sehen ist (man kann dann ja als Fahrer nachfragen, was bisher geschah). Und wenn eine Unpäßlichkeit festgestellt wird, wie es früher den Kartenleser regelmäßig zu Symptomen der Übelkeit brachte, wenn er auf die Karte, und nicht auf die Straße schaute, dann muß man eben Empfehlungen für Reisetabletten aussprechen, und selbst wenn es einen reinen Einsitzer im Angebot gäbe, in dem kein Beifahrer neben dem Fahrer und auf der Rückbank Platz hätten, würde das Fernsehen immer noch nicht aus der Optionenliste gestrichen, denn es könnte ja sein, daß ich meinen Monoposto, selbst wenn er absehbar nur für die Rennstrecke gebaut ist, doch minutenweise als Wohnmobil nutzen will, und dann bin ich doch froh, wenn ich das Fernsehen an Bord habe. Wem das Beispiel trotz meiner Mühe, hart an der Entwicklung der Realität zu bleiben, zu gesucht ist, der denke nur einmal an die vielen ‚Helfer', die wir ab und an gerne einmal abschalten würden, die aber so dauerpräsent sind, daß sie aufgrund ihrer technischen Anlage unsere Bedürfnisse offenbar immer besser kennen als wir selbst und uns nicht gestatten wollen, einmal ohne ESP auf einem verschneiten Parkplatz eine Runde zu drehen, oder unangeschnallt das Auto umzuparken. Man denke daran, wie schwer es manchem von uns fällt, von den warmen Leuchttönen der alten Glühbirne Abschied zu nehmen und das Licht der neuen Energiesparlampen schön zu finden. Fragt man nach, wird entweder behauptet, die neuen Sparlampen hätten z.T. schon das gleiche Farbspektrum wie die alten, so daß ich in meinem Urteil offenbar voreingenommen bin oder nicht die richtigen eingebaut habe; oder aber sie würden in Zukunft bessere Werte habe, und man müsse sich gedulden, und frage ich morgen nach, heißt es, sie seien schon sehr viel

besser geworden, und würden noch viel besser, und übermorgen hat
sich dann die Sache erledigt, weil niemand mehr eine Erinnerung
daran hat, wie warmes elektrisches Licht einmal aussah. Die technische Entwicklung ist dann in Wahrheit nicht unserem Bedürfnis ent-
gegengekommen, sie hat es vielmehr unter ihren eigenen Vor- und
Maßgaben neu formuliert und zuletzt einfach, dem Fortschritt ver-
pflichtet, angemessen generiert. Zuerst kommt das Mittel, dann der
Zweck. Anders als in der Logik der technischen Notwendigkeiten ist
die Rationalität demnach nicht mehr nach dem klassischen Muster
der Zweckrationalität zu veranschlagen. Eine Logik der technischen
Möglichkeiten ist zweckrational vielmehr nur noch, weil sie die
Zwecke selbst hervorbringt, zu denen sie die Mittel entwirft. Genaugenommen handelt es sich also um eine invertierte Zweckrationalität,
in der aus der Annahme der Mittel die Effektivität des Zweckes folgt.
Zwecke sind nicht dazu da, erfüllt zu werden, sondern selbst dazu da,
als ein Mittel zu dienen, um die technische Erfindung als Zweck gutzuheißen. Zwecke sind dann Legitimationen ex post für die vorauseil-
lende Annahme von Mitteln, ohne die wir jedoch jene Zwecke auch
nie gehabt hätten. Kurz: Das Mittel wird zum Selbstzweck.

Woher kommt die Lizenz zur Kritik? Eine klassische Position muß
hier als die Mutter aller Technikkritik angesprochen werden, auch
wenn sie von Aristoteles, ihrem Schöpfer, noch lange nicht als Kritik
konzipiert war. Die Grundidee besteht in der Konfrontation des
Technischen mit dem Natürlichen, wobei der Charme der antiken
Position darin besteht, daß sie das Natürliche noch als das unmittelbar Richtige und deshalb normativ vorauszusetzende annimmt und
dem entsprechend die Vorstellung einer OncoMouse noch fern und
monströs erscheint. Natur ist in der klassischen griechischen Vorstel-
lungswelt das Paradebeispiel dafür, was wir heute gerne im Zusammenhang eines Holismus beschreiben und damit das Ganzheitliche
der Betrachtung wie auch die Selbstgenügsamkeit der angesprochenen
Sphäre meinen. Natur ist für Aristoteles in letzter Konsequenz Kosmos, wortgeschichtlich leitet sich daraus her, was heute noch in der
Vorstellung der Kosmetik als dem Schmuck präsent ist, und Kosmos
ist damit ästhetisch ausgezeichnet als eine wohlgeordnete Ordnung,
die in sich symmetrisch und wohlproportioniert erscheint. Prinzi-
pientechnisch ist der Kosmos ein Selbstzweck, was sich bei Aristoteles
vor allem in der Physik und der Frage vom Anfang und Ende aller
Bewegungen zeigt. Die Bewegung, die nach Platon die Unordnung in
die Welt der Ideen bringt, wird bei Aristoteles durch eine Ausrichtung

auf einen letzten Beweger noch einmal hierarchisiert, finalisiert und
damit wieder in eine alles umfassende Ordnung zurückgebunden[80].
Ausgehend von einer Kosmologie der Endzwecke trifft Aristoteles für
eine Trennung zwischen Technischem und Natürlichem folgende
Unterscheidung: Artefakte wie natürlich Gewachsenes sind beide En-
titäten, die gleichermaßen auf Zwecke hin ausgelegt sind, sie unterscheiden sich allerdings dadurch, daß Naturdinge den Zweck in sich
haben, während die Artefakte ihren Zweck von außen angetragen bekommen. Ausdifferenziert wird die Analyse in der sogenannten Vierursachenlehre, in der Aristoteles zwischen der Stoffursache (causa mate-
rialis), mit der das Material gemeint ist, aus dem etwas besteht, der
Formursache (causa formalis), die für die Form und Struktur einer Sache steht, der Zweckursache (causa finalis), mit der man den Endzweck
als der Funktion einer Sache bezeichnet, und der Wirkursache (causa
efficiens), die für das Hervorbringen des Gegenstandes entscheidend
ist[81]. Ein Gegenstand ist so grundsätzlich eine Verbindung von Stoff
und Form, wie bspw. ein Baum aus Holz besteht und das Holz natürlicherweise eine Baumform hat, ein Bett auch aus Holz, aber eine Bettform hat, und Natürliches und Artefakt sind nur noch verschieden
darin, woher das Prinzip der Bewegung kommt. Das Naturding, im
Beispiel der Baum, hat im Samen bereits eine vorgegebene Form, die
zielführend beim Wachstum wirkt solange, bis die Form in der Materie
verwirklicht ist, d.h. der Baum ausgewachsen. Die Formursache bewirkt dabei auch das Wachstum und ist somit als Formursache auch
Wirkursache. Beim Artefakt ist dagegen die Form nicht mehr einfach
naturgegeben, im Beispiel wachsen Bettgestelle nicht von alleine und
als solche, und dem entsprechend ist die Form auch nicht mehr ‚effizi-
ent' im Sinne der Wirkursache, denn die Bettform muß dem Holz erst
künstlich beigebracht werden. Augenscheinlich wird der Unterschied
für Aristoteles, wenn man den Versuch macht, ein Bettgestell aus Wei-
denholz in fruchtbarer Erde zu vergraben: aus ihm wächst nicht ein
neues Bettgestell, sondern wieder eine Weide. Aus sich selbst heraus
nimmt das Holz im Wachstum die Form an, die es natürlicherweise
hat, und nicht die, die wir für es vorsehen.

Für Aristoteles ist eine Technikkritik noch verfrüht, weil auch
noch die Zwecke, die wir von uns ausgehend an die natürliche Materie herantragen, an sich nicht unnatürlich sind, wie das Schlafen in
dem Bett, das wir uns für diesen Zweck bauen, und entsprechend

---

80 Vgl. Aristoteles, Metaphysik, XII.
81 Aristoteles, Metaphysik, I, 3; 983a24-983b6.

auch die Form, die wir der Materie geben, an sich nicht unnatürlich
ist, denn wie Tiere auch an einem geeigneten Ort schlafen, so auch
die Menschen, und die Schlafstätte an sich ist nichts, was in der Ordnung des Kosmos nicht vorgesehen wäre, weil ja auch das Schlafen im
Prozeß der Natur vorgesehen ist[82]. Was im Artefakt hinzukommt an
äußerer Zutat ist so zuletzt nur die Wirkursache, die wir als Handwerker sind, wobei das Energetische dieses Inputs in den Gestal-
tungsprozeß nur als eine weitergehende Umleitung von im Ganzen
natürlichen Prozessen erscheint[83].

---

82 Vgl. Aristoteles, Physik, B VIII, 199a, 15-17: „Überhaupt vollendet die Technik
teils das, was die Natur nicht erreicht, teils ahmt sie sie nach".
83 Eine Anmerkung sei hier eingefügt, um Aristoteles in dieser Hinsicht nicht naiv
erscheinen zu lassen. Die Brisanz der Technikfrage war Aristoteles schon aus seiner
Schulzeit bei Platon und dessen vehementer Opposition zur antiken Sophistik
mehr als bewußt. Hier stellt sich das Problem vor allem gesellschaftspolitisch dar,
insofern die Redetechniker in Platons Augen mit Geschick ihren Erfolg suchen,
ohne noch das Gemeinwohl im Blick zu haben, und dies nicht aus rein egoisti-
scher Gewinnabsicht, sondern zuletzt, weil es in dem Konzept einer selbstgenügsamen Redetechnik selbst so angelegt scheint, die Sophisten sich demnach einer
Argumentationsstrategie verschrieben haben, die den Sieg um des Siegens willen,
nicht der Sache wegen, sucht. Aristoteles versucht das Problem zu entschärfen, indem er anders als Platon nicht mehr eine Eskalationsrhetorik bemüht, die das
Wirken der Sophisten im Chaos eines Bürgerkrieges enden läßt (stasis), sondern
ein bildungs-bürgliches Konzept stark macht, in dem der Sophist in ein bürgerli-
ches Rollenspiel des abwechselnden Regierens und Regiertwerdens eingebunden
wird und so seine Technik zuletzt doch wieder unter Kuratel einer übergeordneten
Perspektive des Gemeinwohls stellt, und das also nicht (und nur im besten Fall)
durch eine einmalige platonische Einsicht in ideale Zusammenhänge, sondern
durch learning by doing. Noch Hegel wird mit dem launischen Diktum: „Wem
Gott ein Amt gibt, dem gibt er auch Verstand" (Grundlinien der Philosophie des
Rechts, hg. v. E. Moldenhauer und K.M. Michel, Frankfurt am Main 1976, Vorrede, S. 22) wenigstens ironisch auf die dienliche Funktion des Einübens kluger
praktischer Lebenshaltung mit Blick aufs Ganze anspielen. Dies vorausgesetzt, erscheint auch Aristoteles' Umgang mit den Fragen technischen Eigensinns in der
Güterproduktion nicht mehr naiv, da er das Handwerk noch einmal in weitergehende gesellschaftliche, also nicht nur kosmologische Zusammenhänge einbindet.
Entscheidend ist dabei die Trennung, die natürlich auch den antiken Gesell-
schaftsverhältnissen entspricht, zwischen einer Ökonomie als einer reinen Hauswirtschaft und der Politik als einer öffentlichen Sphäre, und weil zuletzt schon in
der Politik (durch eine Zähmung der Rhetoren und Redetechniker durch Übernahme von Verantwortung) die ‚Autarkie' als gemeinschaftsdienliche Zielführung
intakt bleibt, sind auch die Vorgaben für die Hauswirtschaft von der Art, daß die
Autarkie auch hier höchstes Ziel ist. Die technisch angeleitete Produktion dient so
zur selbstgenügsamen Güterversorgung des Hauswesens, in der den Bedürfnissen
nach Maßgabe des Nötigen nachgegeben wird, und wo diese Sphäre verlassen wird
und über den Bedarf hinaus Wünsche entstehen, sind wir nach Aristoteles bereits
in der öffentlichen Sphäre des Politischen, in der wiederum nach übergreifenden
Gesichtspunkten geordnet und entschieden wird. Die Brisanz des technischen

Ausgehend von dem Schema der Vierursachenlehre läßt sich jedoch die Technikkritik als ein Prozeß zunehmender Entfremdung re-
konstruieren, in dem das, was einst Natur war, erst durch den Menschen und dann durch die Maschinen ersetzt wurde. Der erste Schritt
besteht darin, nicht nur die Wirkursache, sondern auch die Formursache aus dem Formenkanon der Natur zu lösen, was grundsätzlich
bereits mit der Wende zum Christentum und der Annahme eines
Schöpfers geschehen ist, in der Übertragung auf den Menschen aber
erstmals in Nikolaus' von Kues Vorstellung des Löffelschnitzers in
seinem Dialog *Idiota de mente* einen Niederschlag findet: „Coclear
extra mentis nostrae ideam non habet exemplar"[84] – „Der Löffel hat
außerhalb der Vorstellung unseres Geistes kein Vorbild". Wirkursache und Formursache gehen selbst wiederum eine eigenständige Verbindung ein, indem sie im Verbund der neuzeitlichen Maschine
wechselwirken. Sie gewinnt im Verlauf der Industrialisierung den
Zug hinzu, die Energiezufuhr nicht mehr wie in den Manufakturen
von Menschenhand oder wie in den Mühlen von Tieren oder Wind
oder Wasser angetrieben zu sehen, sondern selbst wiederum von Maschinen eingespeist zu bekommen. „An die Stelle der einzelnen Maschine tritt ein mechanisches Ungeheuer"[85], wie Marx mit Blick auf
die interne Fabrikorganisation sagt, in der die „Arbeitsmaschinen …
ihre Bewegung nur vermittelst der Transmissionsmaschinerie von einem zentralen Automaten empfangen", der jetzt wie ein pulsierendes
Herz die energetische Wirkursache ausmacht und die Technik als ein
„mechanischen Ungeheuer" erscheinen läßt. Noch ungeheurer wird
freilich der Vorgang, wenn Maschinen schließlich auch noch selbst
Maschinen bauen und damit wiederum der Mensch als Vorbild-
Geber durch das von ihm gebildete Geschöpf ersetzt wird. Macht
man den letzten Schritt ins ausgehende 20. Jahrhundert mit, wird
schließlich im Informationszeitalter jene letztere Tendenz perfekt, indem nicht nur Menschen absehbar immer mehr Maschinen brau-

---

Wissens hat Aristoteles dem entsprechend schon durch seine Hochschätzung ein-
gesehen, die aus ihm neben ‚theoria' und ‚praxis' eine Form der ‚poiesis', der Her-
vorbringens macht, die aber mit ihrer zielneutralen Verfahrensrationalität zuletzt
an praktisch-politische Gesamterwägungen gebunden bleiben muß. Die Vorstellung von der Natürlichkeit der menschlichen Ziele und Zwecke, die formgebend
im Handwerk wirken, ist so zuletzt an eine Weisheit (‚sophia') gekoppelt, die in
der Theorie der Naturbetrachtung wie auch in der Praxis des politischen Ganzen
gleichermaßen präsent ist.
84 Nikolaus von Kues, Idiota de mente, hg. v. R. Steiger, Hamburg 1995, S. 14.
85 K. Marx, Das Kapital, a.a.O., S. 402.

chen, um Maschinen zu bauen, auch der Sprung dahin, daß Maschinenprodukte nur noch aus Maschinenprodukten entstehen, wird selbstverständlich, wenn man in den Bereich der Softwareentwicklung schaut und versteht, daß hochkomplexe Programme nicht mehr von Hand geschrieben werden, sondern nur noch aus bereits hochkomplexen Programmen hervorgehen. Mit der Informationstechnologie fällt zugleich noch eine Schranke, insofern der alte Vorbehalt von der Gegebenheit der Materialursache fällt. Weder braucht die Informatik noch Materie im Sinne einer Aristotelischen ‚hyle‘, mit der vorphilosophisch das Holz gemeint ist, aus dem Dinge der menschlichen Lebenswelt gemacht sind, noch auch im Sinne des Holzes, aus dem der Cusanische Löffelschnitzer seine Coclear-Kreation hervorbringt; weder Respekt vor dem Kosmos noch Demut vor Gott als dem Schöpfer der Materie ist angebracht, sobald das Holz, aus dem die Informations-Codes geschnitzt sind, als Bits und Bites verstanden werden und damit weder an Ort noch an Zeit gebunden sind und als reine Information gedacht nur noch in Form eines abstrakten Codes existieren. An welchem Terminal auch immer sie abgerufen werden, sie erscheinen immer gleich und überall gleich.

Resümiert man an dieser Stelle kurz und zieht die Linie von der Vermenschlichung der Wirkursache zu jener der Formursache, der anschließenden Maschinisierung der Wirk- wie der Formursache, und addiert schließlich noch die maschinelle Selbstbeschaffung des Informations-Materials als Selbstschöpfung der Materie: dann bleibt noch ein Posten im Schema der Vierursachenlehre offen: die Zweckursache. Aristoteles wollte natürlich noch, daß die Form einer Sache dem Zweck untergeordnet ist, zu dem das Ganze gut sein soll, denn was nützt es, dem Bett eine Form zu geben, die bewirkt, daß man nicht darauf schlafen kann? Es wäre dann kein Bett, und die Form eines Gegenstandes ist dem entsprechend auch sein ontologischer Güte-Ausweis, seine Form ist sein Wesen. Auch noch im Stadium der Vermenschlichung ist klar, daß der Löffelschnitzer den Löffel zum Löffeln schnitzt, auch wenn bereits im Manierismus eine freiere Handhabung künstlerisch denkbar wird, und der Künstler bei Vasari schon die Freiheit eines ‚alter deus‘ genießt. Im Stadium des industriellen Maschinenwesens kommen schon Zweifel darüber auf, ob die Hierarchie der menschlichen Zwecke noch intakt ist, sobald die Maschinen sich selbst befeuern und erneuern, und Friedrich Engels klagt bereits vor Adorno und Horkheimer: „Der mechanische Automat einer großen Fabrik ist um vieles tyrannischer, als es jemals die kleinen Kapitalisten gewesen sind", und er wertet den „Despotismus" der

Technik als eine Form der Rache der Naturkräfte an ihrer Versklavung durch „Wissenschaft" und das „Erfindergenie"[86]. Allerdings gibt es noch die sozialromantische Phantasie, den Spieß nochmals umzudrehen und die „Dampfspinnerei" zu „vernichten, um zum Spinnrad zurückzukehren". Auch jene Hoffnung auf eine Wiederermächtigung des Menschen bleibt vorläufig im Geiste, sobald im letzten Stadium der Entwicklung schließlich die Entwicklung der Programme aus sich selbst unvorhersehbar wird in einem Maße, daß die Möglichkeiten, die sich aus der Selbstgenerierung ergeben, vor dem Ende des Prozesses nicht einmal abzusehen sind und ein möglicher Gebrauch sich zwangsläufig erst ex post ergibt. Ein Besuch auf der Computerspiele-Messe macht auch dem letzten Zweifler klar, in welchem Ausmaß das Angebot an Neuerungen vom Stand der Informationstechnologie abhängt, und nicht mehr der Wunsch nach einem neuen Produkt der Vater der Entwicklung gewesen sein kann. Vergleicht man bspw. noch einnmal World of Warcraft mit Schach, wird einem schnell klar, was die informationstechnologische Bewaffnung des Strategiespiels aus den Spielfiguren gemacht hat und welches Eigenleben sie seitdem entwickelt haben. Es fehlt nicht viel, und sie kämpfen verbissen weiter, auch wenn die User vor Erschöpfung angesichts des Pixelkrieges längst schon vor ihren Terminals ermattet sind. Und wenn nicht heute, dann morgen.

Das Fazit aus der Entwicklung einer Technikkritik aus dem Schema der Aristotelischen Ontologie wäre zuletzt demnach die entscheidende und letzte Wende, die in einer Verkehrung der Hierarchie von Zweck- und Formursache besteht und die Vermenschlichung und anschließende Maschinisierung der Ursachen soweit treibt, daß nicht allein Stoff und Form und die Ursache, die beide zusammenbringt, als künstlich angesehen werden müssen, sondern zuletzt auch noch die Sphäre der letzten Zwecke, die zuvor nur einer Weltordnung im Sinne des Kosmos oder einer Schöpfungsordnung im Sinne der Bibel zugetraut wurde. Das wäre dann aus Sicht der Technikkritik der letzte Einsatz, der auf dem Spiel steht, wenn lapidar festgestellt wird: Das Mittel wird zum Selbstzweck.

---

86 Fr. Engels, „Von der Autorität", in: Marx-Engels Werke, Bd. 18, Berlin 1962, S. 306f.

Die Wirtschaft und ihre Motive

Die Verbindung der wirtschaftlichen Sphäre mit dem Technischen liegt nach dem Gesagten auf der Hand, wenn man sich die Technik grundsätzlich als das Mittel denkt, und die Wirtschaft als den Bereich, in dem zugehörige Zwecke formuliert werden. Die Erweiterung einer Logik der Notwendigkeiten zu einer Logik der Möglichkeiten hängt in dieser Verbindung mit dem Übergang von einer Mangelwirtschaft zu einer Überflußwirtschaft zusammen, wie er von John Kenneth Galbraith mit dem Stichwort der ‚affluent society' seit den 1950er Jahren belegt ist. Eine Mangelökonomie beruht auf der alten Vorstellung, die bis auf Aristoteles zurückgeht, daß wir überschaubare Bedürfnisse haben, die in einer Ökonomie versorgt werden müssen, und weil die Bedürfnisse überschaubar sind und sich auf das beschränken, was sich intra muros der Alltagsanforderungen formulieren und bewältigen läßt, heißt Ökonomie wie der Name es sagt nicht mehr als Hauswirtschaft. Essen, Trinken, Kleidung, Reproduktion, Haushalt und eine Grundausstattung mit Überlebensmitteln anderer Art ist das, was als eine Art naturgegebener Mangel ökonomisch ausgeglichen werden muß. Bedürfnisse sind demnach wieder als Zwecke zu fassen, die Technik kommt als Mittel zum Einsatz, als ein Produktionsmittel, das nur dazu da ist, um vorgegebene Bedürfnisse zu befriedigen. Im Lichte einer solchen Notwendigkeit gilt das Prinzip der Zweckrationalität, wo kein Mangel, da kein Bedürfnis, keine Produktion und kein Technikeinsatz.

Anders bei der Überflußwirtschaft. Der Terminus wurde gebildet, als sich in der Nachkriegszeit die Aussicht verfestigte, auf absehbare Zeit ohne die Gefahr eines *Great Clash* und *Great War* leben zu können und dem entsprechend ein Niveau der allgemeinen Güterversorgung zu erreichen, auf dem das Nötige immer schon bereitgestellt sein würde. Da die Wirtschaft immer expandieren will, aus vielen Gründen, liegt die Zukunft absehbar in einem Bereich jenseits der Grund- und Lebensbedürfnisse, also dort, wo wir nicht einfach so sind, wie wir uns ökonomisch gemäß unserer ‚häuslichen' Bedürfnisse definieren, sondern wo wir noch Steigerungspotenziale in Konsumfragen offenbaren, in klassischer Diktion also nicht bei den Bedürfnissen, die feststehen, sondern bei einem Begehren, das sich durch geeignete Anreize stimulieren, intensivieren und zuletzt, indem ein Begehren nach dem Begehren initiiert wird, sogar potenzieren läßt. Das Phänomen hat die Tradition, von elitären Ausschweifungen abgesehen, vor allem

negativ formuliert, indem man sich zwingen mußte, Dinge des Alltags wegzulassen. Askese ist das Stichwort für eine Selbstüberwin-
dung, die das Bedürfnis beschneidet, um zu sich selbst zu kommen.
Die affluent society kehrt dieses Prinzip ins Menschenfreundliche um
und verspricht, daß in der Übererfüllung der Bedürfnisse der Mensch
wieder erkennbar wird als das, was er eigentlich ist, und so wie die
Asketen immer verwegenere Formen des Weglassens auf immer neu-
en Gebieten gefunden haben, so erkennt sich eine Überflußkultur in
der allgemeinen Anleitung zur Frivolität und zum Exzeß. Der Surrealismus hatte die ästhetische Vorlage dazu gegeben, Georges Bataille
aber schon das Wirkprinzip in seiner *Économie générale* gegeben, wie
aus einem allem zugrundeliegenden Vitalismus heraus zugleich verständlich wird, warum wir uns nur wahrhaft lebendig und authen-
tisch fühlen, wenn wir die Grenzen des bisher Dezenten und Maß-
vollen wie Geschmackvollen resolut überschreiten. Die Expansion der
Überflußmärkte lebt so von der Vorstellung, daß die klassische Grenze der Überproduktion umgangen werden kann, wenn nicht *mehr*
von demselben Produkt, sondern *anderes* mehr produziert wird, das
sich dann wiederum gütertechnisch konservativ weiter bewirtschaften
läßt. Um die Expansion konstant zu halten, braucht es ein ständiges
Raffinement der Angebote, wobei im Raffinement eben auch die
Vorstellung steckt, aus schwerem Heizöl flüchtiges Benzin zu destil-
lieren, und vergleichbar gilt es, die Dinge zu sublimieren soweit, daß
wir durch sie wichtige Lebensenergien zugeführt bekommen und in
unseren Ansprüchen und Aussichten mobil bleiben. Und es ist die
Aufgabe der Phantasie, forciert durch die Werbung, das Bedürfnis zu
generieren, von dem gestern noch niemand wußte, daß man es morgen haben kann. Und wer würde sich heute wirklich noch angesichts
von (weil inzwischen klassischen) PS-Exzessen und (weil inzwischen
Alltag gewordenen) Funcar-Phantasien wundern oder ins Staunen
kommen? Im Fazit wird dann das, was einst ein Gut und bloßes
Mittel zur Bedürfnisbefriedigung war, jetzt erst zum Anreiz, sich be-
dürftig zu fühlen, etwas nicht zu haben. Und aus dem Mittel wird
wieder ein Zweck, weil der vormalige Zweck nur das geeignete Mittel
ist, die Anschaffung des Mittels zu legitimieren. Oder wiederum:
Überflußgüter werden zum Gut an sich und damit zum Selbstzweck.

Biotechnologie

Daß dies keine herkömmliche Konsumkritik mehr ist wird deutlich, wenn man wiederum die verschiedenen Ebenen durchgeht, auf denen sich die Verkehrung der Zweckrationalität des Wirtschaftens heute ausbuchstabiert. Prominent sind inzwischen drei Bereiche, die ich als das Biotechnische, das Kapitaltechnische und das Kulturtechnische ansprechen möchte. Vom Biotechnischen war oben schon die Rede, nachdem Kaushik Sunder Rajan darin das Wirken eines *Biokapitalismus* erkannt hat: „Der Begriff ‚Biokapital' kann ... zumeist als eine Art Kürzel für die Ausprägungen der technokapitalistischen Logik im hegemonialen Zentrum der biotechnologischen Innovation und der Ideologie des freien Marktes betrachtet werden"[87]. Die „technokapitalistische Logik" ergibt sich dabei aus der Verschmelzung von Hochtechnologie einerseits, im Beispiel die Biotechnologie, und dem Expansionszwang von an sich saturierten Märkten andererseits, die darauf angewiesen sind, sich völlig neue Produktions- und Absatzgebiete zu erschließen. Ein anziehendes Konzept im Zentrum dieser Verschmelzung ist die Karriere der „Story Stocks"[88], das sind Aktien, die nicht im Hinblick auf die gegenwärtige Substanz eines Unternehmens gehandelt werden, sondern ausgehend von den Versprechungen, die das Unternehmen in der Zukunft halten will, und hinsichtlich der Virtualität solcher Versprechungen handele es sich, so Rajan, um eine Verbindung von „Diskurs und Drama" – Diskurs, weil das Versprechen eben nur mündlich vorliegt, und nicht in Form von irgendwelchen belastbaren Ergebnissen, es werden schiere Visionen gehandelt; und Drama, weil das Gelingen oder das Scheitern solcher Story-Stock-Enterprises immer nur spektakulär sein kann, entweder werden die Erwartungen erfüllt, und das heißt zwangsläufig übererfüllt, weil man in Wahrheit nie mit solchen Erfolgen rechnen kann, oder aber die Story-Stocks sinken auf den Wert Null, weil eine Enttäuschung der Erwartung nachvollziehbar immer eine Totalenttäuschung sein muß. Was die Biotechnologie zu einem hochgeeigneten Kandidaten für eine Inversion der Mittel-Zweck-Verhältnisse beim technischen Wirtschaften macht, ist der Umstand, daß hier tatsächlich nicht mit einem Aufreizen künstlicher Begehrnisse argumentiert wird, die also solche auch wieder depotenziert werden können und auf Bedürfnisniveau herabreguliert, sondern mit einer Ver-

---

87 Rajan, a.a.O., S. 120.
88 Ebd., S. 127.

änderung der Bedürfnisstruktur selbst geworben werden kann. Ist doch die Vorstellung leitend, daß mit Hilfe der Gentechnik und ihrer technologischen Verwandten wir am Kern unserer physischen Natur Veränderungen hervorbringen können, die uns im Bereich des Lebensnotwendigen, allem voran der Gesundheit, entscheidend voranhelfen können. Gelänge es in der Tat, die wuchernde Zellvermehrung, die wir als Krebs kennen, durch eine Umcodierung der genetischen Irrläufer zu stoppen, und zwar durch die Therapie eben bereits an den Wurzeln, dann wäre eine Menschheitsgeißel besiegt. Andererseits, so argumentiert Rajan, sind solcherlei Versprechungen, solange sie nur in der kühnen Projektion existieren, nicht bereits Teil einer medizinischen Versorgung mit Notwendigem, sondern noch Gegenstand einer reinen Möglichkeitsrhetorik. Sie appellieren an legitime Bedürfnisse, aber im Modus einer bloßen Zukunftsoption, so als würde man auf ein Begehren zielen. Um die Kluft zwischen Anspruch und Wirklichkeit zu überbrücken, bedient man sich einer Form von vorauseilender Begeisterung, die auch in der deutschen Übersetzung von Rajans Buch mit „Hype" wiedergeben ist und damit auf eine Mischung aus ökonomischer Erregung und medizinischer Erwartung angewandt wird, die sonst nur ausgesprochene Modeerscheinungen in der Popkultur begleiten. Am Ende der Analyse steht so das Staunen vor einer Irrationalität, die Marx schon als Fetischismus, aber noch als eine Form der konsumtechnischen Verzauberung (von portugiesisch ,feitizo', verzaubern) angesprochen hatte, der inzwischen aber als eine produktionstechnische Übererwartung erscheint, und darüber hinaus auch noch eine Methode hat.

Kapitaltechnologie

Das zeigt sich über das Biotechnische hinaus in den Veränderungen des Geldtechnischen. Marx hatte bereits die Richtung gewiesen, als er von Ansätzen in der Geldwirtschaft zu einer Eigendynamik des Kapitals ausging, an deren Ende der Übergang von der Investition in die Wirklichkeit zu einer Spekulation in die Möglichkeit reiner Kapitalvermehrung steht, wobei rein hier bedeutet, daß das Kapital eben keinen Umweg mehr über Produktion und Gewinn gehen muß, sondern auf scheinbar direktem Wege Kapital aus Kapital hervorbringt. „Da das Kaufmannskapital absolut nichts ist als eine verselbständigte Form eines Teils des im Zirkulationsprozeß fungierenden industriellen Kapitals, so müssen alle auf dasselbe bezügliche Fragen dadurch

gelöst werden, daß man sich das Problem zunächst in der Form stellt,
worin die dem kaufmännischen Kapital eigentümlichen Phänomene
noch nicht selbständig erscheinen, sondern noch im direkten Zusammenhang mit dem industriellen Kapital, als dessen Zweig"[89]. Die
Form, in der „die dem kaufmännischen Kapital eigentümlichen Phänomene noch nicht selbständig erscheinen", ist die Form, in der ein
Mehrwert noch durch Investition in Maschinen hervorgebracht wird.
Die Grundidee findet sich bei Adam Smith und seiner Vorstellung
maschinengestützter Arbeitsteilung, in der durch maschinell ablau-
fende Arbeitsprozesse ein Gewinn entsteht gegenüber Manufaktur-
betrieben, in denen ein Handwerker einen ganzen Produktionsprozeß
von Anfang bis Ende betreut. Was in Smiths Beispiel einer Nagelfa-
brik an Produktivität hinzugewonnen wird, erscheint als ein Mehrwert, der, weil er einem anonymen Arbeitsprozeß geschuldet ist, als
freies Kapital erscheint (und seitdem die ‚soziale Frage' nach sich
zieht, ob die Produktionsmittelbesitzer oder die Arbeiter Anspruch
auf den erwirtschafteten Gewinn haben). Der Mehrwert wird auf
klassische Weise gesteigert, indem das kaufmännische Kapital reinve-
stiert wird in neue Produktionsmittel, die wegen ihrer gesteigerten
Effektivität die Gewinnspanne zwischen Handarbeit und Fabrikpro-
duktion noch größer werden lassen. Noch mehr wird der Mehrwert
gesteigert allerdings, wenn die Gewinnaussicht nicht mehr durch eine
Investition in eine schon bestehende Technik vergrößert wird, sondern durch Investition in eine nur erwünschte, technisch aber für die
Zukunft in Aussicht gestellte Technologie. Einen noch größeren Gewinn verspricht, wer mit der zukünftigen Gewinnaussicht nicht einfach eine Investition verbindet, die auf lange Frist angelegt ist und ihre Rendite erst morgen oder übermorgen erbringt, sondern bereits
mit der bloßen Aussicht auf künftige Rendite jetzt schon an den
Markt geht. Und da es ein Markt sein muß, auf dem nicht bereits
fertige Produkte gehandelt werden, sondern Anteile an Produktions-
mitteln, ist dieser Markt die Börse. Und auch an der Börse entsteht
ein neues Segment, indem nicht mehr Anteile an schon bestehenden
Firmen gehandelt werden, sondern an Firmen, deren Produktionsmittel erst noch technologisch zuende entwickelt werden müssen, bevor sie eines Tages produzieren können. Gehandelt werden also nicht
Wertpapiere im klassischen Sinne, sondern Optionen auf die Zu-

89 K. Marx, Das Kapital. Kritik der politischen Ökonomie, Bd. 3, in: ders./Fr. Engels, Werke, herausgegeben vom Institut für Marxismus-Leninismus beim ZK der
SED (MEW), Bd. 42, Berlin 1983, S. 309f.

kunft. Im Optionshandel dieser Sorte wird ein Mehrwert absehbar dadurch erwirkt, daß wiederum nicht eine laufende Produktion gesteigert wird und mit ihr der Gewinn, sondern die Aussicht auf Produktion und die Aussicht auf Gewinn. Um die Aussicht auf Gewinn zu steigern, muß aber das Zukunftsszenario jeweils neu designt werden so, daß es gegenüber der bisher angenommenen Zukunftsprojektion wiederum einen Zugewinn verspricht, sodaß es also in der Konsequenz der Logik liegt, daß auf die einmal gegebene Ausgabeoption wiederum eine neuerliche Option folgen muß, die schon eine Option der Option darstellt und die fiktive Gewinnerwartung noch einmal in einen fiktiven neuen Zukunftskontext setzt, in der sich die erste Option als optional noch gewinnbringender erweist. Iteriert man diesen Vorgang der Optionenvermehrung gemäß einer konstanten Mehrwertsteigerung, vermehrt sich mit jeder Potenzierung der Optionen auch zugleich das Risiko, daß nicht nur die Ursprungsvorhersage, sondern jetzt auch die auf der Ursprungsvorhersage weiter basierende Vorhersage nicht so eintrifft, wie es vom Anleger gewünscht sein mag. Mit jedem Schritt einer weitergehenden Optionalisierung wird der projizierte Ausgang des Verfahrens unwahrscheinlicher, zugleich ist aber auch die Unwahrscheinlichkeit des Ausgangs eben wiederum Anlaß einer Höherbewertung, denn die Option erscheint jetzt wie eine Wette auf die Zukunft, und Wetten sind dann nur lukrativ, wenn nicht jeder sie eingeht und der Gewinn am höchsten, wenn die höchste Risikoquote sich tatsächlich auszahlt. Den Prozeß der Optionalisierung kann man im Prinzip endlos weiterbetreiben, wenn es gelingt, immer fernere Zukunftsszenarien zu entwerfen, die so großen Gewinn versprechen, daß die bis dahin erlittenen Verluste weit mehr als ausgeglichen werden. In der Praxis gibt es aber doch früher oder später einen Zahltag, an dem die Frage hop oder top gestellt wird und es sich entscheidet, ob mit noch höherem Einsatz weiter ‚investiert' wird oder die Alternative des Totalverlustes realisiert. Spätestens dann, wenn die Anleger der Mut verläßt, wird manchen auch deutlich, daß im Zuge der radikalisierten Zukunftsterminierung der Wertpapiere in Wahrheit schon von Anfang an keine echte Investition mehr stattgefunden hat, und der Fortschritt in der Wertsteigerung der Papiere nicht neuen und belastbaren Tatbeständen geschuldet war, sondern nur einer Erweiterung des Gläubigerkreises. Geht man weiter davon aus, daß, wie im Fall der Biotech-Firmen besonders deutlich, aber natürlich auch in anderen Hochtechnologie-Branchen üblich, von den Anlegern kaum einer den nötigen Sachverstand hat, um die technologische Zukunftsfähigkeit einer Entwicklung realistisch abzu-

schätzen und die gegebene Vorstellung der Anteilsausgeber zu bewerten – schließlich werden die Papiere an der Börse und nicht am
MIT oder am Fraunhoferinstitut gehandelt –,ist auch nachvollziehbar, daß die Motivation des Anlegers zuletzt nicht in Tatsachenwis-
sen, sondern der reinen Gewinnaussicht an sich besteht, verbunden
mit dem notwendigen Glauben daran, daß morgen noch weit mehr
Anleger dazu bereit sein werden, die bisherige Gewinnsteigerung an
der Börse durch noch mehr finanziellen Einsatz aufrechtzuerhalten,
indem mit neuen Mitteln nach- und weiterfinanziert wird. Wer bereit
ist, in der Argumentation so weit mitzugehen, muß nur noch das eine
Auge schließen, mit dem man die technisch-praktische Seite des
Handels betrachtet, um mit dem anderen dann zu erkennen, daß hier
auf der geldtechnischen Seite ein reines Gewinnspiel abläuft, in dem
aus einem finanziellen Einsatz ohne einen echten Umweg über die
Produktionssphäre – denn im ‚Idealfall‘ einer solchen Entwicklung
kommt es immer nur zu neuen Projektionen, nie zu Produktionen –
neue finanzielle Mittel generiert werden. Aus Kapital entsteht auf direktem Wege Kapital, aus Investition wird Spekulation, und die Op-
tionenwirtschaft wird in ihrem Prozedere zuletzt vergleichbar mit der
Erfindung des Kettenbriefes, in dem nach dem Schneeballsystem der
erste Gewinn nur durch die Weitergabe des Risikos an mehrere neue
Mitspieler realisiert werden kann, die ihrerseits ihren Gewinn ein-
streichen, solange sie noch neue Mitspieler finden. Noch einmal zurück zu Aristoteles. Der gilt seit rund zweieinhalbtausend Jahren als
der Vater der Kapitalismuskritik, weil er nicht verstand, wie man sich
auf die Geldvermehrung durch Verleih und Zins einen Reim machen
kann. Wenn Geld aus Geld entsteht und dies nicht dadurch, daß
man in die Produktion von Waren investiert oder mit Waren handelt, sondern dadurch, daß man mit Geld geldtechnisch handelt,
dann sei dies so, wie wenn man Mittel herstellt, ohne daß es für die
Herstellung des Mittels überhaupt einen Zweck gibt. Geldvermehrung aus Geld ist eine zwecklose Mittelvermehrung und deshalb als
absurd bzw. nicht mehr natürlich zu bewerten[90].

---

90 Vgl. Aristoteles, Politik I, 10, 1258a37-1258b8: „Da es aber eine doppelte Erwerbs-
kunst gibt, wie wir gesagt haben, die des Kaufmanns und die des Hausverwalters,
und da diese notwendig und lobenswert ist, die Tauschkunst dagegen mit Recht
getadelt wird (denn sie hat es nicht mit der Natur zu tun, sondern mit den Menschen untereinander), so ist erst recht der Wucher hassenswert, der aus dem Geld
selbst den Erwerb zieht und nicht aus dem, wofür das Geld da ist. Denn das Geld
ist um des Tausches willen erfunden worden, durch den Zins vermehrt es sich aber
durch sich selbst. Daher hat es auch seinen Namen: das Geborene ist gleicher Art

Kulturtechnologie

In Sachen Kulturtechnologie ist eine Vorerinnerung nötig: Ursprünglich waren Geräte, vor allem bei ihrer Erfindung, nicht von vornherein auf einen bestimmten Alltagsgebrauch hin zugeschnitten oder aus Marktbedürfnissen heraus konzipiert worden. Bei der Filmkamera steht uns das noch vor Augen, insofern die ersten Bilder, die laufen lernten, entweder für wissenschaftliche Zwecke genutzt wurden, wie die Analyse von Schrittfolgen beim Pferd, oder aber für die Vorführung auf dem Rummelplatz, als besonderes Spektakel, bei dem man Züge auf sich zurasen sehen konnte oder sich auf dem Hochseil wähnen; all dies, Jahrzehnte bevor die ersten seriösen Filmproduktionen in die Kinos kamen. Thomas Edison, der Erfinder des Grammophons, mußte mit der Frage ringen, wozu seine Erfindung gut sein könnte, und er dachte zuerst an sprechende Puppen und eine Zeitansage in Uhren[91], und selbst das Telefon und unser Personal Computer erschienen zuerst als nichts mehr denn eine weitere Kuriosität auf dem Markt der Bibelots. Klassisch ist die Herkunft der technischen Geräte als Kabinettsstücke und Luxusgüter einigermaßen verständlich, denn das Ausgefallene in der Technik muß Aristotelisch als Wunder oder Monster gelten und ist grundsätzlich Teil einer historia naturalis auf Abwegen. Selbst wo in der Antike Erfindungen wie die von Heron von Alexandria, bspw. ein dampfbetriebener Türöffner, auf Bühnen oder in Paläste eingebaut wurden, war dies in erster Linie nur dazu gedacht, die Besucher staunen zu lassen, und nicht, um die Erfindungen weiterzuvermitteln und allgemein zugänglich zu machen. Aber auch noch in der Neuzeit und nach dem Ende des Aristotelismus ist die Rolle der Technik als Teil eines Luxusbetriebs noch lange nicht beendet. Der Gartenarchitekt am Heidelberger Hof, Salomon de Caus, konnte 1615 noch das Spielerische der Technik als einen Hauptwesenszug verstehen, wenn er *Von gewaltsamen Bewegungen. Beschreibung etlicher, so wol nützlichen alß lustigen Machiner* berichtete[92]. Die Faszination, die von den Apparaten ausging, war so groß, daß auch im Rationalismus das Staunen über das technisch Machbare noch weit vor jeder Nutzenanwendung stand. Als Höhe-

---

wie das Gebärende, und durch den Zins (Tokos) entsteht Geld aus Geld. Diese Art des Gelderwerbs ist also am meisten gegen die Natur".

91 Vgl. Nye, a.a.O., S. 40.

92 Salomon de Caus, *Von gewaltsamen Bewegungen. Beschreibung etlicher, so wol nützlichen alß lustigen Machiner*, Frankfurt am Main 1615, Teilnachdruck Hannover 1977.

punkt dieser Entwicklung wird im 18. Jahrhundert Vaucansons Ente angesehen, die nicht nur „Laufen und Schnattern, sondern auch Fressen und – scheinbar – verdauen"[93] konnte. Die Praxisferne nicht nur der Ente wird auch verständlich vor dem Hintergrund, daß das ganze Zeitalter sich so sehr im Maschinenwesen wiedererkannte, daß, wie Blumenberg es sagt, zuletzt der ganze Weltlauf nach dem Vorbild eines Uhrwerks gedeutet wurde und die Uhr zu einer „absoluten Metapher"[94] werden konnte. Der Apparat ist so gesehen nicht nur eine der Praxis enthobene Belustigungstechnik, sondern auch ein ernstes, aber ebenso praxisfernes Metaphysicum. Die mechanische Ente steht, so seltsam es klingt, auch für das große Ganze, und der Ente philosophischer Kern ist Sinnbild für eine rationalistische Weltdurchdringung, die in der ganzen organischen Natur, und zwar nicht nur in ihren Höhen, die Kant an den gestirnten Himmel über uns denken läßt, sondern eben auch in den niedersten Niederungen des elementaren Stoffwechsels nur eine sehr sublime Form der Gesamt-Mechanik der Welt am Werke sieht.

Das ausgehende 19. Jahrhundert geht schließlich dazu über – sozusagen als Erholung von den sozialen Verwerfungen, die Marx als die Folge der Fabrikkultur beschrieben hat –,die verspielte Technik nicht mehr als abgehoben von den Markt- und Produktions- und Alltagsprozessen zu sehen, sondern umgekehrt die „Geburt des Kapitalismus aus dem Luxus" zu beschreiben, und den „Luxus und die Industrie" an der Bedeutung der „Luxusindustrie" festzumachen. Werner Sombart hat ausgehend von der europäischen Hofkultur mit der These von einer ursprünglichen Feminisierung der Technik die Ingenieurskultur seiner Zeit provozieren wollen. Die moderne Ökonomie entsteht demnach aus der Maitressenwirtschaft und ihrer Vorliebe für nutzlose Gadgets, und so zeugte zuletzt der „Luxus, der selbst ... ein legitimes Kind der illegitimen Liebe war, den Kapitalismus"[95].

Für die Technikphilosophie wird eine Herkunft der Technik aus dem Luxus allerdings erst relevant, wenn die Luxustechnik nicht mehr nur Nischen besetzt, sondern in das Wirtschaften und den Alltag eindringt, soweit, daß sie zu einem sie bestimmenden Faktor wird. Zwei Tendenzen ergänzen sich hierbei. Zum einen kann in ei-

---

93 G. Böhme, Invasive Technisierung, a.a.O., S. 45.
94 H. Blumenberg, Paradigmen zu einer Metaphorologie, Frankfurt am Main 1998, S. 10.
95 W. Sombart, Liebe, Luxus und Kapitalismus. Über die Entstehung der modernen Welt aus dem Geist der Verschwendung, Berlin 1922, S. 194.

ner ‚Abwärtsbewegung' vom Eindringen des Luxusprinzips in den Alltag gesprochen werden, das zu dem führt, was Rüdiger Bubner in den 1980er Jahren die „Ästhetisierung der Lebenswelt"[96] nannte und damit die Tendenz der aufkommenden Postmoderne meinte, nüchternes Handwerk zur Kunst zu erklären. Was auch immer zur Normalversorgung diente, wird in diesem Sinne ästhetisch gesteigert dargestellt und dabei so inszeniert, als handele es sich um eine künstlerische Ausnahmeerscheinung und damit um ein Produkt der Hochkultur. Um bei dem Lieblingssektor der Automobilbeispiele zu bleiben: wer heute das Design mit dem von gestern vergleicht, wird leicht feststellen, daß man sich die gewagtesten Entwürfe gerade bei den sogenannten Brot-und-Butter-Fahrzeugen erlaubt, in der Hoffnung, den Außenstehenden mögen die Rückleuchten à la Ferrari oder die Diffusoratrappe so blenden, daß er zumindest einen gewissen ästhetischen Respekt entwickelt. Umgekehrt zeichnen sich die erfolgreichen High-Class-Limousinen in der Zwischenzeit dadurch aus, daß sie äußerlich ein gekonntes Understatement betreiben und gerade durch vorsichtige Proportionenbildung und klassische Linienführung ein ästhetisches Downsizing betreiben, das allerdings und natürlich erst recht einen wahrhaft souveränen Eindruck vermitteln soll.

Die ergänzende Tendenz zur ästhetischen Aufwertung der Alltagstechnik findet sich in einer dazugehörigen ‚Aufwärtsbewegung', in der eine auf Effizienz getrimmte Alltags- und Industrietechnik Einzug hält in die bisherigen Luxus- und Freizeitbereiche. Das Phänomen wird von Peter Sloterdijk als die „Versportlichung" und „Athletik"[97] der Erholung angesprochen, und damit ist gemeint, daß alles das, was bisher entspannt und vom Alltag entlastet in Muse betrieben werden konnte, jetzt einem Wettbewerb anheimfällt, oder kurz: daß aus Spaß jetzt Ernst wird. Im Sport selbst ist diese Tendenz am prominentesten nachzuverfolgen, wenn die Spitzensportler sich wissenschaftlicher Methoden und der ganzen Hilfe von High-Tech bedienen, um medizinisch-technisch aufgerüstet zu den besten Resultaten zu kommen. Aus dem einstigen Wettschwimmen während eines Badevergnügens ist so eine Konkurrenz geworden, in der nur noch der Ganzkörperanzug gewinnt, Fahrräder müssen aus Fiberglas sein, Sprintschuhe brauchen Titanstollen und so weiter, und das bessere Training findet nur noch unter Laborbedingungen statt. Und klar ist auch, daß der

---

96 Vgl. R. Bubner, Ästhetische Erfahrung, Frankfurt am Main 1989, S. 147.
97 P. Sloterdijk, Du mußt Dein Leben ändern, Über Religion, Artistik und Anthropotechnik, Frankfurt am Main 2009. S. 304ff.

Trend vom Spitzensport längst in den Breitensport übergegangen ist,
denn wer würde heute noch ohne Pulsmesser durch den Wald laufen
oder sich ohne High-Tech-Faser ins Fitnessinstitut trauen? Der
Trend ist aber in Wahrheit noch wesentlich breiter angelegt, insofern
die ganze Freizeitsphäre nicht nur nicht in den Resultaten, sondern
auch schon nicht mehr in der Werbung ohne die Berufung auf die
Spitzentechnologie auskommt, treten doch inzwischen überall die
Werbeträger nur noch im weißen Professorenkittel auf, von der
Zahnpasta über probiotische Milchprodukte bis zur Kosmetik.

Es versteht sich schließlich auch von selbst, daß sich beide Tendenzen in ihrer Aufwärts- und Abwärtsbewegung vom Alltäglichen
zum Luxuriösen und zurück nicht nur ergänzen, sondern auch
durchdringen und zuletzt miteinander verschmelzen, gibt es doch in
einer durchästhetisierten Lebenswelt vom Haus zum eigenen Garten
und auf öffentlichen Plätzen keine Nische mehr, in der nicht von der
Kaffeemaschine über den Gartenzwerg bis zur Großskulptur alles einen technischen oder ästhetischen Hinter- oder Doppelsinn hat. Die
Kaffeemaschine sieht an ihrer Frontseite aus wie ein amerikanischer
Wolkenkratzer aus der Zeit der Neogotik, im Gartenzwerg ist ein
Ultraschallgerät eingebaut, das die Maulwürfe vertreibt, und aus den
Augen der Großskulptur spähen neugierig die Überwachungskame-
ras. Ein Sonderfall dieser Gesamtentwicklung sei wenigstens angesprochen, weil die Veränderungen, die mit ihm in der Lebenswelt
nachvollziehbar werden, doch erheblich sind. Der Sonderfall besteht
darin, daß eine nicht luxusorientierte Technik in einem nicht luxusorientierten Lebensbereich Anwendung findet und dabei dennoch die
einstige Lebenspraxis zu einem Luxus- und Freizeitunternehmen
werden läßt. Das inzwischen klassische Beispiel für einen solchen
Vorgang ist die Erfindung der Anti-Baby-Pille, die das Lebenskonzept
im Zusammenhang mit der Reproduktion der Gattung so tiefgrei-
fend verändert hat, daß die Zeit seit der Einführung der ‚Pille‘ zurecht als die Folge einer sexuellen Revolution gelten kann. Die Pille
ist als Technik zur Empfängnisverhütung eine Entlastung, die bewirkt, daß das, was biologisch zur Zeugung von Nachkommen vorgesehen ist, in seiner Funktion suspendiert wird und damit Raum
schafft für eine Öffnung der Praxis, die zuvor zu lebenstechnischen
Verwerfungen oder auch Katastrophen hätte führen können, wenn
das Kinderglück in der Folge von Promiskuität den Betroffenen eher
als Unglück und Ursache für Erklärungsnöte erschien. Vergleichbar
damit ist das, was Gernot Böhme als andere Leibtechniken in dem
Zusammenhang vorstellt: „Essen wird von Ernährung abgekoppelt;

… Phantasie wird von Wahrnehmung abgekoppelt; … Denken wird von Kalkulieren abgekoppelt; … Bewegung wird von Verkehr abgekoppelt"[98]. In allen genannten Fällen sorgt eine Apparatur für Entlastung (nämlich die Küchenmaschine, die Kamera, der Taschenrechner (oder heute das Handy), das Auto und so weiter), und die Entlastung bewirkt, daß die Alltagsverrichtung gleichsam an die Technik delegiert wird und damit die Möglichkeit schafft, die bisherige Routine zum ästhetischen Ereignis werden zu lassen, wenn wir die Entlastung annehmen und das Kantinen-Kochen zur Gourmetküche steigern, die Phantasie (wie schon die Malerei nach der Erfindung der Photographie) vom Mimetischen freistellen und zur freien Kreation der Formen anregen und den hinzugewonnenen Freiraum und die zusätzliche Freizeit durch das Besteigen effizienter Transportmittel für die Möglichkeit touristischer Abstecher nutzen.

Resümee

Von Gernot Böhme stammt auch der Vorschlag, das Wirtschaften mit einer luxusorientierten Technik eine „*ästhetische Ökonomie*" zu nennen: „Dieser Terminus rechtfertigt sich aus der Tatsache, dass in dieser Phase des Kapitalismus ein neuer Werttyp hervortritt, der gewissermaßen ein Hybrid aus Tauschwert und Gebrauchswert ist: der Inszenierungswert einer Ware. Waren sind kaum noch Güter zum Ge- und Verbrauch, sie sind vielmehr Ausstattungsstücke, Statussymbole, Gadgets. In dieser Phase wird der Konsum weitgehend zum Luxuskonsum …"[99] Die ästhetische Ökonomie entsteht also im Übergang von einer Mangelwirtschaft zu einer Überflußwirtschaft und trägt dem Umstand Rechnung, daß sich der Wert eines Guts nicht mehr nach dem Mangel und dem ihm entsprechenden Bedürfnis bemißt, wie in einer klassischen Hauswirtschaft bei Aristoteles, die sich nach dem Gebrauchswert der Dinge richtet. Die ästhetische Ökonomie geht auch über die Vorstellungen einer Handelswirtschaft hinaus, die wie bei Marx zur Entfremdung zwischen dem Produzenten und seinem Produkt beiträgt, weil das Produzierte nicht mehr in den privaten Gebrauch eingebunden ist und sich der Produzent entsprechend in dem, was er tut, wiedererkennt, weil er es ja nachvoll-

---

98 Böhme, a.a.O., S. 104f.
99 Ebd., S. 52f; vgl. auch G. Böhme, „Zur Kritik der ästhetischen Ökonomie", in: Zeitschrift für kritische Theorie 12/2001, S. 69-82.

ziehbar braucht und gebraucht. Einmal auf dem Markt verliert das
Gut seinen Gebrauchswert, indem ihm ein Marktwert zugeschrieben
wird, der sich nicht nach dem tatsächlichen Nutzen bemißt, sondern
nach Angebot und Nachfrage und allem, was an Marktmodellen dieses Schema verfeinern oder verbessern kann. Wenn die Rationalität
der Hauswirtschaft die von Produktion und Gebrauch ist, die Rationalität der Handelswirtschaft die von Produktion und Gewinn, dann
kommt jetzt in der ästhetischen Ökonomie noch eine entscheidende
neue Komponente hinzu. Denn auch der Handelsgewinn schien
noch der Möglichkeit nach an eine Vorstellung von Mangel und Bedürfnis zurückgebunden. Jetzt erscheint er aber neu ausgerichtet auf
die Möglichkeit einer Verausgabung, die aus Sicht der Bedürfnisse
nicht mehr nachvollziehbar ist und eine neue Interpretation verlangt.
Diese kommt in der Steigerung der Bedürfnisse zu Begehrnissen ins
Spiel, so daß sie von den klassischen Bedürfnissen zwar die formale
Motivationsstruktur übernehmen, ihre inhaltliche Füllung aber zu einer Verhandlungssache wird. Als eine Verhandlungssache verstanden
ist in den Gebrauchswert damit schon der Tauschwert eingegangen,
insofern er ihn für eine neue, nicht gebrauchsorientierte Bewertung
markttechnisch öffnet, deshalb ist der neue Wert ein „Hybrid aus
Gebrauchswert und Tauschwert"; und was nun an neuer Erwerbs-
Motivation inhaltlich hinzugefügt wird, ist wiederum mit der Über-
schrift ästhetischer Wert nur ein Kürzel für eine komplexe Bewer-
tungsstrategie, die sich in ihren verschiedenen Hinsichten und auch
in ihrer anderen Benennung als „Inszenierungswert" besser darstellen
läßt. Denn hierbei wird vorausgesetzt, daß es vor allem auf die Darstellung in geeigneten Kontexten ankommt, in denen sich der Gebrauchswert einer Sache nicht danach bemißt, wie ich ihn hier und
jetzt und auf dem gegenwärtigen Stand der Dinge einsetzen und tatsächlich gebrauchen kann, sondern wie er in einem fiktiven und in
einem erst noch zu erstellenden Setting mir als die ideale Verwirklichung einer Absicht erscheint, die ich entlang der Möglichkeiten haben werde, die sich ergeben, wenn ich mir den Zukunftsartikel an-
schaffe. Nach gelungenen Beispielen muß man nicht lange suchen,
wenn man sich den erstaunlichen Markterfolg der SUVs, der Sports-
Utility-Vehicles, vergegenwärtigt. Wer sie zuerst auf der Messe gezeigt
hat, konnte sicher sein, daß zu der Zeit noch niemand mit einem solchen Vehikel tatsächlich versuchen würde, ins Gelände zu fahren.
Nicht zuletzt deshalb war der bevorzugte Erscheinungsort der SUVs
auch die Einkaufsmeile der Innenstadt. Der geeignete Kontext, indem ich ein solches Gefährt gebrauchen kann, könnte auch nur ein

leichtes Gelände sein, in dem es nur wenig mehr Bodenfreiheit braucht als sonst, in dem kein echter Allradantrieb notwendig ist, kein Zusatzgetriebe mit einem ‚kurzen‘ ersten Gang, keine wirklich geländegängige Radaufhängung wie z.b. eine starre Hinterachse und Blattfederung. Das alles wäre bei den Komfortansprüchen an straßentaugliche Limousinen nicht leicht unterzubringen gewesen. So mußte die Werbung ein Szenario entwerfen, in dem man bspw. gerade beim Waldspaziergang sein Handy verloren hat und noch einmal schnell zurückfahren mußte, um es vor Einbruch der Dunkelheit wiederzubekommen. In Wahrheit laufen entsprechende (hier jetzt ästhetisch genannte) Zurüstungen an Gebrauchsgeräten in der Praxis darauf hinaus, daß man schließlich mangels echtem Gebrauch einfach Parcours einrichtet, in denen auch SUV-Fahrer erfahren können, was sie jetzt mit ihrem Fahrzeug alles unternehmen können, was zuvor noch unmöglich war. So erfüllt sich die Vorhersage der Werbung am Ende nur dadurch, daß die Wirklichkeit der projizierten Möglichkeit einfach angepaßt wird. Wer sich am Wochenende nicht beim Fahrertraining für SUVs auf dem Übungsgelände von Irgendwo wiederfindet und meint, das Beispiel sei zu begrenzt für eine Verallgemeinerung, der denke z.b. nur an den vergleichbaren Siegeszug des Mountainbikes. Auch wenn ich im freien Gelände tatsächlich nicht oft einem SUV auf Abwegen begegne, vor einem ‚vélo tout terrain‘ (le vtt), wie das Mountainbike auf französisch heißt, bin ich auf keinem Terrain wirklich sicher. Zumindest legen es die Verbotsschilder nahe, die mancherorts schon wieder die Reaktion der traditionelleren Bedürfnisse wie Wandern und Reiten auf ein Begehren sind, das einst nur eine Marketingvision war und nun auf unübersehbare Weise Wirklichkeit wurde.

Definiert man den Luxus in der beschriebenen Weise nicht als eine Steigerung des Selbstverständlichen und Nötigen, dessen man tatsächlich bedarf, sondern als die Realisierung des Unwahrscheinlichen und jetzt noch Unnötigen, das man aber begehrt, dann wird auch verständlich, warum nicht nur in der ästhetischen Ökonomie der Luxusgüter und Technikgadgets, sondern auch in dem von Rajan beschriebenen Biokapitalismus und der mit ihm einhergehenden spekulativen Wirtschaft, grundsätzlich ein durchgängiges ästhetisches Motiv zu finden ist. Verdankt sich doch die Attraktivität der ‚story stocks‘ und der Zukunftsgeschichte, der sie ihren Wert verdanken, besonders der Art und Weise, wie reizvoll einem ein solches Szenario erscheint, damit man gewillt ist, einen solchen story stock begehrlich zu finden. Auch hier werden Kontexte erfunden, die, wenn man sie in ihrer Unwahrscheinlichkeit dennoch apart findet, geeignet sind, für eine vorgestellte technologische Entwicklung den passenden Rahmen zu bieten, in dem sie dann für viele oder sogar alle Menschen nötig und unverzichtbar werden würde. Auch hier wird in die Zukunft projiziert, was man als Terrain der Wirkung voraussetzen muß, damit die Neuentwicklung all ihre Potenzen überhaupt erst entfalten kann. Und versteht man die Ersetzung von Sein durch Schein im Rahmen einer ästhetischen Ökonomie richtig, dann ist die Schönheit des Scheins im Glanz einer reinen Erfolgsaussicht gegeben, die sich durch keinen Einspruch der Wirklichkeit mehr trüben läßt. Und reine Erfolgsaussichten werden in der ästhetischen Ökonomie zuletzt eben da vermittelt, wo sie nicht mehr mit den Vorstellungen der Investition in die Wirklichkeit belastet werden, sondern als eine reine Spekulation ihre volle Dynamik ungestört entfalten können. Wie eine solche Dynamik in Reinform zu denken ist, so daß sie als eine allem anderen zugrundeliegende Logik der Bereicherung fungiert, soll im nächsten Abschnitt skizziert werden.

Die Kultur und ihre Motive

Die Verbindung der technischen und der wirtschaftlichen Sphäre mit dem Kulturellen ergibt sich schließlich daraus, daß die Technik grundsätzlich Mittel zu Zwecken konzipiert, die Wirtschaft diese Zwecke ehemals als Bedürfnisse, heute als Begehrnisse formuliert, und die Kultur schließlich als eine Sphäre der Entlastung vom alltäglichen Handlungsdruck das Vorbild für das ungehemmte Luxurieren der Zwecke selbst abgibt. Zumindest dann, wenn die Kultursphäre in der Tat auch selbst nicht mehr der Ausdruck einer geistigen Mangelwirtschaft sein will, sondern sich als der geistige Raum zur Entfaltung einer Überflußgesellschaft versteht. Der Gedanke einer luxurierenden Ökonomie ergibt sich demnach nicht alleine aus dem Expansionsdruck der Wirtschaft und ihrer luxustechnischen Aufrüstung. Vielmehr wurde dem Gedanken zuvor schon von kultureller Seite entgegengearbeitet. Ausgangspunkt ist hier Nietzsche, Endpunkt die Postmoderne. In der Kultur, merkt schon Nietzsche als ein Vertreter der kommenden Dekadenz, beginnt alles ‚Wirtschaften' überhaupt erst unter der Voraussetzung, daß die Grundbedürfnisse schon längst befriedigt sind. Kultur, Kunst, und alles, was in dieser Sphäre Eindruck macht, kann als solches nur Eindruck machen, wenn man sich nicht mehr um das Überleben sorgen muß. Die Erfindungen, die hier zum

Fortkommen taugen, müssen verführen, nicht befriedigen, sie müssen aufreizen, nicht satt machen, und wenn sie einem Bedürfnis als solchem nachkommen, dann nur dem Bedürfnis nach immer mehr und immer neuen Reizen. Nietzsche ist in diesem Sinne ein vollkommener Denker der Frivolität: es muß zu gar nichts wirklich gut sein, was man hervorbringt, sondern nur einer Laune entspringen, die so oder so sein könnte. Der hochkulturelle Sinn für Nuancen macht für Nietzsche den Unterschied aus, der den Menschen erst zum Menschen werden läßt.

Friedrich Kittler[100] hat einst Aufsehen mit seiner These erregt, Nietzsche habe in seiner *Geburt der Tragödie aus dem Geiste der Musik* nicht so sehr eine Apotheose des griechischen Dramas mit seiner abgründigen Logik von grundlosem Entstehen und Vergehen geben wollen, sondern, wie bewußt oder unbewußt auch immer, mit der Vorstellung seiner leitenden Kulturprinzipien vielmehr eine Transposition eines urtechnischen Themas ins Hochkulturelle angeboten, oder umgekehrt Hochkultur als das definiert, was nach dem Muster der Gründerzeit eine bahnbrechende unternehmerisch-technische Glanzleistung genannt werden darf. Das antike Drama ist demnach zwar *aus dem Geiste der Musik* entstanden, aber an Wagner geschult konnte Nietzsche schon verstehen, wie hier die Kompositionstechnik zur großen Kunst wird, Profanes als Heiliges und Pathetisches erscheinen zu lassen. Der Nietzscheschen Sage nach entstand das Drama demnach aus einem Zusammenwirken mythischer Gottheiten, Dionysos und Apollon, erstaunlich erscheint aber gleich, daß der Dionysos der Antike bereits als ein Gott des Rausches und der Extase erscheint, der im Prinzip nur eine sagenhafte Verkörperung (oder Vergeistigung) des zeitgenössischen Energiekonzeptes ist. Die rauschhaften Energien, die in den Veitstänzen und Zerstörungsorgien freigesetzt werden, sind das psychische Analogon zu den rohen Kräften, die bei Goethe noch sinnlos walteten, bei Nietzsche aber bereits die energetische Basis für jede kulturtechnische Aktion sind. Was Nietzsche das Chaos nennt, ist wie der Dampf, der erst in Rohre und Maschinen geleitete werden muß, um produktiv zu werden oder wie die Elektrizität, die an sich reine Formlosigkeit bedeutet und erst noch eine Struktur und einen Schaltplan braucht, bevor sie sinnbringend verwandt werden kann. Und so ist auch ganz konsequent weiterge-

---

100 Vgl. Fr. Kittler, Eine Kulturgeschichte der Kulturwissenschaft, ²München 2001, S. 168ff.

dacht Apollon zwar klassisch gesprochen der Gott der Rationalität, aber anders als es die Antike mit ihrer Konzeption des (im Praktischen) weit Vorherschauenden wollte, ist er bei Nietzsche der Gott reiner geistiger Strukturen, der mathematisch abstrakte Vorbilder schafft, mit deren Hilfe Ordnung im Chaos entsteht und Kultur in einem Akt der Verbindung von Geist und Materie aus dem Nichts gezeugt wird. Und weil sie aus dem Nichts geschaffen werden und der intensiven Einbildung entspringen, bei uns aber unmittelbar die Anmutung des Wirklichen haben, nennt Nietzsche sie in Opposition zum Rausch auch ‚Traum‘. Apollons ätherische Konstruktionen sind demnach Visionen, die sich in psycho-technischer Umsetzung als geniale Schöpfungen erweisen oder als solche versagen, und wenn sie an sich funktionieren, nur noch wie im antiken Theater ihrem Publikum faszinierend genug beigebracht werden müssen, damit sie prägend für eine Zeit werden können. Apollon ist genaugenommen ein genialer Ingenieur, der aus einer amorphen Gemengelage von Materie und Energie ein funktionierendes Ensemble formt, und wenn er noch genug Talent haben sollte, seine Erfindung als das vorzustellen, was die Menschen immer schon unter einer solchen Sache verstanden haben müßten, obwohl sie eine reine Erfindung ist und nie zuvor so oder ähnlich gesehen und gehört war, dann ist er ein Held der Gründerzeit, selbst ein Gründer seiner Zeit. Wagner, auch das hat Kittler gut herausgearbeitet[101], war so gesehen mit seiner Neuschöpfung der Oper als einer Wiederkehr des antiken Dramas ein vorbildlicher Held seiner Zeit, nicht nur ästhetisch, weil er im Sinne der Hochromantik seinem Publikum uralte und mythenumwobene Sagen so vorstellte, wie er meinte, daß sie eigentlich gewesen sein müßten, ohne irgendeine authentische Vorstellung von dem zu haben, was und wie sie wirklich gewesen sein mögen. Niemand hat bis heute eine echte (akustische) Vorstellung davon, wie in der Antike Dramen aufgeführt wurden, genausowenig wie von den Volksliedern und den Märchen, die in der Romantik gesammelt und als echt ausgegeben wurden. Ein verläßliches Kriterium für die Künstlichkeit solcher Schöpfungen ist es bis heute, sich vorzustellen, wie man selbst eine Gattung darstellen wollte, wenn man sie erfinden müßte. Sobald man denkt, ja, so muß bspw. ein Volkslied klingen, so und nicht anders, kann man sicher sein, daß es eine vollkommene und reine Erfindung ist.

Wagners dramatische Neuschöpfung der Oper zeichnet sich über das Musikalische hinaus für Nietzsche auch als der Prototyp einer

---

101 Vgl. Fr. Kittler, Grammophon Film Typewriter, Berlin 1986, S. 40ff.

zeitgemäßen Art der Psychotechnik aus. Kittler exemplifiziert dies an der Opernhaus- und Bühnengestaltung, die Wagner mit dem Bau des Festspielhauses in Bayreuth mustergültig verwirklichen konnte. Demnach kam es Wagner darauf an, die Formbarkeit der Psyche zu steigern dadurch, daß der Zuschauer in einem vollkommen verdunkelten Zuschauerraum sitzt und wie bis heute im Kino von seinem Nachbarn und damit von der Präsenz der gesellschaftlichen Bindungen und Zwänge möglichst wenig oder gar nichts mitbekommen soll. Damit wird er zugleich frei dafür, das Geschehen auf der Bühne als die einzig präsente Wirklichkeit wahrzunehmen. Der Zuschauerraum wird so in seiner Gestaltung selbst zu einem gigantischen Schädel, aus dem heraus das Bühnengeschehen in exklusiver Wahrnehmung erscheint mit dem Ziel, die dargebotene Fiktion als die einzig relevante Wirklichkeit rezipierbar zu machen. Was im historischen Arrangement auf der Bühne als die Wiederherstellung einer intakten antiken oder germanischen Dramenwelt präsentiert wird, geschieht demnach unter der Voraussetzung eines raumtechnischen Arrangements, in dem die Wirklichkeitsvermutung von der Annahme einer externen Außenwelt in die momentane Gewißheit übergeht, daß wirklich nur ist, was sich als wirklich projizieren läßt, und die Projektion in Wahrheit auch nicht auf der Bühne beginnt, sondern in der Psyche des Zuschauers. Letzteres schon deshalb, weil das Bühnengeschehen ja an sich bereits nicht mehr ist als die Veräußerung der musikdramatischen Konzeption des Komponisten, und es kommt dann hinzu, wie es Nietzsche mit seiner Stilisierung des dramatischen Aktes als eines mythischen Ursprungsgeschehens anschaulich machen will, wir im Grunde alle gleichermaßen teilhaben am kulturellen Zeugungsakt, indem unsere psychischen Energien durch die musikalische Formung wie durch Zauberhand plötzlich eine traumhafte Gestalt und Konsistenz gewinnen, die jedoch für eine ganze Kultur prägend und dauerhaft sein soll. Kultur ist so ein Produkt einer ingeniösen Psychotechnik, die den konzeptionellen Kern des musikalischen Dramas ausmacht, eines Dramas, das im Mythos Bayreuth vermarktet werden sollte und zu deren theoretischer Propaganda Nietzsche entscheidend beitragen wollte. Solange zumindest, wie seine eigene Schrift noch Teil jener „Artisten-Metaphysik"[102] war, als die er seine *Geburt der Tragödie* in einem späteren Vorwort selbst bezeichnete.

---

102 Nietzsche, Die Geburt der Tragödie aus dem Geiste der Musik, in: ders., Sämtliche Werke, hg. v. G. Colli/M. Montinari., München 1980, Bd. 1, S. 13.

Dekonstruktion

Die Postmoderne erreicht die Logik einer Geburt der Kultur aus dem
Traume einer Weltkomposition auf verschiedenen Wegen, neben einer direkten Berufung auf Nietzsche vor allem auf dem konsequenten
Weiterdenken des Ansatzes in der Psychoanalyse Freuds und der
Phänomenologie Heideggers. Heidegger wird dabei schon nicht mehr
nur als ein Fortführer der Tradition verstanden, dem man weiter
folgt, sondern als ein Überwinder, der zu weit gegangen ist. Heidegger hatte die Vorstellung Nietzsches zu ernst genommen, vor allem
gegen Mitte und Ende der 1930er Jahre, das metaphysische Künstlertum müsse als ‚große Politik‘ auftreten, wie Nietzsche es selbst in
Also sprach Zarathustra versucht hatte, um zu einem Gründungsge-
schehen mit dem Ziel der Kulturerneuerung beizutragen. Das heißt
nichts anderes, als daß die zuvor entworfene Lektion und Einsicht in
die Künstlichkeit und Gemachtheit des Weltentwurfs mit all ihrer
Subjektivität in Abhängigkeit vom Künstler-Erfinder, einen geschichtlichen Augenblick lang vergessen wurde. Der Philosoph sollte
nicht nur die kritische Einsicht zurückbehalten, daß jede große Kul-
turgründung in modernen Zeiten zuletzt auf nichts Substanziellem
mehr beruht, sondern auch momentweise teilhaben dürfen an dem
Gedanken, es könnte dennoch eine echte Metamorphose gelingen
und die Scharlatanerie, die Nietzsche hinter Wagners Attitüde später
vermutete[103], doch noch zu einer haltbaren Metaphysik werden. Heidegger hatte, wie schon einmal kurz angesprochen, diesen Nietzscheschen Reflex übernommen, als er Anfang der 1930er Jahre dem wirklich großen Kunstwerk die Kraft zur Erneuerung zutraute, und um
dem Verdacht der Scharlatanerie, die womöglich hinter jedem Anspruch auf den Status einer Ewigkeitskunst steckt, zu entgehen, in
seinem ‚Kunstwerkaufsatz‘ postulierte, daß es auch Kunstwerke gibt,
in denen der Künstler und sein Schaffen ganz im Werk aufgehen und
nicht Subjektives und über die Jetzt-Zeit hinaus gemessen Haltloses
mehr zurückbleibt. Die Kunst sollte tatsächlich wieder der Kern einer
neuen Metaphysik sein, und wie Nietzsche hatte Heidegger bei der
Formulierung solcher Aussichten immer auch den musikalischen
Klang der eigenen Sprache im Ohr, in der Hoffnung, der Philoso-

---

103 Vgl. Fr. Nietzsche, Richard Wagner in Bayreuth (Unzeitgemäße Betrachtungen
IV), in: ders., Sämtliche Werke, a.a.O., S. 429-519; und Fr. Nietzsche, Nietzsche contra Wagner, in: ders., Sämtliche Werke, a.a.O., Bd. 6, S. 415-439.

phenkünstler könnte als der Sänger der Sage selbst in den Rang des
großen Künstlers aufrücken.

Aus der weltgeschichtlichen Enttäuschung und der Radikalität der
Ernüchterung jener Hoffnung lernen die postmodernen Nachfolger
in den 1960er Jahren entscheidend und arbeiten dem entsprechend
die Verdachtsmomente in der logischen Analyse kultureller Begrün-
dungsformen noch schärfer heraus. Der kritische Nietzsche wie der
späte Heidegger hatten ihr Mißtrauen noch in das Kunst-Werk als
einer Konstruktion gelegt, die das Gewicht der (Neu-)Begründung
einer ganzen Kultur niemals würde tragen können, und aus dieser er-
nüchterten Sicht heraus ergab sich ein Wechselspiel in der Ideengeschichte, in der ein Nachfolger jeweils reüssierte, indem er einerseits
durch Übertrumpfen des Vorhergehenden auch gleich zeigen konnte,
daß die bis dahin bestehende Kunst nur Kitsch war und also überhaupt keine Kunst, andererseits aber zugleich das eigene Kunstwerk
in den Rang echter Kunst mit Einmaligkeitsstatus erheben konnte
mit dem Anspruch, es würde Äonen (in den 1930er Jahren Heideggers also mindestens 1000 Jahre) überdauern. Es entspinnt sich so eine Dialektik von Sein und Nichts, in der das, was gerade noch als
Sein und nur als Sein und Immersein unmittelbar einleuchtend und
ohne reflexiven Zweifel verstanden wurde, im nächsten geschichtlichen Moment zum restlosen Nichts wird, das unmittelbar in seiner
Geltung eigentlich gar nie nachzuvollziehen war und auch jetzt nicht
mehr reflexiv an einen bestimmten Platz in der Geschichte gestellt
werden kann, weil man, wie es eben bei Kitsch üblich ist, im Rückblick nur noch feststellt, daß es überhaupt nicht zu der Kunstge-
schichte gehört, die man gerne erzählen möchte. Das einzige, was diesen Kulturprozeß nicht in sich vollständig kollabieren läßt, ist der
Umstand, daß die geschichtliche Entwertung eines Immerseins (der
Geltung eines Kunstwerkes) und sein augenblicklicher Verfall zum
Nichts (der Geltung) immer daran gebunden ist, daß ein neues
Kunstwerk ein vollkommenes und exklusives Sein für sich bean-
sprucht, und es somit keinen Moment gibt, in dem alles Nichts oder
Nichts alles ist. Nur an den Rändern der Geltung großer Kulturbe-
gründungen, also am jeweiligen Umschlagpunkt vom Sein zum
Nichts und umgekehrt, ist die Geschichte als Geschichte überhaupt
greifbar, weil sie nur in jener logischen Sekunde überhaupt Veränderungen denkbar macht und Verläufe als solche nicht dementiert. Jedoch ist jene logische Sekunde ganz offenbar zu kurz, um für eine
Reflexion entscheidende Anhaltspunkte zu liefern, da sie mit ihrer
intendierten Aufklärung schon wieder in eine Zeit hineinwirken

müßte, die sich kulturell bereits wieder nur im Lichte einer neuen, unmittelbar einleuchtenden Kulturdefinition verständlich wird und ergo die Reflexion auf ihre prekäre Substanz vermeiden sollte. In der Summe bleibt so aus der Sicht einer Kultur, die mit dem Schein dauerhafter Begründung leben will, die Vorstellung einer andauernden Begründung in der Präsenz jener Produkte, in denen sie sich wiedererkennen will, intakt. Sie muß nur mit dem eigenartigen Umstand leben, daß das, was sie für immer schon gültig und repräsentativ fürs Ganze hält, wie in einem plötzlichen Wechsel der Optik völlig neue und völlig andere Züge annimmt. Aus der Sicht der Kulturkritik dagegen bleibt nur die Ernüchterung, daß überhaupt noch nie, solange jener von allen akzeptierte Schein schon währt, auch nur annähernd so etwas wie eine echte Kultur bestehen konnte. Es gilt dann mit Verwunderung zu akzeptieren, daß in einer Optik, die auf das substanzielle Sein der Kultur eingestellt ist, nie etwas in Sicht kommt, das auch nur die Aussicht auf einen tatsächlich Bestand hat.

Jene Logik eines unvorhersehbaren und immer plötzlichen Umschlags von Sein und Nichts hat in ihrer Reinform Hegel am Anfang seiner großen Logik nachvollzogen[104], und die Logik des Seins oder des Nichts erfährt noch einmal eine weitere Dynamisierung, sobald auch noch das Restvertrauen in das Epochemachende eines Werkes schwindet. So setzt in der Tat Jacques Derrida grundsätzlich noch radikaler mit seiner Kulturkritik an, wenn er nicht erst das fertige (Kunst-)Werk mit dem Zweifel konfrontiert, es handele sich um eine bloße Konstruktion von Wirklichkeit, nicht um das wahre, an sich seiende Sein, um es in klassischer Diktion zu sagen. Derrida beginnt mit seinem Zweifel bereits im Ansatz zur Werkgenese, also solange das Werk erst noch ,in the making' ist, und verlangt sozusagen ein Einhalten auf halbem Wege. ,Dekonstruktion' meint als Methodenanleitung nicht einfach einen Abbau von etwas, das schon Bestand hat, sondern vielmehr eine Infragestellung des Ziels noch auf dem Wege seiner konstruktiven Verwirklichung. Wie wenn ein Handwerker noch beim Zusammensetzen der Dinge in Zweifel gerät darüber, ob das Werk auch jemals das halten kann, was es verspricht, so mutet der Philosoph jedem, der etwas Substanzielles zur Kultur beitragen will, eine Skepsis noch in der Formulierung seiner Aussage oder der Konzeption seines Werkes zu. Wer etwas konstruiert, das Aussicht auf bleibenden Wert haben soll, hat demnach schon während der

---

104 Vgl. G.W.F. Hegel, Wissenschaft der Logik, in: ders., Werke in zwanzig Bänden, a.a.O., Bd. 5, S. 82-83.

Konstruktion im Auge, daß ausgehend von seinem konstruktiven Ansatz immer auch andere und noch weiter gehende Projekte in Aussicht genommen werden können, so daß bei jedem Konstruktions-
schritt auch zugleich eine Dekonstruktion mit am Werke ist, weil de-
konstruiert wird, was hätte noch weiter zur Vollendung eines ursprünglichen Vorhabens hätte folgen müssen, nach einsetzendem
Zweifel aber nicht mehr verwirklicht wird, und anschließend in die
Konstruktion eines weitergehenden Projektes investiert wird. Die
Pointe bei dieser Art der dekonstruktiven Fortschreibung besteht
dann darin, daß auch mit der Investition der freigewordenen konstruktiven Energie in ein weiterführendes Projekt es nicht zur Vollendung dieses erweiterten Vorhabens kommt, weil in jedem Produkti-
onsschritt die dekonstruktive Strategie erneut greift, um damit das
begonnene Werk in seiner zielführenden Konstruktion grundsätzlich
zu neuen Zielen und Zwecken umzuleiten. Schon während der Konzeption eines neuen Modells kommt es so beständig zu überfliegen-
den Phantasien, die mit jeder neuen Konstruktionswirklichkeit eine
Vielzahl neuer Möglichkeiten an den Horizont künftiger Entwicklungen projizieren, noch bevor irgend etwas auch nur halbwegs vollendet ist. Es ist, wie wenn bspw. ein Autokonstrukteur schon bei der
Auswahl eines Kotflügels seine Gedanken schweifen läßt und an weitergehende Modellierungen denkt, von denen ausgehend ganz andere
Fahrzeugkonzepte denkbar werden, und die Mahnung, doch zuerst
das jetzt geplante Modell fertigzustellen, als eine kleinliche Zumutung gegenüber seinem Schöpfergeist erscheinen muß. Und es ist ja
in der Tat so, daß mit jeder Neuvorstellung einer Autogeneration die
Entwicklung längst schon wieder fortgeschritten ist und auf der Straße so gesehen immer nur die Modelle von gestern fahren, die schöp-
ferische Ungeduld also zuletzt auch kein Eigensinn der Konstrukteure
mehr ist, sondern bereits eine vom Unternehmen gewollte und geför-
derte Skepsis in den dauerhaften Wert einer laufenden Entwicklung.
Um nicht in den Verdacht zu geraten, vorschnell Kulturprodukte,
von denen die Argumentation ausgegangen war, mit Konsumpro-
dukten zu vermengen, sei gleich angemerkt, daß es natürlich in der
Strategie von Derridas Dekonstruktion selbst liegt, die Grenze einer
philosophisch geschätzten Hochkultur zur Alltagskultur souverän zu
überschreiten. Denn wenn der generelle Wert eines Werks noch vor
seiner Vollendung in Frage gestellt wird, dann liegt es in der Variati-
onsbreite seiner alternativ denkbaren Ausrichtungen, daß natürlich
auch die Kulturgattungsfrage davon berührt ist und somit hoch und
tief auf der Skala der Kulturprodukte nur noch als gleichwertige Vari-

anten einer einhelligen Grundverfehlung gedeutet werden. Was nämlich eigentlich mit einem Werk an bleibendem Wert verbunden werden sollte, wird grundsätzlich soweit verfehlt, daß alle Formen der
Verfehlung gleich gut und gleich schlecht erscheinen müssen. Freilich
war Derrida kein Technikphilosoph, und was ich als den Grundgedanken der Dekonstruktion vorgestellt habe, bezieht sich auf Texte,
nicht auf Technik. Aber auch Texte sind aus der Sicht der Struktura-
listen nichts anderes als Maschinen, und Philosophie ist die Anleitung
zum Bau von besonderen Maschinen, die Bedeutungen ausstoßen,
wie Gilles Deleuze gerne bestätigt. Und zuletzt muß es der Hermeneutik immer darauf ankommen, eine Konzeption in den Zusammenhang zu stellen, in dem sie am besten verständlich wird.

Resümee: Die Logik der Technik

Der Endpunkt in dieser Linie der Argumentation ist damit erreicht:
Aus der verkehrten Zweckrationalität, also den Zwecken, die der Erfindung der Mittel erst nachfolgen, wurden ökonomisch die Luxusbedürfnisse, außerökonomisch die Kulturbedürfnisse, und jene Kulturbedürfnisse folgen einer Logik unternehmerischer Inszenierung
und nehmen geschichtlich betrachtet eine hochspekulative Form an.
   Jene Form der Spekulation erscheint zuerst als ein nervöses Oszil-
lieren zwischen einem technischen Versprechen von Rundumzufrie-
denheit, als stehe eine vollkommene Erfüllung von Menschheitsbedürfnissen in Aussicht, und der Einsicht, daß jeder technische ‚State
of the Art‘ angesichts solcher Projektionen eine Motivation zu radikaler und andauernder Überbietung und Verbesserung gibt. Die
Verlaufsform der Spekulation erscheint noch zu Zeiten einer Mangelwirtschaft als eine Dialektik von Sein und Nichts, in der man tatsächlich von so etwas wie Menschheitsbedürfnissen ausgeht, weil der
Mangel, der bewirtschaftet wird, jeweils noch auf ein bestimmtes und
für alle nachvollziehbares Bedürfnis zurückgeführt wird, und eine Erfindung ‚Sein‘ oder Bestand hat, wenn es gelingt, jenes Bedürfnis zu
befriedigen – auch wenn die technische Erfindung, die das Bedürfnis
noch besser befriedigt, eben schon in der weiteren Planung ist und
das ‚Nichts‘ oder das plötzliche Überflüssigsein der ersten Erfindung
vorbereitet.
   Eine Veränderung der Verlaufsform der Spekulation ergibt sich,
sobald die Dialektik von Sein und Nichts noch einmal weiter dyna-
misiert erscheint, weil die Feststellung von Sein und Nichts, von Er-

füllung und Nichtmehrerfüllung von Menschheitsbedürfnissen, selbst noch einmal prekär wird, insofern sich die Bedürfnisse, jetzt auch namenstechnisch als Begehrnisse verstanden, nicht mehr einfach feststellen lassen, sondern selbst wiederum das Ergebnis einer Inszenierung oder Projektion sind, und somit aus sich heraus bereits wieder eine eigene Form der Spekulation entfalten. Jene Spekulation geht davon aus, daß bei der Feststellung der Begehrnisse eben nicht mehr eine inhaltliche Feststellung erfolgt, so wie man bestimmte Bedürfnisse als solche feststellen und festschreiben kann, sondern nur noch eine formale Übereinkunft darüber besteht, daß Begehrnisse das sind, was nur seinem Anspruch auf Erfüllung oder Befriedigung nach konstant bleibt. Auch wenn es viele Gestalten und viele Motive annehmen kann, ist das Begehren doch als solches dasselbe, es zeigt sich nur jeden Tag wieder neu, und womit man rechnen kann, wenn man auf Begehrnisse bauen muß, d.h. mit ihnen wirtschaften, ist nur der Umstand, daß sie sich steigern lassen und immer anspruchsvoller machen, so daß ihre Auszeichnung in der Potenzierung der jeweils gegebenen Wünsche besteht. Potenzierung heißt dann formal betrachtet soviel, daß gerade die Veränderlichkeit und der Charakter ständiger Weiter- und Fortbestimmung das Wesen des Begehrens ausmacht, und es somit nicht als ein Inhalt und eine Wirklichkeit, die es gibt oder nicht gibt, behandelt werden kann, sondern nur als eine unabsehbare Folge von Möglichkeiten, die den formalen Zusammenhang der ständigen Überbietung und Möglichkeitserweiterung untereinander aufweisen.

Für die Verlaufsform der Spekulation kommt damit ein weiteres Element hinzu. Der Umschlag von Sein zu Nichts in Zeiten einer Überflußgesellschaft und ästhetischen Ökonomie erscheint in der Klarheit seiner Pro- und Contrawertung von Erfüllung und Enttäuschung aufgehoben, weil noch bevor die Aussicht auf Erfüllung gültig formuliert werden kann, das zu erfüllende Ziel bereits wieder zu einem weitergehenden Begehren mutiert ist, und ebenso eine Enttäuschung über den technischen Stand der Dinge sich nie breit machen kann, indem noch vor dem Feststellen des aktuellen Versagens eine künftige Erweiterung der Möglichkeiten in Aussicht gestellt wird. Was von dem Umschlag vom Sein ins Nichts übrig bleibt, ist so nur die jeweils neu zu treffende Feststellung, daß in jedes Entstehen neuer Optionen auch ein Vergehen der bisherigen Perspektive verwoben ist, und umgekehrt jedes Vergehen einer einmal gehabten Aussicht zugleich durch die Eröffnung neuer Möglichkeiten aufgehoben erscheint. Oder um es mit Hegel und dem Vorbild seiner Dialektik zu

sagen: Aus *Sein* und *Nichts* wird das *Werden*[105]. Werden ist konkreti-
siert gedacht hier die verbleibende Feststellung eines ständigen Wechsels der Erfolgs- und Mißerfolgsaussichten, eines Wechsels, der an
sich selbst das einzig Beständige und Wertvolle ist, weil es im Grunde
längst gleichgültig geworden ist, ob eine technische Erfindung aufs
Ganze gesehen reüssiert oder versagt, weil es eben keine Sicht mehr
aufs Ganze gibt, sondern einzig noch das Teleskopieren von Möglichkeiten, die über jede aktuelle Interpretation und inhaltliche Auslegung technischer Vorhaben hinausweisen. Schon im Akt der Konzeption ist die Konzeption veraltet, weil sie mit Blick auf eine künftige Alternative, die sich aus ihr zugleich ergibt, niemals angemessen
sein kann, oder wenn doch, dann nur im Modus einer Möglichkeit
unter anderen Möglichkeiten und noch weiter gedacht den Möglichkeiten, die sich wiederum aus diesen Möglichkeiten ergeben, und also
nie mehr an das Sein des ‚factum est' herankommt, das das Gegenteil
vom Nichts vollkommener Nutzlosigkeit ist. Freilich, auch dies kann
man noch mit Hegel ganz abstrakt feststellen, ist hier durchaus ein
Reflexionsgewinn vorhanden. Die Naivität, die das Wechselspiel von
Erfüllungshoffnung und Erwartungsenttäuschung begleitet hat und
darin bestand, immer wieder die gleiche Hoffnung auf unmittelbare
und endgültige Erfüllung eines Bedürfnisses technisch gewährleisten
zu können, diese Naivität ist aufgehoben, weil aus dem Umschlag
vom Sein ins Nichts die Lehre gezogen wurde, daß in Wahrheit nie
eine endgültige Erfüllung eines Anspruchs stattfindet und somit der
technische Fortschritt an ein echtes Ende käme, noch auch, daß das
Scheitern einer Erfindung schon ihr endgültiges Aus bedeutet, hat
doch die Technikgeschichte gezeigt, daß aus vielen scheinbar sehr
speziellen und aufs Ganze gesehen nutzlosen Erfindungen in den pas-
send veränderten Kontexten Welterfolge werden konnten, man denke
an die Teflonpfanne. Dieser Reflexionsgewinn in der spekulativen
Bewegung führt allerdings über die Aufhebung einer geschichtlichen
Naivität hinaus nur dahin, daß die Bewertung ihres Charakters ver-
gleichgültigt wird und ‚Sein' und ‚Nichts' jetzt nicht mehr als Wirklichkeit und Wirklichkeitsverlust (das Gerät paßt oder paßt nicht),
sondern das eine nur noch als neutrale Möglichkeit unter anderen
verstanden wird, aber mit dieser Verflüssigung der ontologischen
Standards ins Mögliche und dem Eingedenken in die Vorläufigkeit
einer jeden solchen Wertung zugleich auch die Umschlaggeschwin-
digkeit der Wechselphänomene erhöht wird. Wenn, wie Derrida es

---

105 Vgl. ebd., S. 83.

stilbildend für eine postmoderne Kultur entwickelt hat, schon im Akt
der Konstruktion die Dekonstruktion einsetzt und man gar nicht
mehr bis zur Vollendung des Werkes warten muß, um festzustellen,
daß es nicht das ist, was am Ende aller Wünsche hätte herauskommen sollen; dann ist eben schon auf halbem Wege die Abzweigung zu
neuen Möglichkeiten und neuen Entwicklungen zu nehmen, und die
Werke sind nur ephemere Zäsuren im Prozeß einer Dauerinnovation,
das Einhalten der Forschung und Entwicklung bei einem bestimmten
Typ nur ein Zugeständnis an die romantischen Kundenwünsche, mit
einem Auto tatsächlich eine gewisse Lebensspanne lang verbunden zu
sein. Als man sich eine Zeit darüber erregt hat, daß Auto, Computer
und vieles Technische mehr technisch unausgereift und noch praxis-
fern auf den Markt kommen, hat man das ausschließlich dem wirtschaftlichen Konkurrenzdruck angelastet, der ein Unternehmen
zwingt, mit seiner Erfindung auf den Markt zugehen ,vor der Zeit',
weil es sonst die Konkurrenz tut und somit ein Nachteil droht. Die
ganze Wahrheit geht aber auch auf die Motive einer Technikkultur
zurück, für die das Versuchsstadium das ontologisch Primäre ist und
das Werkstadium das Sekundäre, und jede Verfestigung der Entwicklung zu einem marktfähigen Produkt damit einen Rückschritt
oder zumindest ein eben hinzunehmendes Moratorium auf dem Wege zu immer neuen Ufern der Entwicklung bedeutet.

VI. Das menschliche Interesse an einer Gerätegeschichte

Alternativen kommen ins Spiel, sobald das Werden als das ständige Entstehen und Vergehen von Optionen technischer Machbarkeit nicht mehr der reine heraklitische Fluß ist, als den Hegel eine solche Entwicklung des Werdens ontologisch beschreibt. Die klassischen Konterversuche gehen wie gesehen darauf aus, erneut einen festen Halt zu gewinnen, um im Bild zu bleiben, ein rettendes Ufer zu erreichen. In der Praxis heißt das, von der Beweglichkeit der Begehrnisse zu einer Feststellung der Bedürfnisse zurückzukommen, die den technischen Fortschritt anschließend nur noch als eine quantitative Verbesserung unserer Versorgungswünsche und nicht mehr als deren qualitative Veränderung vorsehen. Die andere Alternative, für die ich zum Schluß noch einmal werben will, unternimmt dagegen den Versuch, sich auf die Beweglichkeit der technisch mobilisierten Lebensverhältnisse einzulassen und dennoch innerhalb der Bewegung, also noch im ständigen Innovations-Fluß befindlich, eine Möglichkeit der Orientierung zu schaffen, sowohl für den Konsumenten, als auch für den Produzenten, als die wir so oder so mit der Sache befaßt sind. Es ist, wenn man einen Augenblick das Buch weglegt und die bisherigen philosophischen Attitüden ruhen läßt, auch jedem von uns völlig klar, daß wir nicht einfach ‚aussteigen‘ können: wir sind nie für längere Zeit esoterisch genug gestimmt, um nicht wie selbstverständlich Dienstag abends noch einen Blick in den Motor und Technik-Teil der FAZ zu werfen, ohne uns deswegen gleich schuldig zu fühlen, oder aufzuhorchen, wenn in den Nachrichten eine bahnbrechende grüne Erfindung zur Rettung unserer Energiehaushalte vorgestellt wird, und zu staunen, wenn künftig kabellos Strom übertragen wird und wir auf das Kabelbäumchen am Fernseher oder PC verzichten dürften. Und dies, obwohl wir natürlich alle mindestens ahnen, daß es nach der Lösung des einen Problems wieder genug Folgeprobleme geben wird, die uns auch morgen erneut den besagten Technik-Teil (oder auch den anderer Zeitungen) mit derselben Neugierde wie heute schon konsultieren lassen. Wo wir so durch den Alltag gehen, sind uns für gewöhnlich die radikalen Lösungen, die von uns Askese und ein gewisses Gott- oder Naturvertrauen verlangen, daß diese Askese auch sinnvoll ist, noch zu fern. Und die Moralisten suspekt, die erzählen, wie herrlich es ohne Email und Handy war, nur weil sie einen Urlaub lang etwas besseres zu tun hatten.

Der entscheidende Schritt über die interne Entwicklungslogik der technischen Möglichkeiten, ihrer bio-, kapital- und kulturtechnischen Bewirtschaftung und Ästhetisierung hinaus ist dem entsprechend, dem Fluß der Möglichkeiten keine feststehende Wirklichkeit entgegensetzen zu wollen, sondern den Möglichkeiten im Wechsel ihres Auftretens eine mitlaufende Wirklichkeitsorientierung beizuordnen. Was als Wirklichkeit zur Ausrichtung des technischen Prozesses in Anschlag gebracht wird, steht nicht von vornherein mehr fest, sondern ergibt sich sukzessive erst aus den Anforderungen, die im technischen Prozedieren an Sender und Empfänger der technischen Botschaften jeweils neu gestellt wird. Grundsätzlich bedeutet das, nicht von einem Zweck an sich auszugehen, den wir ökonomisch Bedürfnis und ästhetisch oder psychologisch einen Zwang nennen, sondern weiterhin von der Kraft der Innovation, durch eine neue Technik ein neues Mittel bereitzustellen, das wir erst einmal nach Gutdünken nutzen können. In einer ersten Phase ist dann erlaubt, was gefällt, und es liegt, wenn man so will, im Spieltrieb des Menschen, auch an die Grenzen des Möglichen zu gehen und die Dinge sportlich zu nehmen, sobald man etwas als irgendwie wettbewerbstauglich erkannt hat. In einer zweiten Phase wird mit der Herausbildung eines Kerngebrauchs und seiner Trennung vom Periphernutzen, der nur noch Anlaß zu verschworenen Gemeinschaften gibt, dann die Voraussetzung für eine sinnvolle Fortschreibung der Entwicklung gemacht. Wenn jetzt in einer dritten Phase die Fortbildung des Geräts ansteht und eine neue Generation technisch gewollt ist, kommt es darauf an, die bisherige Logik philosophisch wie lebenspraktisch zu durchbrechen. Ginge es nämlich ausschließlich nach der Maßgabe der technischen Entwicklung, die vollkommen autonom abläuft und keine Rücksicht auf unser Humankapital nimmt, das sie als Investition eigentlich weiter brauchen sollte, dann wäre mit einer fortgeschrittenen und neuen technischen Möglichkeit auch zugleich ein neuer Gebrauch und damit eine neues Verständnis wie eine neue Handhabung angesetzt, und wir wären in der Lage, in der wir zu oft nach meinem Dafürhalten sind, daß wir wieder neu und von vorn anfangen müssen in unserem Gerätestudium. Das will ja besagen, daß eine technische Fortentwicklung Projektionen folgt, die noch keinen Rückhalt in unserer bisherigen Praxis haben, sondern auf so zukünftige wie unwahrscheinliche Gebrauchsmöglichkeiten abheben. Die zweite Generation darf also, das wäre die neue Forderung, nicht mehr wie die erste Generation auftreten, weil jetzt bereits eine Marke gesetzt ist und wir schon gelernt haben, was es mit einem Typ Gerät oder einem besonderen Modell eines gewissen Herstellers auf sich hat. Wenn in der ersten Generation noch das Mittel seinen eigenen Zweck entwirft, dann muß in der zweiten Generation der von uns akzeptierte Zweck und die sich daraus motivierende Handhabung dasjenige sein, was die Fortentwicklung wiederum anleitet. Wir wollen mit dem, was wir können, nachdem wir uns einmal produktiv darauf eingelassen haben, auch weiterkommen und auch morgen noch finden, es war nicht umsonst, die Mühe des Lernens und Übens auf sich genommen zu haben. Auch hier schnell ein Seitenblick auf das, was selbstverständlich von einer solchen Forderung ausgenommen sein darf: erstens Geräte, deren Handhabung und Erlernen uns sowieso nur Zeit stehlen sollen, also für den Unsinn gebaut sind, den sie verkörpern: niemand wird sich ernsthaft beschweren, wenn das Tamagochi der zweiten Generation nicht mehr einen virtuellen Hasen, sondern ein ebensolches Krokodil zur virtuellen Betreuung in ein Elektronikei einbaut und dazu überall die Tasten vertauscht. Auch bei Kreuzworträtseln wollen wir ja bei jedem neuen, das wir anfangen, nicht zeigen, was wir schon können, sondern kaufen es, um es schwierig zu finden und zu knobeln; zweitens sind alle Geräte ausgeschlossen, die an sich so simpel und einfach zu bedienen sind, daß sie auch nicht den Experten in uns ansprechen, auf dessen Know-how man stolz sein muß. Eine neue Heftklammer darf ganz anders sein und funktionieren; drittens sind alle Gerätschaften ausgeschlossen, die so kompliziert und sophistiziert sind, daß sowieso nur echte Profis mit ihnen umgehen sollten, denn diese Profis werden dafür bezahlt und wären am Ende womöglich traurig, man würde es ihnen zu einfach machen. Alles, was jedoch in einer mittleren Zone des Gebrauchs liegt, mit offenen Enden jedoch zum Freizeit- oder Profigebrauch, läßt es aus meiner Sicht wünschenswert erscheinen, wenn die Folgegenerationen unserem bereits eingespielten Habitus im Umgang mit ihnen entgegenkommen. Jeder, der einmal die Mühe auf sich genommen hat, ein Tasteninstrument zu erlernen, ob Laie oder Profi, ist dankbar, wenn die nächste Generation immer noch die bisherige Klaviatur beibehält und nicht bspw. einfach doppelt so viele Tasten vorsieht (wofür auch immer) oder zuletzt gar keine Tasten mehr und damit eine Totalentlastung bringt, indem sie, wie es kürzlich in Japan vorgestellt wurde, mit Hilfe von Handys ein ganzes Orchester ersetzt: alle Orchestranden benutzen dabei das Handy als Luftgitarre oder Luftvioline oder -piano, und wie sich von selbst versteht, jeder virtuos.

Wenn der von uns einmal erlernte Gebrauch dann idealerweise zurückwirkt auf die Gestaltung der nächsten Gerätegeneration, so diese also nicht mehr der Logik von allem Möglichen folgt, ist wiederum an keine einfache Festschreibung des Erlernten gedacht. Es muß nicht so sein, daß ich mit dem neuen Gerät genau das wieder kann, was ich mit dem alten auch schon konnte, so daß ich in keiner Weise und in keiner Hinsicht umlernen müßte. Vielmehr erscheint es wünschenswert, wenn ich zwar Kernfähigkeiten beibehalte, an den Modi und äußeren Gepflogenheiten aber Änderungen und Abstriche machen kann, die unter der Vorgabe der neuen technischen Gegebenheiten erforderlich erscheinen. In einer Dialektik von technischer Setzung und praktischer Umsetzung des damit Möglichen ergibt sich so eine Verbindungslinie, in deren Verlauf der Abstand zwischen technischer Vorgabe und sinnvoller Einbindung in die sie umhüllende Lebenspraxis grundsätzlich überschaubar bleibt und dazu führt, daß ich zum Schluß mit Überzeugung auch noch behaupten kann, ich würde im Prinzip immer dasselbe tun und wollen, obwohl ich es in der technisch angeleiteten Praxis jeweils sehr verschieden angehe.

Beispiel: Als kleines Kind mag ich auf einem Xylophon gelernt haben, wie die Töne unserer westlichen, modernen Kultur entsprechend angeordnet sind, das heißt Ganz- und Halbtöne nebeneinander und nach hinten versetzt. Als Kind oder Jugendlicher werde ich dann vors Klavier gesetzt und übertrage meine frühen Klöppelkünste auf das Pianoforte, auf dem ich die Jugend durch übe, bis ich fasziniert von der Kirchenorgel künftig auf verschiedenen Handmanualen und einem Fußmanual spiele, mit variablen Registratur. Im Erwachsenenalter kommen die Stage-Pianos mit ihren elektronischen Klangerweiterungen hinzu, die nicht nur Klänge aller klassischen Tasteninstrumente wiedergeben, sondern auch noch Geigen, Orchester und synthetische Klänge generieren. Als später meine Enkel zu Besuch kommen, spiele ich mit ihnen wieder auf einem Xylophon, das jetzt allerdings als virtuelles Instrument mit dem Fernseher korrespondiert, so daß ich die Bewegungen ohne jede Hardware ausführe und nur noch auf dem Bildschirm nachvollziehe, welche Tasten ich gerade angeschlagen habe (das zugehörige Gerät hat heute die Typenzeichnung Wii). Drei oder vier Anfangstöne werden dann in Zukunft genügen, um um mein Spiel herum ein digitales Klavierkonzert mitsamt Orchester und Chören entstehen zu lassen.

Jedes Stadium dieser Entwicklung sieht eine technische Erweiterung von Möglichkeiten vor, die mich sukzessive in die Lage versetzt, mit meinen einmal erlernten Fähigkeiten neue, andere und komplexere Musik zu spielen. Mit jeder technischen Erweiterung meines Spielgeräts kommen neue und andere Kontexte ins Spiel. Das Xylophon ist für das Kinderzimmer und die Kinderlieder, das Klavier für das Wohnzimmer und die bürgerliche Literatur, die Kirchenorgel fürs Sakrale, das Stage-Piano für Pop, das Wii für die großen Gesten der Filmmusik (und natürlich kann man auf dem Xylophon auch Choräle spielen oder in der Kirche Boogie Woogie, es ist hier nur um des Beispiels willen so prototypisch zugeordnet). Jede technische Erweiterung gibt so neue Kontexte vor, und neue technische Möglichkeiten in neuen Kontexten eröffnen neue musikalische Möglichkeiten. Und so könnte man das Szenario entwerfen, daß mit jeder neuen Möglichkeit zugleich auch eine ganz neue Musik entsteht, die im Übergang vom einen Instrument zum anderen geradezu unerhört wirkt und wie eine fortschrittliche Avantgarde nur dort reüssiert, wo sie alles Gewesene resolut hinter sich läßt. Dennoch ergibt sich aber schon rein technisch gesehen im Ausgang von der gleichbleibenden Tastatur auch eine Durchlässigkeit der Musikpraxis von der einen Phase zur nächsten, die es zuläßt, daß die jeweils neu entstehende Musik nicht toto coelo voneinander unterschieden sein muß. Wenn in der Ausreizung der Möglichkeiten die Vision einer vollkommenen Verschiedenheit der Musikrichtungen die eine extreme Annahme war, dann ist im Bestehen auf einer sich immer gleichen Wirklichkeit umgekehrt der Verweis darauf die andere Annahme, daß man nämlich auf allen Instrumenten grundsätzlich auch immer dasselbe Lied spielen kann. Für Stücke von Bach ist das gängige Praxis, und wer bspw. Glenn Gould schätzt, der weiß, wie das Rezitieren von Bach auf einem auf Jazz gestimmten Piano seinen ganz eigenen Charme hat.

Sobald nun nicht mehr einerseits auf der Konsequenz einer reinen Logik der technischen Möglichkeiten, die zu unvergleichbar Neuem und Anderem führen muß, und andererseits auf einer unwandelbaren Geräte-Wirklichkeit bestanden wird, sondern die Evidenz einer gelungenen Lebenspraxis mit ins Spiel kommen darf, ist klar, daß nur in der gegenseitigen Durchdringung von neuen Möglichkeiten und gegebenen Wirklichkeiten eine wirklich lebbare Alternative entsteht. Wer immer nur das gleiche Stück spielt, aber zu verschiedenen Zeiten in verschiedenen Kontexten und auf verschiedenen Instrumenten, wird nicht umhin können einzugestehen, daß sich mit der Zeit trotz der Identität der Noten eine Verschiedenheit der Tempi, der Agogik, ein Wechsel der Betonung (so man doch bspw. auf einer Orgel durch stärkeren Anschlag gar nichts bewirkt) und des Ausdrucks abzeichnet, so daß bei diesen Veränderungen zusammengenommen von einem Wechsel des Stils die Rede sein kann. Ergänzend dazu darf man annehmen, daß selbst bei strikter Befolgung des Imperativs, neue technische Möglichkeiten bis zum Extrem auszuloten, dennoch beim Erlernen des neuen Instruments nie ganz von Null ausgehend angefangen wird, sondern immer ein Erbe vom Vorgängerinstrument übernommen wird, das sich inhaltlich und formal so oder so durchhält. Das erste, was man auf einem neuen Instrument spielt, ist immer das letzte, was man auf dem alten noch erlernt hat. Und so erfindet sich in Wahrheit niemand vollkommen neu, auch nicht musikalisch, so reizvoll der Gedanke für die Selbstdarstellung eines Komponisten auch immer sein mag. Es braucht keine große Phantasie, um weiter zu verstehen, wie sich die Extreme in der Praxis weiter annähern, sobald man danach fragt, wo genau die Grenze verläuft zwischen einem bloßen Stilwechsel bei grundsätzlich gleichbleibenden Stücken und einer Kontinuität der Motive bei grundsätzlich verschiedener technischer und musikalischer Umsetzung. Prozesse, die in der Popmusik darum geführt werden, wo die Inspiration endet und das Plagiat beginnt, machen die Schwierigkeit besonders deutlich. Wie die Musikwissenschaft festgestellt hat, ist der Rahmen möglicher Melodiefolgen in der Zwischenzeit so ausgereizt – zumal wenn er noch eine Beschränkungen wie in der Popkultur erfährt, die harmonische Extravaganzen eher vermeidet –, daß es beinahe unmöglich ist für einen Komponisten, nicht des Melodieklaus bezichtigt zu werden, denn irgendwo und irgendwann wurde immer schon einmal dasselbe Stück so oder ähnlich zusammengesetzt.

Auch die Frage, wie eine solche Identität im geschichtlichen Kontext wechselnder Stile und veränderlicher Motive zu werten ist, kann man schließlich an dem Musik-Instrumentenbeispiel noch kurz veranschaulichen. Einerseits nämlich kann man einfach die inhaltlichen Übereinstimmungen des Vorher und Nachher zum Ausgangspunkt nehmen und behaupten, die Einheit in der stilistisch-motivlichen Fortentwicklung bestünde in einem gewissen Repertoire, das sich in deren Verlauf herausbildet. Und von diesem Repertoire wird dann behauptet, es sei Wesen und Kern alles Musikalischen. Klar ist aber auch, daß eine solche kanonische Feststellung in jedem Moment revidiert oder zumindest umgeschrieben werden muß, in dem sich neue Tendenzen und Entwicklungen abzeichnen. Und am Ende bleibt bei einer solchen inhaltlichen Festlegung auf das, was ‚wirkliche' Musik in ‚Wahrheit' nur sein kann, eine ganz abstrakte und inhaltsleere Bestimmung, will sie auch nur annähernd umfassen, was sie eigentlich soll. Und so verstehe ich mein Plädoyer, von diesem vertikalen Begründungsschema zu einem horizontalen überzugehen im Beispiel so, daß sich der ‚Inbegriff' von Musik gar nicht unabhängig von seiner geschichtlichen Entwicklung angeben läßt und sich das, was wir dafür halten, aus einem kontinuierlichen Wechselspiel von erweiterten Möglichkeiten und realisierbaren Wirklichkeiten ergibt. Nur wo sich die von der Technik eröffnete Möglichkeitssphäre mit einer in der Praxis angenommenen Wirklichkeitserwartung trifft, entsteht das, wovon wir heute als einem Inbegriff von etwas ausgehen, um ihn allerdings morgen bereits wieder nach der gleichen Maßgabe neu zu formulieren. Mit diesem ‚Wirklichkeitsverlust' im Angesicht immerwährender Wahrheit muß man dann leben, für diesen Preis bekommt man allerdings en retour die Gewißheit, sich den Anforderungen der Moderne in ihrer geschichtlichen Praxis und zunehmenden Beschleunigung gestellt zu haben.

Resümee: Während in der selbstgenügsamen Geräte-Evolution sich der kommende praktische Gebrauch allein nach dem Ausreizen von technisch-ästhetischen Möglichkeit richten soll, die technische Evolution also prinzipiell vorgängig ist und nur durch den Markt später korrigiert wird; so ist im hier gemachten Vorschlag die Konkretion des Gebrauchs, das tatsächliche Handhaben der Gerätschaft das erste und letzte, von dem ausgegangen wird und wonach sich zuletzt auch das Design der Dinge richten muß. Die rein technisch-mediale Weiterentwicklung gibt vor, was der Mensch brauchen kann, was bereitgestellt wird für eine mögliche Nutzung. Die hermeneutische Weiterentwicklung dagegen läßt deutlich werden, was der Mensch von dem, was er alles brauchen könnte, wenn er es nur irgendwie wollte, auch wirklich braucht.

Die menschliche Biologie und ihre Motive

Eine hermeneutisch informierte Technikphilosophie bewährt sich dann im besten Fall auch wiederum auf den drei Ebenen, die zuvor mit einer spekulativen Bio- und Kapitaltechnik wie auch den zeitgenössischen Kulturtechniken ausdifferenziert wurde. Die sich hier abzeichnenden Alternativen möchte ich zum Schluß wenigstens skizzieren. Allen dreien ist eigen, daß sie von einer Naturalisierung der

Hermeneutik profitieren, sobald es gelingt, das rein Geisteswissen-schaftliche der Methodik zu ,erden' und damit zu zeigen, wie das klu-ge Sich-Auskennen in Texten mit einer grundsätzlichen Orientierung in der Lebenswelt zusammenhängt und in ihr letztlich verwurzelt ist[106]. Eine ausgezeichnete Gelegenheit zu einem solchen Schritt bie-ten seit rund 15 Jahren die Forschungen der Lebenswissenschaften, vor allem in dem Teil, der sich auf die Art und Weise unseres Welt-verstehens spezialisiert hat und dabei zuletzt eine Analyse unserer Hirnbiologie unternimmt.

Während sich die klassische Neurophysiologie seit dem zweiten Weltkrieg ihre Forschung nach dem Muster der Kybernetik entwik-kelt hat und die Leistungen des menschlichen Gehirns damit nach dem Vorbild von Computern und deren Datenverarbeitung bewertet und analysiert, hat sich seit den 1980er Jahren ein weiter gehendes Interesse herausgebildet, das nicht nur die kognitiven Fähigkeiten des menschlichen Gehirns ernst nimmt, sondern auch das, was in der analytischen Diktion Emotionen und Volitionen genannt wird, also Gefühle und Absichten. Gefühle erweisen sich in dem Zusammen-hang nicht nur als irrationale Regungen, die für eine Erkenntnis der Dinge im besten Fall nicht störend sind, sondern als aufschlußreich in der Art und Weise, wie wir Dinge wahrnehmen und beim Wahr-nehmen zugleich auch bewerten[107]. Die emotionale Tönung einer Wahrnehmung kann da, wo sie nicht nur einer zufälligen Laune ge-schuldet ist, sondern als eine philosophisch ernst zu nehmende Stimmung gefaßt wird, Aufschluß darüber geben, wie wir einen Ge-genstand oder eine Situation bewerten im Hinblick darauf, was wir grundsätzlich wollen oder im Speziellen tun müssen, was sich an der Bandbreite der Stimmungen von der Existenzangst bis zum flüchti-gen Ärger ablesen läßt. Auch erweisen sich Absichten als ebenso er-kenntnisrelevant, indem sie (wenigstens außerhalb der Laborsituati-on) den Rahmen dafür abstecken, ob wir Dinge überhaupt wahr-nehmen, weil sie uns wichtig erscheinen, und wenn wir sie wahrneh-

---

106 Und damit das Dogma überwinden, das Gadamer im Glauben an die alte Kraft des Logos und fasziniert von der neuen Universalität symbolvermittelter Weltzu-gänge in seltener Bestimmtheit noch festhalten ließ: „Die sprachliche Welterfah-rung ist ,absolut'. ... *Der Grundzug von Sprache und Welt bedeutet daher nicht, daß die Welt Gegenstand der Sprache werde.* Was Gegenstand der Erkenntnis und der Aussage ist, ist vielmehr immer schon von dem Welthorizont der Sprache umschlossen", Gadamer, a.a.O., S. 426.

107 Den Anfang einer Wiederkehr der Gefühle in die Kognitionspsychologie hat Antonio Damasio Mitte der 1990 Jahre gemacht mit seiner Studie Descartes'. Fühlen, Denken und das menschliche Gehirn, München /Leipzig 1995.

men, als was wir sie ansehen, das heißt, wie wir sie verstehen. Hängt doch unsere Wahrnehmung von dem Vorverständnis ab, mit dem wir auf einen Gegenstand zugehen, und Zugang zu den Dingen haben wir, wenn wir wissen, wofür sie gut sind. Selbst eine anscheinend völlig zweckfreie Betrachtung, wie sie die Wissenschaft in ihrem klassischen Verständnis für sich in Anspruch nimmt, ist so nur den Spezialinteressen einer besonderen Untersuchung geschuldet, oder wenn auf die Zweckfreiheit wirklich bestanden wird, eben als deren extreme Abschattung mit Blick aufs ganz Allgemeine zu verstehen. Die Phänomenologie hat solche praxisorientierte Zugangsweisen, wie schon einmal angesprochen, in den 1920er Jahren prominent gemacht. Jetzt hat die Neurobiologie in den vergangenen eineinhalb Jahrzehnten ergänzend und fundierend dazu Fakten ans Licht gebracht, die eine weitere Präzisierung nahelegen. Demnach ist die praxisorientierte Weltsicht, deren Ding-Konstitutionslogik die Phänomenologie grundsätzlich ausgearbeitet hat, für einen ganz bestimmten Bereich der Weltwahrnehmung zuständig, und das ist die intuitive Zugangsart zu den Dingen. Intuitiv nehmen wir die Dinge wahr, noch bevor wir überlegt mit ihnen umgehen und Urteile formulieren, auch noch bevor wir uns ihrer überhaupt bewußt sind. Die Intuition ist dabei auf (bislang) vier Stufen anzusetzen und logisch durchzustrukturieren. Sie betrifft zuerst die allgemeine Anmutung der Dinge, die auf das zuläuft, was für Heidegger die „Zuhandenheit" eines Dinges ausmacht und das in der neuen Diktion, informiert durch die Gestaltpsychologie, „affordance"[108] heißt. Affordance ist die Anmutung eines Gegenstandes, insofern er sich uns zur Handhabung anbietet (oder wir ihn als handhabbaren betrachten), und erscheint codiert in bestimmten Neuronen unseres Gehirns, in denen die Anschauung eines Gegenstandes zugleich mit der Planung von Handlungen verbunden ist, die eine Handhabung oder einen Zugriff auf die Sache ermöglichen. Solche Neurone hat man in der prämotorischen Rinde gefunden[109], und sie werden seit ihrer Entdeckung durch eine Forschergruppe in Parma „kanonische Neurone" genannt, und ihre Grundeigenschaft ist es eben, nicht etwa auf Wahrnehmung spezialisiert zu sein oder nur für die Vorausplanung einer Handlung und die Steuerung ihrer Motorik zuständig, sondern beides zugleich und in einem ‚intuitiven' Akt. Kanonische Neurone ‚feuern' beim bloßen Anblick eines handhabbaren Gegenstandes, wie sie auch bei der Planung der

---

108 Rizzolatti/Sinigaglia, a.a.O., S. 47.
109 Vgl. ebd., S. 43.

Handhabung desselben Gegenstandes feuern, und wenn wahrgenommen wird, dann wird virtuell auch immer gleich der Zugriff geplant. Das Standardbeispiel, an dem das Phänomen deutlich wird, ist die Ansicht einer Kaffeetasse, die beim bloßen Ansehen mit Hilfe eines kanonischen Neurons bereits so angeschaut wird, daß wir nicht einfach nur eine Kaffeetasse vor uns sehen, sondern dadurch auch schon vermittelt bekommen, welche Art eines Zugriffs für sie nötig ist (ein Feingriff, der mit einem Finger durch den Henkel operiert und eine Öffnung der Hand und eine Spreizung der Finger vorsieht, im Gegensatz zu einem Kraftgriff, wie wir ihn bspw. beim Greifen und Heben eines schweren Glases ohne Henkel gebrauchen würden). Sehen heißt virtuell handeln. Auf einer zweiten Stufe der Intuition wurden weiter besondere Neurone gefunden, die nicht beim Anblick von handhabbaren Gegenständen (die freilich auch anders als nur mit den Händen traktiert werden können, eine große Anzahl von kanonischen Neuronen ist z.B. für das In-den-Mund-nehmen und Zubeißen zuständig), sondern beim Anblick von Handlungen. Dann vollziehe ich sozusagen im Geiste mit, was eine andere oder ein anderer tut, wenn diese einen Akt vor meinen Augen und Ohren vollziehen, und der Akt wird mir augenblicklich transparent, indem ich nicht einfach nur physikalische Abläufe wahrnehme, sondern zugleich verstehe, was das Objekt der Handlung, was der Verlauf, und was die zugehörige Intention darstellt. Weil wir damit einen unmittelbaren Zugang zu den Intentionen anderer bekommen, hat man solche Neuronen auch „cells that can read minds"[110] genannt, offiziell heißen die Neurone, die gedankenlesen können und sich ebenfalls in den die Motorik steuernden Arealen des Gehirns finden, „Spiegelneurone" (auf englisch „mirror neurons"). Auf einer dritten Ebene hat man ergänzend dazu Neurone gefunden, die nicht beim Anblick von Gegenständen oder Handlungen, sondern von Gefühlsäußerungen anderer reagieren und uns zugleich in gewisser Weise das Gefühl vermitteln, das wir in der Anschauung wahr nehmen. Wer z.B. zusieht, wie jemand in eine verfaulte Frucht beißt und das Stück mit ekelverzerrtem Gesicht wieder ausspuckt, kann beinahe nicht anders, als die Ekelreaktion mit- und nachzuvollziehen, und auch dies wieder intuitiv und unmittelbar. Wenn man den Reflex blockieren will, ist es meistens schon zu spät. Diese Neurone hat man in einer Hirnregion gefunden, die ‚Insula' heißt und die Verbindung zu verschiedenen, meist negativen Gefühlsregungen wie Angst und Abscheu herstellt. Eine vierte

---

110 S. Blakeslee, „Cells that can read minds", New York Times vom 10.1.2006.

Art von Spiegelneuronen, deren Bezeichnung sich inzwischen als Gattungsname für alle vier Arten durchgesetzt hat, findet sich schließlich im orbifrontalen Kortex, dem anterioren cingulären Kortex und im prämotorischen Kortex und wird von Marco Iacoboni, ihrem Entdecker, „Superspiegelneurone"[111] genannt. Der Gegenstand ihrer Anschauung sind weder mehr Gegenstände, noch Handlungen, noch Gefühlsäußerungen, sondern das Wirken der Spiegelneurone selbst. Superspiegelneurone sollen dazu da sein, eine Art Kontrolle auszuüben darüber, ob eine Handlung ‚gespiegelt‘ wird und man dabei ‚mitfühlt‘ und die involvierten Gegenstände ‚geistig‘ in die Hand nimmt, oder aber man versteht ihre Funktion dahingehend, wie mit ihrer Hilfe der Stil einer Handlung, das besondere Wie ihrer Ausführung angenommen wird oder nicht.

Auch wenn die Hirnforschung gerne manches noch besser wüßte und vor allem am menschlichen Gehirn noch mehr in Erfahrung bringen würde (die meisten Experimente wurden invasiv an Makakenäffchen durchgeführt), so erscheint ein Grundzug der biologischen Befunde dennoch unstrittig: unsere intuive Wahrnehmung, die uns vorsprachlich und vorbewußt einen ersten verständlichen Eindruck unserer Umgebung vermittelt, ist durchgängig nach einem teleologischen Muster strukturiert, so daß von der Gegenstandswahrnehmung bis zu Stilfragen ein grundsätzlicher Zielverlauf all unserem praktischen Verständnis (besonders natürlich im Gebrauch von technischem Gerät) unterstellt ist. Dieser Zielverlauf ist dabei nicht nur als eine grundsätzliche Orientierung anzusetzen, sondern auch als zentrales prozedurales Strukturelement, das die Schrittfolge der einzelnen Handlungsvorhaben ordnet und in eine teleologische Reihung bringt. So ist es, wie schon einmal kurz skizziert, nämlich nicht so, daß jedes Spiegelneuron nur einfach eine in sich geschlossene Handlung für sich spiegelte, unabhängig davon, was die anderen Spiegelneurone machen; es ist vielmehr ganz offenbar der Fall, daß sich jedes Spiegelneuron in eine Beziehung zu anderen bringen läßt, die sich nach dem Muster von Teil und Ganzem versteht, wenn der Teil die Einzelhandlung ist und das Ganze die Gesamthandlung, die sich je nach Kontext und Wahrnehmung in unterschiedlichen Grenzen und Ausmaßen ansetzen läßt. Die „Kettenorganisation" der Spiegelneurone, von der schon die Rede war, bedingt, daß einmal begonnene Handlungsansätze, sobald spiegeltechnisch das zugehörige Ziel mit

---

111 M. Iacoboni, Mirroring People. The New Science of How We Connect with Others, New York 2008, S. 202.

bestimmt ist, einen ein-eindeutigen Ablauf der verschiedenen motorischen Akte vorsieht, so daß dieser ohne Möglichkeiten zur Abzweigung ans Ziel führt. In der Kettenorganisation der Spiegelneurone ist demnach nicht vorgesehen, daß nach dem einen oder anderen Schritt eingehalten wird, und eine Überlegungspause stattfindet. Das hat den Nachteil, wenn man so will, daß bei einer großen Anzahl solcher Kettenfolgen auch eine große Anzahl zusammengehöriger Neuronenverbände gebildet werden muß, erst recht wenn man bedenkt, daß über die alltäglichen Routinehandlungen hinaus, mit denen wir eine Tasse halten oder vor dem Schlafen das Licht ausmachen, es unzählige Möglichkeiten der Kombination gibt, wenn man nur bspw. an die Schrittfolgen beim Tanzen und die Notenfolge in der Musik denkt. Andererseits verfügt das menschliche Gehirn über den Luxus, über 15 Trillionen (das ist eine 15 mit 18 Nullen) Neurone zu beherbergen, deren interne Kombinationsmöglichkeiten sich dem entsprechend noch einmal potenzieren lassen. Es ist also genug Neuronenmaterial vorhanden, um solche Kettenorganisationen über die wenigen wichtigen, die immer und jeden Tag wiederholt werden, hinaus zu aktivieren.

Was die Neurologen, und unter ihnen wieder die Phänomenologen, damit ans Licht gebracht haben, ist wiederum interessant für die Frage, wie wir möglichst reibungslos und ,intuitiv' mit unseren Gerätschaften umgehen. Das klassische Kognitionsmodell ging mit der Kybernetik als Paradigma davon aus, daß unser Gehirn die Dinge einem Flußschema entsprechend sukzessive abarbeitet und zu der richtigen Lösung durch das Auffinden der richtigen Abzweigungen findet. Das phänomenologische Modell sieht dagegen vor, daß nicht die sukzessiven Suchprogramme zum Ziel führen, die durch Anwendung des immer gleichen Schemas Schritt für Schritt alles Falsche ausschließen, bis nur noch das Richtige übrig bleibt, sondern umgekehrt der Intuition ein völlig unmethodisches Vorgehen zugrunde liegt. In diesem Vorgehen wird der Prozeß sozusagen vom Ende her aufgerollt, weil richtig nur ist, was schon von vornherein paßt und an der passenden Stelle eingefädelt war.

Iacoboni hat dieses Phänomen einmal am Beispiel des Bahnhofs von Kairo erläutert. Üblicherweise rechne ich damit, daß ich an jedem Schalter jede mögliche Zugverbindung buchen kann, früher gab es vielleicht einmal Unterschiede zwischen Fern- und Nahverkehr, das kann man für das Beispiel vernachlässigen. Am Bahnhof von Kairo ist das Prozedere aber ein anderes. Hier gibt es offenbar (oder gab es zumindest einmal) das Kuriosum, daß für jede Zugverbindung (oder Zugverbindungen in einem sehr schmalen Zeitfenster) ein einzelner Schalter geöffnet war. Steht man demnach nicht am richtigen Schalter, bekommt man keine Fahrkarte. Der Nachteil dieser Vorgehensweise liegt natürlich erstens darin, daß man relativ viele Schalter braucht, um mit den divergierenden Kundenwünschen fertig zu werden, und zweitens in der mangelnden Flexibilität, möchte ich doch im Grunde an jedem Schalter alles buchen können. Der Vorteil aber, der den Schalterbeamten offenbar wichtig war, besteht ohne jeden Zweifel in der Geschwindigkeit, mit der die Kundenwünsche abgearbeitet werden können. Denn stehen an einem Schalter nur Kunden, die immer die gleiche Verbindung buchen wollen, dann liegt der richtige Fahrschein immer schon auf dem Tisch, bevor auch nur ein Wort gewechselt wurde. Die ganze Erwägung von prinzipiellen Möglichkeiten, speziellen Angeboten, günstigen Anschlüssen und Tarifen entfällt.

Die besondere Logik der Buchung auf dem Kairoer Bahnhof läßt sich jetzt leicht auf gerätetechnische Belange übertragen und in Zusammenhang mit unseren intuitiven Verständnismöglichkeiten bringen. Schaut man auf die Menüstrukturen, wie wir ihnen bei den meisten komplexeren Alltagsgeräten vom Fernseher über das Telefon oder Navigationsgerät bis zum PC selbst begegnen, dann sind diese nach dem abendländischen Schema der eliminativen Zielfindung angelegt. Ausgegangen wird von einer Reihe von Möglichkeiten, die die allgemeinsten Hinsichten angeben, in denen die Funktionen des Gerätes gegliedert sind. Klickt man sie an, hat man dem entsprechend noch überhaupt keine Funktion ausgelöst, weil sie noch viel zu unspezifisch ist. Gebe ich beim Navigationsgerät zuerst die Straße ein, in die ich will, bekomme ich keine Fahrtanweisung, sondern die Auswahl zwischen einer Reihe von Städten, in denen diese Straße überall vorkommt. Den Fahrer an alle diese Adressen zu lotsen, wäre Unsinn. Erst nachdem ich auf verschiedenen Konkretionsebenen alle ‚vorkonkreten‘ weiteren Möglichkeiten ausgeschlossen habe, das heißt das, was ich alles nicht will, komme ich am Ende zu dem Punkt, daß aus dem Menü der Möglichkeiten tatsächlich eine Handlungsanweisung an des Gerät wird, damit aus der Folge der Möglichkeiten eine einzige verbleibende Möglichkeit eliminiert und umgesetzt wird, und so wird aus der Folge von Möglichkeitsbestimmung eine herzustellende Wirklichkeit.

In der Alltagspraxis gehen wir allerdings in der Regel genau umgekehrt mit unseren Geräten um. Vor allem dann, wenn es uns an Zeit und Muse fehlt, uns in die jeweiligen Menüfunktionen einzuarbeiten.

Nicht selten begegnet man in solchen Fällen aufgebrachten Menschen, die trotz besseren Wissens, daß die Geräte keine Ohren haben, dieselben anschreien und dabei den immer selben Imperativ äußern: „mach doch einfach!" Hier spätestens rächt es sich, daß die Geräteanatomie nicht mit unserer Hirnbiologie kompatibel ist. Wir erwarten, daß wir bei einem bestimmten Wunsch nicht erst eine ganze Flucht von Möglichkeiten sukzessive abarbeiten müssen, bis es losgehen kann, sondern unmittelbar mit der Vorstellung des Wunsches schon der ganze prozedurale Weg dahin vorgeplant und eingeübt ist. Wir denken, wenn wir die Dinge intuitiv angehen, sozusagen vom Ziel her und verstehen nicht, wie man zuerst noch (und bei jeder Befragung immer wieder aufs Neue) an so viel anderes auch noch denken kann, wie es das Menü uns vorstellt. Und vollkommen unintuitiv ist es in diesem Zusammenhang auch, daß uns das Menü jedesmal wieder mit der gleichen zu absolvierenden Schrittfolge belästigt, wo doch längst klar ist, worauf es hinauswill. Will ich am Fernseher das Bildformat ändern, muß ich zuerst im Menü zwischen Bild, Ton und Einstellungen (den Rest übergehe ich) wählen, dann im Bild wieder zwischen Auflösung, Farbsättigung und so weiter wählen, dann unter den Bildformaten 4:3, 16:9, Supercinema, und je besser der Fernseher, um so weiteres noch mehr. Es reicht eben nicht, zu sagen, ändere doch ‚einfach' das Format, einfach ist eben in der Logik der Möglichkeiten nicht vorgesehen. Eine Lösung wäre es natürlich, dem Kairoer Modell folgend, für jede Funktion einen eigenen Knopf einzubauen. Dann aber, das hat ein Handy-Hersteller kürzlich gezeigt, wäre das Bedienungspanel eben auch so groß wie eine in alle Verästelungen entfaltete Menüstruktur und somit so groß wie eine mittlere Schreibtafel in der Schule. Als der Stolz über die erweiterten Möglichkeiten im Automobil Mitte der 1980er Jahre noch sehr groß war, hatte man tatsächlich noch solche Knöpfchenfelder eingebaut, die in ihrer Überfülle durchaus etwas orientalisch Barockes hatten. Wo die Optionentafel aber übergroß wird, ist dies keine echte Alternative, weil ich dann wiederum den Überblick in der Zuordnung der Knöpfe verliere. Eine Lösung dieses Dilemmas haben die Apple-Produkte dankenswerterweise entwickelt – und der Dank aus Sicht unseres intuitiven Verstehens geht gleichermaßen an alle Hersteller, die diesem Prinzip folgen. Sie haben nämlich verstanden, daß sich Ärger vermeiden läßt, wenn die Steuerung schnell und einfach ist, deshalb die Menüwege zum Ziel möglichst kurz und die Einzelfunktionen nicht durch anonyme Knöpfe oder Klickoptionen bedient werden wollen, sondern eben intuitiv, so wie es auch unser intuitives Verständnis ausgehend von vorliegenden Anschauungen vorsieht: anstatt des Knopfes finden sich Icons, die anschauliche Symbole dessen sind, was als Funktion gewollt wird und somit auf der Bildebene noch vorsprachlich und vorreflexiv (d.h. man muß nicht erst darüber nachdenken oder nachfragen, was gemeint ist) zu verstehen geben, wofür sie stehen. Will man es genau wissen, stehen natürlich immer noch Möglichkeiten offen, das Menü in die Weiten seiner Optionen zu öffnen und dort Antworten auf funktionelle Nachfragen und Präzisierungswünsche zu bekommen. Im Erstkontakt aber findet sich bereits zurecht, wer sich auch im Leben intuitiv zurechtfindet. Vielleicht der banalste Beitrag zu einem intuitiven Gelingen im Umgang mit Computertechnik besteht in diesem Zusammenhang in der Zwischenzeit darin, daß man das Gerät tatsächlich in kurzer Zeit zum Laufen bringt. Seit ca. zwei Jahrzehnten, also in der Zeit, in der die PCs sich als Haushaltsgeräte etabliert haben, braucht das Hochlaufen der Maschinen und Hochladen der Programme eine Zeit, die von vielen als vertan empfunden wird, weil sie zu kurz ist, als daß man etwas Sinnvolles in der Zwischenzeit anfangen könnte, aber zu lang wiederum, als daß es nicht nachhaltig, weil immer wiederkehrend, als störend empfunden würde. Das Problem perpetuiert sich offenbar, weil zwar immer schnellere Prozessoren entwickelt werden, aber die ‚Mächtigkeit‘ der Programme, wie es im Jargon heißt, mindestens im gleichen Umfang wächst, wenn nicht noch mehr. Wurden früher Dieselfahrer verspottet, weil sie nicht den Zündschlüssel drehen konnten und losfahren, sondern eine Dieselgedenkminute zum Vorglühen einlegen mußten, so fühlen wir uns heute mehr oder weniger alle verspottet, die vor einem PC ungeduldig auf das Erscheinen der jeweiligen Explorer warten, ohne daß wir allerdings genau angeben könnten, welcher Erfinderpersönlichkeit wir in solchen Minuten ein Andenken schulden. Ganz zu schweigen davon, auf welche Geduldsprobe uns die PCs stellen, wenn erst einmal weiter hinzugefügte Programme wie jene der Drucker dafür sorgen, daß sich die Software offenbar immer erst einmal uneins ist, welches Programm sie durchschalten soll, und aus der einen Minute auch einmal soviel wird, daß es schon wieder zur Kaffeepause reicht. Es ist also vielleicht kein kleiner und kein ungewollter Nebeneffekt, wenn wir mit den PC-Winzlingen, zu denen unsere Handys geworden sind, neuerdings das machen, wozu sie eigentlich nicht konstruiert sind und der PC viel besser geeignet sein müßte: morgens kurz das Wetter abzufragen oder die wichtigsten Schlagzeilen der Zeitungen zu überfliegen. Das internettaugliche Handy, zumindest in der mir vorliegenden Iphone-Fassung, hat nämlich die unüberschätzbare Fähigkeit, quasi auf Knopfdruck eine Verbindung ins Netz herzustellen. Obwohl es zugegebenermaßen viel mühsamer ist, auf dem kleinen Display einen Artikel zumindest anzulesen, verbindet sich damit eben doch noch die vage Erinnerung an die Unmittelbarkeit, mit der man eine Zeitung aufschlägt und tatsächlich loslesen kann, sobald sie auf dem Tisch liegt, und diese Erinnerung, zusammengenommen mit einer über Jahrzehnte kumulierten Ungeduld im Anblick sich hochladender DOS-Versionen, bewirkt, daß das Kleingerät mit seinen vergleichsweise geringen Möglichkeiten immer öfter den Vorzug vor der großen Rechenmaschine bekommt.

Es zeigt sich bei Nachfragen an die Adresse der Hersteller, daß solch positive Ergebnisse freilich und natürlich nicht die Frucht eines Zufalls sind. Man könnte das Vorgehen als eine Form von ‚reverse engineering' beschreiben, bei dem es darum geht, mit dem Ende und nicht mit dem Anfang zu beginnen. Und ‚Ende' bedeutet in dem Zusammenhang das, worauf man eigentlich hinauswill, die Funktion, für die ein Gerät konzipiert ist und die in der Handhabung entsprechend das Einfachste und erste sein muß. Wie man aus dem Marketing beim eben gelobten Hersteller erfährt, sagt der Entwicklungsleiter deshalb am Anfang des Prozesses zu allererst, was am Ende dabei herauskommen soll, und das heißt ganz konkret, was das Gerät auf einfache und überschaubare Weise leisten können soll, und noch dazu, wie eine dazugehörige Bedienung nach dem Wunsch des Benutzers idealerweise aussehen müßte, wenn der Benutzer als der sprichwörtliche ‚Endbenutzer' verstanden wird. Nach dieser Zielvorgabe richtet sich dann das ingenieurstechnische Vorgehen, und das ist weniger eine Selbstverständlichkeit als beinahe ein Ereignis, wenn man bedenkt, wie Entwicklungsgeschichten sonst vonstatten gehen: da steht zwar auch und natürlich ein Wunsch am Anfang, aber auf dem Weg zum Ziel bestimmen dann die technischen Möglichkeiten und vor allem die Schwierigkeiten, nicht nur was von dem ursprünglichen Ziel der Entwicklung tatsächlich überhaupt erreicht werden kann, sondern auch, was statt dessen schließlich das Licht des Marktes erblickt. Denn die Aussicht scheint verlockend, eine aufkommende Schwierigkeit nicht so sehr als entscheidende Blockade auf dem Weg zum Ziel, sondern als eine Möglichkeit zur Abzweigung und damit als Chance für ganz andere, sich jetzt erst eröffnende Möglichkeiten zu verstehen, und manche Entwickler rechnen es sich dem entsprechend, und wie es mir scheint zurecht, heute wieder als eine besondere Tugend an, wenn sie sozusagen charakterfest bleiben und an dem

anfangs formulierten Ziel festhalten, d.h. nicht einfach anderes entwickeln, wenn das eine so vorläufig nicht geht.

Zur vorgestellten Gattung der Tastenbelegung, Menüsteuerung
und Handbuchgestaltung gehört auch eine weitere Spezies, die zurecht in der Literatur eine neue Aufmerksamkeit erfährt, wenn auch
weniger in einer technik-philosophischen, als in einer psychologisch
und zugleich ökonomisch motivierten Betrachtungsweise. Es geht um
die Gestaltung der Formulare und Erklärungen, die uns nicht nur
von den Verwaltungen, sondern auch von den Herstellern regelmäßig
vorgelegt werden, und ohne die wir von der Steuer über die Versiche-
rungen bis zu den Garantieansprüchen nichts mehr geltend machen
können. Hier hat ein neuer Zweig der Wirtschaftswissenschaften, der
sich ‚behavioral economics' nennt und es also mit Fragen menschlichen Verhaltens zu tun hat, insofern sie konsumrelevant sind, neue
und erstaunliche Vorschläge gemacht. Man hat in dem Zusammenhang nämlich auch herausgefunden, daß sich die Verhaltensmuster,
mit denen wir auf intuitive Weise mit Formalitäten umgehen, nutzen
lassen, um uns nicht nur, wie es die Wirtschaft will, zu mehr Konsum
anzureizen, sondern auch zu einem besseren Konsum oder einem
sinnvollen Umgang mit unseren humanen oder finanziellen Ressour-
cen. Cass S. Sunstein ist in der Zwischenzeit auch auf dem deutschen
Büchermarkt mit seinen diesbezüglichen Überlegungen präsent, die
von der gesundheitsförderlichen Gestaltung der Regale im Supermarkt bis zum republikanischen Design der Jahressteuererklärung
reichen[112]. Bevor man allerdings den Kuchen verteilt, wäre es aus
technikphilosophischer Sicht schön, man hätte ihn als solchen erst
einmal überhaupt in der Hand. Es bräuchte also vor der Frage einer
wie auch immer sinnvollen Ausrichtung der Erklärungsbögen überhaupt erst die Möglichkeit, einen intuitiv befriedigenden Zugang dazu zu entwickeln, was in der Praxis nichts anderes als den Wunsch
bedeutet, ein Formular ohne die Hilfe und Anleitung eines Experten
ausfüllen zu können. Auch hier kommt es zuletzt wieder darauf an,
von einer Logik unwahrscheinlicher Möglichkeiten, deren es viele
gibt, auf die Logik der Gestaltung einer brauchbaren Wirklichkeit
umzustellen. Wie oft stehen wir vor mehr als einem Rätsel, wenn bei

---

112 Vgl. Richard H. Thaler/C.R. Sunstein, Nudge. Wie man kluge Entscheidungen
anstößt, Berlin 2009, im Original: Nudge, improving decisions about health,
wealth and happiness, London (u.a.) 2009; vgl. ebenso D. Ariely, Predictably Irrational: The Hidden Forces that Shape Our Decisions, London 2008; sowie
zuletzt G.A. Akerlof/R.J. Shiller, Animal Spirits, How Human Psychology drives
the Economy, and Why it matters for Global Capitalism, Princeton 2009.

Formularen uns schon die Frage überfordert, welche der vielen vorge-
gebenen Spalten wir tatsächlich auszufüllen haben. Es würde schon
reichen, wenn wir bspw. bei der Steuerklärung ein Muster beigegeben
hätten, wie sie bei einem durchschnittlichen Arbeitnehmer im Bereich X, dem ich zugehöre, aussehen muß, so daß man sich ausgehend von der dargestellten Fächerbelegung dann weiter in die Details
vorarbeiten kann, falls man sie überhaupt braucht. Oft ist es auch so,
daß wir nicht entscheidungsfähig sind, was relevant ist und was nicht,
einfach deshalb, weil wir die jeweilige Nomenklatur nicht einsehen
und verstehen, und die verwaltungstechnische Kategorisierung nur
dem Verwaltungstechniker zugänglich ist. Es ließe sich durch einfache Maßnahmen dem intuitiven Verständnis weit entgegenkommen,
wenn man bspw. die Pflichtfächer mit einer Signalfarbe unterlegt, die
optionalen Angaben dagegen in Grautönen absetzt. Weiter würde es
helfen, wenn die Formulare nicht in kurzer Frist wieder geändert
würden, und es wenigstens für den privaten Gebrauch zur Möglichkeit eines Musterantrags käme, den man im Folgejahr wieder hervor-
ziehen kann und an dem man sich einigermaßen sicher orientiert.
Noch entgegenkommender ließe sich das Formularwesen gestalten,
wenn sich nach einer Anfangseingabe der wichtigsten Daten und Zu-
gehörigkeiten das Formular von selbst auf die vorliegenden Bedürfnisse einstellte, uns also entweder nur die für uns relevanten Kästchen
vorstellt oder sie aber unmißverständlich von allen anderen Optionen
absetzt. Technisch ist das bei elektronisch zugänglichen Formularen
überhaupt kein Problem. Noch schöner wäre es freilich, man hätte
überhaupt noch ein Stück mehr Nutzerfreundlichkeit, indem das
Formularprinzip nicht mehr nach dem alten Apothekerkästchen-
schema aufgebaut wäre, sondern im Sinne der ikonischen Darstellung
uns das Navigieren ein gutes Stück weit ohne eine finanzamttechni-
sche oder versicherungstechnische Fachterminologie anböte, und
dort, wo es tatsächlich in die verwaltungsrelevanten Details ginge, uns
Definitionen anböte, die sich auch im Alltagsumgang mit der abstrakten Materie wiederfinden ließen. Und am schönsten wäre es
schließlich, wenn sich die Verwaltungsfachleute nicht wie viele Han-
dyhersteller den zweifelhaften Ruf erwürben, sich mit ihren ‚Produkten' so von der ‚Konkurrenz' unterscheiden zu wollen, daß sie nicht
wirklich kompatibel sind und damit auf Kosten der Vergleichbarkeit
wie einer wünschenswerten Flexibilität eine Produkt- und Marken-
treue erzwungen wird, weil es viel zu aufwendig wäre, sich umzustellen. Da es keine zwei Finanzämter gibt, greift dieser Wunsch im öffentlichen Sektor natürlich nicht, dafür aber überall, wo das Versiche-

rungswesen über Kranken-, Haftpflicht-, Unfall-, Rechtsschutz- Arbeitsunfähigkeits-, KFZ-, Hausratversicherungen und noch vieles andere mehr mit dem öffentlichen Sektor auf die eine oder andere Weise kooperiert.

Ausgehend von den Befunden der Hirnphysiologie lassen sich auch noch weiterführende Gedanken und technikphilosophische Aussichten für eine Erfolgsgeschichte der Gestaltung von Technik anschließen. Wäre es doch eine Überlegung wert, unserem intuitiven Verständnis einen weiteren Schritt entgegenzukommen, indem man nicht nur die kanonischen Neurone, die sich auf die optische, akustische und haptische Anmutung der Dinge spezialisieren, mit den Icons bedenkt, sondern auch noch die Spiegelneurone, die auf die Darstellung von Gesten und Handlungen ansprechen. Auch hier haben die Produkte der eben genannten Firma bereits Anhaltspunkte gegeben, wie dies möglich wäre. Wenn ich bspw. durch einfache und nachvollziehbare Gesten im Menü navigieren kann, Seiten umblättern, Listen hoch und runter rollen, ohne spezielle Tasten oder Wippen drücken zu müssen und damit codierte Optionsbefehle zu aktivieren usw., d.h. solange man sie noch als Geste betrachten kann. Neueste Entwicklungen bei den Navigationsgeräten kommen ebenfalls unserem räumlich-gestischen Orientierungsvermögen entgegen, indem sie uns nicht mehr nur zweidimensional unsere Position auf der Karte angeben und für ihre Symbole gemäß ihrer Legende eine jeweils eigene, erst zu erlernende Dekodierung voraussetzen, sondern dreidimensional die konkrete Aussicht simulieren[113], die ich haben müßte, wenn ich richtig bin. Es ist die Antwort auf die Frage, die ein jeder von uns zuerst gestellt bekommt, wenn er aus dem Auto heraus jemand anruft, der sich an einem Ort auskennt: „Was siehst du gerade, was hast du vor dir, was ist links, was ist rechts?", und mit der dreidimensionalen Darstellung und vor allem mit der dreidimensionalen Animation (die Straßen, Gebäude und Verkehrszeichen werden ungefähr so dargestellt, wie sie einem tatsächlich vor Augen stehen müßten) bin ich dann in der Lage des einfachen Nachmachenkönnens, ich folge meinem ‚Guide' so, wie wenn jemand mir einfach vormacht, was jetzt zu tun ist, ob ich abbiegen soll oder stehen bleiben oder einfach weiter geradeaus fahren.

Weiter wäre auch denkbar und zu wünschen, auch bspw. bei Bauanleitungen für Möbel und ähnliches, die schematische Darstel-

---

113 Vgl. FAZ vom 8.09.2009, Seite T1: „Verfahren unmöglich".

lung durch kurze Filmsequenzen ersetzt zu bekommen, so daß unseren Know-how-Bedürfnissen durch die Möglichkeiten einfachen Nachmachens geholfen werden kann. Wer sich wie ich seine Bücherregale selbst zusammenbauen muß, der hätte viel davon, wenn er einfach jemand an seiner Seite hätte, der ihm einmal zeigt, wie es geht, dann wäre in der Tat das Regal im Nu aufgebaut. Ein kleines Video, das man sich aufs Iphone oder Vergleichbares lädt, würde auch schon viel helfen. Es könnte freilich auch eine Marketingstrategie sein, eben solche Hilfen nicht anzubieten, denn wer einmal gelernt hat, wie es geht, und Jahr um Jahr ein neues Bord nachkauft, der, das ist zumindest meine Erfahrung, bleibt beim selben Typ nicht nur aus ästhetischen Gründen, weil es dann eben zum übrigen Regalbestand paßt, sondern auch, weil man noch weiß, wie man beim Aufstellen damit zurechtkommt.

Weiter wäre kurz anzusprechen, was mit den Spiegelneuronen anzufangen ist, die uns emotional auf das Befinden unseres Gegenübers einstimmen. Kurz deshalb, weil an diesem Punkt der Entwicklung nicht mehr (prinzipiell) nachgeholfen werden muß, weil (zumindest die designten) Geräte und Maschinen uns immer schon ein ganz bestimmtes ‚Gesicht' zeigen und damit die Stimmung vermitteln, die ihr richtiger oder angemessener Gebrauch voraussetzt. Man denke nur an die Nachahmung von Blicken und Gesichtern, die bei Autos dazu genutzt werden, um böse, verschmitzt, kindlich verspielt oder ironisch-elegant oder auch brachial auf uns wirken sollen, je nachdem, wie der Nachfahrende im Rückspiegel des Vorausfahrenden wahrgenommen werden will. Andere Geräte sprechen freilich andere Intuitionen an, und neben der ‚Mimik' kommt entsprechend auch der ‚Gestik' eine Bedeutung zu. Größe, Konsistenz und Anmutung bestimmen schon die Art, wie etwas ‚begriffen' werden soll, man kann ein Stimmhämmerchen nicht wie einen Vorschlaghammer anfassen, und eine elegant geschwungene Linie ahmt dann sozusagen den Verlauf eines einfühlenden Gebrauchs nach, man denke an die gediegene Fortbewegung in einem Gran Tourismo gegenüber dem Sitz auf dem Traktor.

Schließlich ist auch noch über eine von den Superspiegelneuronen vermittelte Anmutung der Dinge für den Gerätelerner und Gerätenutzer nachzudenken. Dies beträfe dann absehbar Stilfragen und käme überall dort zum Einsatz, wo es um das Wie der Ausführung geht. Wie geschickt ich mich beim Aufstellen eines Ikea-Regales anstelle, ist an sich egal, solange das Regal am Ende sicher steht und die Freundin nicht zuschaut. Bei den meisten Sportgeräten bspw. aber ist es nicht ganz so unerheblich, wie ich ans Ziel komme, denn außerhalb der Wettkämpfe zählt in unserer Kultur hier der Weg wohl tatsächlich mehr als das Ergebnis. Freilich erscheint es mir in diesem Fall besonders zu wünschen, hier keine technische Lösung mehr anzubieten, sondern das menschliche Vorbild vorzuziehen. Anders verhält es sich in medizinischen Kontexten, die auf den Einsatz besonderer technischer Hilfsmittel und Prothesen zurückgreifen. Eine ausgeklügelte und spezialisierte Technik kann hier helfen, das Wiedererlernen alltäglicher Gesten und Verrichtungen zu beschleunigen. Ein Beispiel, das im Zusammenhang der Spiegelneurone schon für Aufsehen gesorgt hat, ist die Rehabilitation von Patienten, die nach einem Schlaganfall neu lernen müssen, mit Armen und Beinen oder Händen und Füßen zurechtzukommen. Für die Superspiegelneurone käme ein erweiterter Anwendungsbereich dort in Frage, wo sich vornehmlich ästhetische Fragen anschließen, wie bspw. beim Hörtraining von Coclear-Implant-Patienten, die nach einer Operation mit Hilfe einer Hörsonde elektrisch-stimulierte Höreindrücke gewinnen und neu lernen müssen, diese richtig zu interpretieren. Hierzu gibt es bereits Überlegungen, an deren experimenteller Ausarbeitung ich beteiligt bin.

Die menschliche Wirtschaft und ihre Motive

Neue ökonomische Motive kommen ins Spiel, sobald ich mir darüber im Klaren werde, daß ich schon auf Grund meiner intuitiven Zugangsbedingungen zu einem reibungslosen Gerätegebrauch mit Kosten und Nutzen rechnen muß. Wenn ich mit einer neuen Gerätegeneration konfrontiert werde, weil das Alte gegen das Neue getauscht wurde, oder auch nur, weil ich leihweise mit anderen Geräten auskommen muß oder man mich einfach bittet, die Anruferliste im fremden Telefon zu programmieren, dann stellt sich früher oder später die Frage, ob sich das Neu- oder Umlernen überhaupt lohnt. Früher stellt sie sich, wenn meine zu erwartende Freude meiner späteren Nutzung des Geräts angesichts dicker Bedienungshandbücher und unüberschaubarer Menüstrukturen gleich von Anfang an getrübt ist, und ich mir überlegen muß, wie dringend ich ein Gerät tatsächlich brauche (ob ich es wirklich kaufen sollte, oder wenn es gekauft ist, im Eingeständnis erster Ernüchterung es am besten gleich weitervermittle an Begabtere, als ich es bin). Später stellt sie sich, wenn ich trotz eines Vertrauensvorschusses in die künftigen Leistungen des technischen Objektes irgendwann erkennen muß, daß ich einfach mit dem Gerätetyp oder der Marke oder der Ausführung nicht glücklich werde, weil sich mir das Gerät trotz aller Mühen nicht erschließt, meine Handhabung ungelenk bleibt und ich nie an den Punkt komme, die in der Werbung gegebenen Versprechen nachvollziehen zu können. Leibphänomenologisch kann man hier Kriterien finden, die das Gelingen daran bemessen, ob das Gerät handlungstechnisch einverleibt werden kann, es also beinahe zum Teil meiner selbst wird, indem wir nach guter Eingewöhnung den Eindruck haben, daß wir durch das Gerät hindurch mit der Welt verbunden sind – wie wenn ich beim Autofahren nicht mehr denke, ich sitze im Auto, und das Auto auf der Straße, sondern ich im Auto unmittelbar ein Gefühl für ‚meine‘ Straßenlage bekomme. Literarisch-hermeneutisch wäre ein solches Kriterium darin zu sehen, daß es mir gelingt, mich irgendwann in der Sache wiederzuerkennen, was mit einem vorsichtigen Einfühlen in die Funktionen beginnen mag und in einer gekonnten Beherrschung seiner Möglichkeiten endet. Wo sich das Leibliche wie das Geistige nachhaltig widerständig zeigt, muß ökonomisch kalkuliert und entschieden werden, was sich im Alltag meistens durch unmittelbare Abwehrgesten ausdrückt wie: „bitte nicht noch so ein Gerät und bitte nicht schon wieder". Ein Kriterium, das von den Herstellern naiverweise übersehen wird, macht sich an der Binsenweisheit fest, daß wir eben erstens im Leben auch noch anderes zu tun haben, als uns in noch umfangreicheren Menüfluchten neuer Nutzungsmöglichkeiten zurechtzufinden und wir vor allem in der begrenzten Zeit, die wir für solche Dinge reservieren, es auch nie nur mit einem Gerät zu tun haben, sondern immer mit einem ganzen Schwarm von immer intelligenteren Gerätschaften. Daß wir also zweitens angesichts solcher Vermehrung der Gerätespezies und ihrer Ansprüche an uns, intelligent behandelt zu werden, vor dem zunehmenden Problem stehen, allen irgendwie gerecht werden zu können, was rein zeitlich schon immer schwieriger wird, je mehr sich die einzelnen Programmierungen von Hersteller zu Hersteller auseinanderleben und immer verschiedener oder wenigstens vertrackter in der Erkenntnis der jeweiligen Unterschiede werden. Die EU-Kommission hat kürzlich – dankenswerterweise natürlich – festgelegt, daß endlich bei allen Handys ein kompatibles Netzteil angeboten werden muß, so daß ich endlich untereinander tauschen kann, und in Erweiterung der Maßnahme vielleicht an den Punkt der Entwicklung komme, nicht mehr 20 verschiedene Netzteile für 20 Kleingeräte im Schrank liegen zu haben. Und wie wünschenswert wäre es erst, wenn dies nicht nur für die Hardware gälte, sondern erst recht für die Software, und ich also bei 3 Telefonen, einem Festnetz, einem Handy und einem Ersatzapparat nicht auch schon mit drei (gefühlten vier) Gerätephilosophien konfrontiert werde, was die Spezifik ihrer jeweiligen Menüführung betrifft. Wie dankbar könnte man sein, wenn es ein verläßliches und gut brauchbares Grundmuster gäbe, das nur noch markentechnisch ‚personalisiert' wird und nur noch verkraftbare Unterschiede vom einen zu dem anderen aufweist.

Solche Kosten- und Nutzenüberlegungen zuzulassen bedeutet in der Konsequenz, die vorgestellten Immunisierungsstrategien der Risikokapitalunternehmen zu durchbrechen. Die Immunisierung bestand in dem zirkulären Arrangement von der Projektion eines mit einer neuen Technologie zu erwartenden Gewinns und der technisch-strategischen Antwort auf die Enttäuschung über bislang ausgebliebene Entwicklungserfolge, die dann in einer noch weitergehenden Projektion einer noch leistungsfähigeren Technologie und damit noch größerer Gewinnerwartung bestand. Findige Vereinfacher haben hinter diesem Vorgehen zurecht eine Kasinomentalität vermutet, nach der bei einem erlittenen Verlust immer mindestens das Doppelte eingesetzt werden muß, um die Gewinnerwartung methodisch aufrechtzuerhalten, so daß bei ständiger Erhöhung der Einsätze am Ende nur die Alternative zwischen einem Totalerfolg oder einem Totalverlust steht. Auch die im Anschluß daran vorgestellte, ebenfalls technisch-strategische Antwort auf die einsetzende Angst vor der Bildung einer Spekulationsblase wäre dann in Frage zu stellen: erscheint doch aus der Furcht vor einem Totalverlust am Ende einer Entwicklungslinie der Versuch verständlich, aus der ‚Pfadabhängigkeit' einer solchen Entwicklung herauszukommen; einer Abhängigkeit, die den einmal eingeschlagenen Pfad der Entwicklung trotz einsetzender Zweifel weitergehen muß, weil die Investition, die die Entwicklung bis zu einem bestimmten Punkt gekostet hat, verloren wäre, wenn man nicht daran weiter anschlösse. Und die Konsequenz daraus besteht darin, mit noch mehr finanziellem Einsatz und technischer Raffinesse wiederum zu beweisen, daß der zuvor eingeschlagene Weg richtig war. So kann man die Unsitte, Produkte noch vor ihrer technischen Ausreifung auf den Markt zu bringen und den Reparaturabteilungen als Nacharbeit zu überlassen, was die Konstruktionsabteilung an Vorarbeit nicht mehr leisten wollte, nicht allein als ein Zeichen von ökonomischer Ungeduld werten, sondern ebensosehr an ökonomischer Vorsicht. Wo ich noch auf dem Wege der Endfertigung bereits neue und divergierende Optionen wahrnehme, traue ich mich offenbar nicht mehr, den eingeschlagenen Weg ganz zu Ende zu gehen, und kann bei Nichtgefallen und Marktversagen des Produkts immer darauf verweisen, daß ich in der Entwicklung schon wieder viel weiter bin und den Entwicklungspfad, der in die Irre oder auch nur in die Reparaturwerkstatt geführt hat, schon lange nicht mehr weiter verfolge. Der Ansatz einer ‚Dekonstruktion' in jeder Konstruktion oder die Postmodernisierung der Wirtschaft wäre so zuletzt bereits der radikalen Skepsis geschuldet, daß am Ende aller Entwicklungen kein Pfad mehr wirklich zum Ziel führt, und wir dazu verdammt sind, uns nur noch in Abzweigungen vom rechten Weg wiederzufinden.

Sobald man sich von solchen Immunisierungsstrategien, die strategisch entweder optimistisch nur noch die Aussicht auf einen Totalgewinn zulassen, oder pessimistisch den drohenden Totalverlust immer schon vorwegnehmen und sich dem entsprechend überhaupt nichts im technischen Sinne Fertiges mehr zutrauen, ein Stück weit frei macht, kann man leicht einsehen, wie die lebensweltlichen Kontexte wieder greifen können und eine Einbettung des entwicklungstechnischen Selbstlaufs der Ökonomie in unsere alltägliche Kosten-Nutzenrechung gelingen kann.

Der Vorschlag zur Güte der technischen Produkte läuft darauf hinaus, die Selektion der Endprodukte und damit die Bestimmung ihrer Güte nicht mehr einem Markt zu überlassen, der börsen- und finanztechnisch dazu übergegangen ist, seine Erfolgskriterien ohne Rücksicht auf unsere Belange durchzusetzen, und sich damit autonom gibt, solange der Spekulation die Kräfte ausreichen; sondern umgekehrt unsere alltäglichen Kosten- und Nutzenüberlegungen zu den technischen Produkten in Anschlag zu bringen, und zwar auch nicht mehr an dem Punkt, an dem sowieso nichts mehr zu ändern ist, also bei ihrer Marktreife, sondern gleich am Anfang und in ihrer frühen Genese. Es müßte versucht werden, den Ingenieur nicht nur als Ingenieur anzusprechen und von ihm technische Lösungen im Rahmen seiner Anstellung zu verlangen, sondern ihn auch zugleich als einen Nutzer und Privatmann. Er müßte das, was er entwickelt, auch selbst wollen können, selbst damit etwas anfangen wollen können, und sich zuletzt damit auch selbst in seinem Produkt ein Stück weit wiederfinden können. Wie weit ein solcher Ansatz und Gedanke reicht, hat gerade Richard Sennett in seinem so hinreißenden wie dicken Buch zum neuerlichen Lob von dem, was seinem Wesen nach das *Handwerk* ist, ausgelotet[114]. Es gälte dann, die Ethik des Hand-

---

114 R. Sennett, Handwerk, Berlin 2008, im Original: The Craftsman, New Haven und London 2008.

werks unter modernen Bedingungen wiederzubeleben und den Handwerker aus seinem besonderen „Können"[115] und einem wiederzugewinnenden „Materialbewußtsein"[116] heraus zu definieren und walten zu lassen, was dann auch bedeutet, die „Maschinen"[117] wieder als Teil einer überschaubaren „Werkstatt"[118] zu verstehen. Es gälte weiter, das Handwerk selbst als eine Form der Erdung aller unserer konstruktiven Ansätze zu verstehen, gemäß der These Sennetts, „daß alle Fertigkeiten, selbst die abstraktesten, mit einer körperlichen Praxis beginnen"[119]. Und schließlich gälte es dann festzustellen, was heute zu tun ist, um ausgehend davon die alten/neuen Maßstäbe für eine „qualitätsorientierte Arbeit"[120] zu formulieren, oder kurz: ausgehend von den „handwerklichen Fähigkeiten" darzustellen, was es heißt, „Dinge so herzustellen, daß sie wirklich gut sind"[121]. Wer dahinter bloße Romantik vermutet, urteilt nach Sennett vorschnell: „Ausdrücke wie ‚handwerkliche Fertigkeiten' oder ‚handwerkliche Orientierung' lassen vielleicht an eine Lebensweise denken, die mit der Entstehung der Industriegesellschaft verschwunden ist. Doch das wäre falsch. Sie verweisen auf ein dauerhaftes menschliches Grundbestreben: den Wunsch, eine Arbeit um ihrer selbst willen gut zu machen. Und sie beschränken sich keineswegs auf den Bereich qualifizierter manueller Tätigkeiten. Fertigkeiten und Orientierungen dieser Art finden sich auch bei Programmierern, Ärzten und Künstlern. Selbst als Eltern oder Staatsbürger können wir uns verbessern, wenn wir diese Tätigkeit mit handwerklichem Geschick ausüben"[122].

Eine Verbesserung steht in der Tat schon in Aussicht, wenn derjenige, der für eine technische Entwicklung verantwortlich ist, sich in „handwerkliche(r) Orientierung" auch zugleich vorstellt, daß er mit seinem Produkt auch noch ‚handwerklich' etwas anfangen will, wenn es einmal fertig und ausgereift ist. Daß er es nutzen wollte, wenn er es kann, und in gewissem Maße auch stolz darauf sein, daß er es gemacht hat. Wem das zu pathetisch klingt, der stelle sich nur einmal vor, an der Entwicklung von TV-Handys beteiligt zu sein, die, wenn sie auf den Markt kommen, es uns dann erlauben werden, auf einem

---

115 Ebd., S. 31.
116 Ebd., S. 161.
117 Ebd., S. 113.
118 Ebd., S. 77.
119 Ebd., S. 21.
120 Ebd., S. 321.
121 Ebd., S. 18.
122 Ebd., S. 19.

Bildschirm der Größe einer Briefmarke abendfüllende Spielfilme an-
zuschauen oder Fußballspiele mitzuverfolgen. Wer sich im Versuchsstadium nur einmal ernsthaft fragt, ob es ein Pixel gibt, das groß und
klein genug zugleich ist, um überhaupt noch den Ball im Spiel und
diesen dabei für uns noch sichtbar wiederzugeben, der weiß, daß das
kein Mensch wirklich wollen und ernsthaft gebrauchen kann[123].

Die menschlichen Motive der Philosophie

Vom Nutzen der Wirtschaft kann man weiter auch auf einen Nutzen
der Kultur schließen, denn so, wie wir anfangen zu rechnen, wenn
wir komplizierte Handbücher und Menüstrukturen vor uns haben, so
rechnen wir irgendwann auch, wenn wir vor intellektuellen Erfindungen stehen, und uns ein Vorurteil beschleicht, das Karl-Heinz
Bohrer auf einer Heidelberger Tagung kürzlich so formuliert hat: daß
wir bei der Auslegung von Texten um der schieren Originalität willen
mit Ansichten konfrontiert werden, von denen wir sofort und mit
untrüglicher Gewißheit wissen, daß das ganze Unternehmen nie gut
gehen wird und alle Versicherung über traumhafte Erträge der Forschung absehbar am Gegenstand selbst scheitern werden[124]. Bohrer
hatte in seiner Argumentation natürlich zu kämpfen mit der seit drei
Jahrzehnten gut eingespielten Rhetorik, die gerade höchsten Kredit
für das höchste intellektuelle Risiko fordert. Mit seinem Anliegen
konnte er entsprechend auch vor allem dort reüssieren, wo der intellektuelle Tagungsteilnehmer still in sich hineinhörte und zumindest
vor sich selbst zugeben mußte: ja solche Fälle gibt es, und es gibt gerade genug davon, eigentlich viel zu viele. Sicher gibt es Grenzfälle,
die einen besonderen Charme entwickeln, und da wird niemand
kleinlich sein, aber es gibt eben auch ‚Projekte‘, die so gewollt und
damit absichtlich an der Sache vorbei gehen, daß es nach Bohrer
schwer wird, es noch als Wissenschaft oder Literatur oder was auch
immer ernsthaft zu akzeptieren. Dabei ist es eben immer noch leicht,

---

123 Vgl. „Noch bleibt das Fernsehen mit dem Handy ein Traum." FAZ,
18.10.2005, Nr. 242, S. T2; sowie „Handy-TV auf dem Weg zur Europamei-
sterschaft." FAZ, 10.06.2008, Nr. 133, S. T2.
124 K.-H. Bohrer, „Behaupten und Zeigen", in: J.P. Schwindt (Hg.), Was ist eine
philologische Frage? Beiträge zur Erkundung einer theoretischen Einstellung,
Frankfurt am Main 2005, S. 255-274.

eine Mahnung wie die Bohrers in eine Schublade zu stecken und zu sagen, da würde schon wieder zuviel gezaudert und gezögert, und über die Zeiten, da wir die Kirche im Dorf lassen wollten, seien wir doch hinweg und so weiter. Auf der anderen Seite kommt die Mahnung aber auch am Ende einer Periode, in der wir uns nur zu gut an die Immunisierungsstrategien einer solchen Daueravantgarde gewöhnt haben und vielleicht deshalb schon aus Gründen der Wiederholung und einer aufkommenden Langeweile die Lizenz haben, einen Einwand zu formulieren. Zumal, wenn zur spontanen Evidenz eines unsinnigen Ansatzes auch noch die Einsicht in die besondere Erfolgslogik solcher Argumentationen hinzukommt.

Das Design dieser Erfolgslogik hat auch noch einmal mit der besonderen Verbindung zu tun, die seit Nietzsches Einlassungen zu Wagner das Betriebliche in der Kultur kennzeichnen. Nietzsche hatte erkannt, daß Wagners romantische Erfindung der Hochkultur zugleich die Geburt des Kulturunternehmens aus dem Geiste der Musik sein mußte. Wie mache ich aus dem Mythos eine Geschäftsidee und aus der Geschäftsidee einen Mythos? Eine solche kulturelle Überhöhung nüchterner Gewinnorientierung hatte in den Augen des Analysten den unschätzbaren Vorteil, daß sie es nicht nur erlaubte, das gründerzeitliche Wirtschaften in Reinform auszudenken, sondern zugleich auch zu praktizieren. Denn wo von vornherein feststeht, daß die ganze Hoffnung auf einen Mythos gesetzt wird und die Art und Weise, wie er kulturell verfängt und uns verzaubert, da ist auch die kritische Aussicht auf ein endgültiges Scheitern an der Wirklichkeit niemals mehr vorhanden. Es gibt nichts in der Welt, das als eine Tatsache auftritt und eine romantisch ausgedachte Geschäftsidee ad absurdum führen könnte, denn die Romantik lebt ja gerade von ihrer verträumten Dissidenz und Wirklichkeitsferne. Verlängert man diesen Ausgangsgedanken bis in die Niederungen des zeitgenössischen Wissenschaftsbetriebs, kann man zwar ernsthafterweise von Romantik nicht mehr reden, aber von der damals eingeführten Logik der Verflüchtigung des Erfolgs in die Sphären unwahrscheinlicher Möglichkeiten um so mehr. Denn was sollte in einem einmal eingeschlagenen Weg einer gewagten Deutung ein endgültiges Stopschild darstellen können? Denkt man an Kaushik Sunder Rajans Analyse des *Biokapitalismus* zurück, ist klar, wo die Grenze zur Scheinforschung zu ziehen ist: Technik und Medizin müssen hier irgendwann heilen, und wehren sich die Tatsachen gegen der Erfolg, hilft irgendwann alles Reden nicht mehr und nur noch das Beten. Anders in der Geisteswissenschaft. Wer will hier Einspruch erheben? Die Texte, das wußte schon Platon, können sich selbst nicht helfen und werden schnell zu willkürlichen Instrumenten derer, die mit Profitabsicht an sie herantreten, sie sind im Grunde immer korrumpierbar. Wurde also eine riskante Auslegung einem Forschungsprojekt zugrundegelegt, und ist allen Beteiligten nach den ersten Ansätzen der Deutung klar, daß die in Aussicht gestellte Option überriskant weil zu wenig wahrscheinlich oder in einem banalen und unerheblichen Sinne absurd erscheint, dann gibt es nichts auf der Welt, was den Weiterbetrieb einer solchen Forschungsrichtung objektiv aufhalten könnte. Alles, was sich als Einspruch meldet, kann auch als eine neidische Aufwallung der Gegner und deren bloß subjektive Meinung abgetan werden. Hier ist in der Tat die Geschäfts-Logik intakt und vollkommen, die immer weitere und immer mehr Forschungsgelder beantragen kann, je dürftiger die bisherigen Erfolge ausfallen und je unwahrscheinlicher ein noch weitergehender Erfolg wird. Mißerfolge sind nur Anlaß zu noch intensiverer Erforschung mit weitergehenden Mitteln. Und ganz zuletzt kann man einfach darauf bestehen, daß ein sperriger Text im Ende einfach genau das meinte, was man ihm gerne von Anfang als seinen letzten Sinn unterstellte, man bringt damit die Tatsache einfach selbst hervor, die frei nach Popper eigentlich zur Falsifikation hätte taugen müssen.

Eine Alternative, das wurde auf derselben Tagung, auf der auch Bohrer sprach, deutlich, kann demnach nicht an der Unwahrscheinlichkeit eines unabsehbaren Endes aller Deutung ansetzen, sondern muß auf die Evidenz und die einleuchtende „Präsenz" eines sinnvollen Anfangs setzen. Hans Ulrich Gumbrecht wirbt in diesem Sinne für eine Wiederaufnahme existenzialistischer Motive in die Geisteswissenschaft, die man mit Erich Auerbach in einen literaturwissenschaftlichen Kontext einbetten kann und dann von dem Bedürfnis sprechen, daß auch und besonders die akademische Deutung der Texte uns zuletzt etwas über unsere Existenz sagen muß, verstanden als die Art und Weise, wie wir uns sinnvoll in der Welt zurechtfinden[125]. Wer anspruchsvolle Texte liest und mit hohem Einsatz von Zeit und Mühen ihren Sinn verstehen will, der tut dies demnach heute nicht mehr (nur) um des akademischen Zeitvertreibs oder der Karriere willen, sondern mit der anspruchsvolleren Aussicht, sich und die Welt besser verstehen zu wollen. Die Technik der Auslegung, wie sie von der Hermeneutik methodologisch ausformuliert wird, ist

---

125 H.U. Gumbrecht, „Was Erich Auerbach für eine »Philologische Frage« hielt", in: J.P. Schwindt (Hg.), a.a.O., S. 275-287.

dann immer rückbezogen auf ein Dasein, dem es in dem, was es hier und jetzt tut, um etwas geht, was ihm unmittelbar und nachhaltig wichtig ist und sich nicht in der Aussicht auf akademische Aussichten im Seminaralltag verflüchtigt. Dem entsprechend wirbt Gumbrecht konsequent für ein *Diesseits der Hermeneutik*[126].

Am weitesten kann man Gumbrecht im Rahmen der hier vorgestellten Technikphilosophie aber sicher folgen dort, wo es ihm nicht mehr nur um literarische Belange geht und die Frage, wie uns überhaupt ein echter Anfang im Umgang mit Texten gelingt; sondern um eine Form von „Präsenz", die mit der körperlichen Gewißheit einer unmittelbaren Teilnahme am Geschehen beginnt und uns dabei unmißverständlich zu verstehen gibt, daß wir mit unserem Engagement auch richtig liegen. Gumbrecht hat dies in seinem *Lob des Sports* nicht nur hermeneutisch beschrieben, sondern gleich auf den Eingangsseiten auch ein kleines literarisches Denkmal gesetzt: „Wenn Sie bereit sind zuzugeben, daß Sie einfach einer unter den Milliarden normaler Sportfans sind, die Woche für Woche, tagelang, stundenlang und seit Jahren schon die Spiele ihrer Mannschaft verfolgen, dann werden Sie das Bild, das ich zu Beginn dieses Buches vor Augen habe, ebenso gut kennen wie die intensiven Gefühle, die solche Bilder hervorrufen. Denken Sie also an Ihren persönlichen Helden ..." – dann folgt die Beschreibung eines Spielzugs, den man landläufig als genial bezeichnen darf, insofern hier tatsächlich das Unwahrscheinliche vor aller Augen und unmittelbar wirklich wird: „Der Spieler der eigenen Mannschaft nimmt den Ball nur um Haaresbreite auf, aber er schafft es, versetzt die gegnerische Abwehr und läuft mit dem Ball in eine Richtung, die niemand (Sie selbst eingeschlossen) erwartet hätte. ... Stunden später, auf dem Weg durch die kühle Luft des Herbstabends vom Stadion zu Ihrem Auto, erschöpfter als an irgendeinem anderen Tag der Woche, erinnern Sie sich an diesen Moment des Spiels als an einen Moment des vollkommen Glücks. Noch einmal, diesmal ohne alle Anspannung, weitet Ihnen der schöne Spielzug die Brust und läßt Ihr Herz schneller schlagen. In der Erinnerung lebt der Augenblick des Spiels wieder auf, und indem Sie sich wünschen, ihn festhalten zu können, verspüren Sie ein leises Zucken in den Beinen, als wollten Sie ihrem Helden auf dem Rasen nacheifern"[127].

Wenn Sie nun ebenso bereit sind zuzugeben, daß Sie einfach einer unter den Milliarden normaler Technikfans sind, die Woche für Wo-

---

126 Ders., Diesseits der Hermeneutik, Frankfurt am Main 2004.
127 Ders., Lob des Sports, Frankfurt am Main 2005, S. 9f.

che, tagelang, stundenlang und seit Jahren schon die Produkte ihrer Marke verfolgen, dann werden Sie das positive Bild, das ich zu Beginn dieses Buches vor Augen habe, vielleicht ebenso schätzen, auch wenn natürlich die literarische Qualität bei der Beschreibung von Technik seit den Irrläufen des Futurismus deutlich zurückhaltender sein muß. Aber fest steht doch, daß es irgendeiner Begeisterung im Sinne einer Eingangsevidenz bedarf, die in der Tat eben dort anfängt, wo ich noch nach dem Aussteigen aus dem Traumauto ein „leises Zucken in den Beinen" verspüre oder nochmals halb im Geiste, halb wirklich, das Gefühl im Griff beim Schalten vom ersten in den zweiten Gang in der nachlaufenden Phantasie wieder hochkommen lasse. Es ist dieses Gefühl, das uns zuerst und zuletzt klarmacht, daß wir etwas nicht nur möglicherweise und irgendwann einmal unter besonderen und nicht sehr wahrscheinlichen Umständen einmal brauchen können werden, sondern es tatsächlich und wirklich *brauchen*, und uns der Sache wenigstens für einen Eingangsmoment lang vollkommen sicher sind. Wenn sich dann über die Fan-Faszination hinaus der erste Eindruck im weiteren Umgang mit der technischen Errungenschaft bestätigt und verstetigt, und ich bald in jedem Detail auch erklären kann, warum mir das Gerät so zusagt, weil eben die Funktionen sich den Wünschen meiner Handhabung körperlich wie geistig (ein gutes Stück weit wenigstens) anschmiegen können, jeder Griff gut in der Hand liegt, und jedes Pedal gut am Gas hängt; dann habe ich gutes Kriterium dafür gefunden, was ich *wirklich* brauche. In diesem Sinne bleibt zum Schluß die Hoffnung des Autors, daß auch die vorliegende Studie ein Stück weit wenigstens den eigenen kulturtechnischen Ansprüchen gerecht werden konnte.

BIBLIOGRAPHIE

Adorno, Theodor W., „Minima Moralia. Reflexionen aus dem beschädigten Leben"; in: ders., *Gesammelte Schriften*, Bd. 4., Frankfurt a. M. 2003.
- „Meditationen zur Metaphysik", in: ders., *Negative Dialektik*, Frankfurt a. M. [6]1997.
Akerlof, George A. und Robert J. Shiller, *Animal Spirits. How Human Psychology Drives the Economy, and Why It Matters for Global Capitalism*, Princeton 2009.
Ariely, Dan, *Predictably Irrational. The Hidden Forces that Shape Our Decisions*, London 2008.
Aristoteles, *Metaphysik*.
- *Physik*.
- *Politik*.

Barthes, Roland, *Mythen des Alltags*, Frankfurt a. M. 1964, Original: *Mythologies*, Paris 1957.
Blakeslee, Sandra, „Cells that read minds", New York Times vom 10.01.2006.
Bloch, Ernst, *Geist der Utopie*, bearb. Neuauflage der 2. Fassung von 1923, Frankfurt a. M. 1964.
Blumenberg, Hans, *Die Legitimität der Neuzeit*, Frankfurt a. M. [2]1988.
- „Sokrates und das ‚objet ambigu'. Paul Valérys Auseinandersetzung mit der Tradition der Ontologie des ästhetischen Gegenstandes", in: ders., *Ästhetische und metaphorologische Schriften*, Frankfurt a. M. 2001, S. 74-111.
- *Paradigmen zu einer Metaphorologie*, Frankfurt a. M. 1998.
- *Geistesgeschichte der Technik*, Frankfurt a. M. 2009
Böhme, Gernot, *Architektur und Atmosphäre*, München 2006.
- *Invasive Technisierung. Technikphilosophie und Technikkritik*, Kusterdingen 2008.
- „Zur Kritik der ästhetischen Ökonomie", in: *Zeitschrift für kritische Theorie* 12 (2001), S. 69-82.
Bohrer, Karl Heinz, „Behaupten und Zeigen", in: Jürgen Paul Schwindt (Hg.), *Was ist eine philologische Frage? Beiträge zur Erkundung einer theoretischen Einstellung*, Frankfurt a. M. 2009, S. 255-274.
Botton, Alain de, *The Architecture of Happiness*, London 2006, dt. *Glück und Architektur. Von der Kunst, daheim zu Hause zu sein*, übers. v. Bernhard Robben, Frankfurt a. M. 2008.
Braidotti, Rosi, „Zur Transposition des Lebens im Zeitalter des genetischen Biokapitalismus", in: Martin G. Weiß (Hg.), *Bios und Zoë. Die menschliche Natur im Zeitalter ihrer technischen Reproduzierbarkeit*, Frankfurt a. M. 2009, S. 108-135.

Bubner, Rüdiger, *Ästhetische Erfahrung*. Frankfurt a. M. 1989.

Caus, Salomon de, *Von gewaltsamen Bewegungen. Beschreibung etlicher, so wol nützlichen alß lustigen Machiner*, Frankfurt a. M. 1615, Teilnachdruck Hannover 1977.

Damasco, Antonio R., *Descartes' Irrtum. Fühlen, Denken und das menschliche Gehirn*, München/Leipzig 1995.

Elias, Norbert, *Über den Prozeß der Zivilisation. Soziogenetische und psychogenetische Untersuchungen*, Frankfurt a. M. [19]1995.
Engels, Friedrich, „Von der Autorität", in: Karl Marx, Friedrich Engels, *Werke*, Bd. 18, Berlin 1962.

Gadamer, Hans-Georg, *Wahrheit und Methode, Grundzüge einer philosophischen Hermeneutik*, Tübingen [4]1975.
Gehlen, Arnold, *Der Mensch. Seine Natur und seine Stellung in der Welt*, Wiesbaden [13]1986.
– *Die Seele im technischen Zeitalter. Sozialpsychologische Probleme in der industriellen Gesellschaft*, Reinbek 1957.
– „Anthropologische Ansicht der Technik", in: Hans Freyer, Johannes Papalekas und Georg Weippert (Hg.), *Technik im technischen Zeitalter. Stellungnahmen zur geschichtlichen Situation*, Düsseldorf 1965, S. 101-118.
Gessmann, Martin, „Heidegger, Metaphysik und Kunst", in: Markus Gabriel und Jens Halfwassen (Hg.), *Kunst, Metaphysik und Mythologie*, Heidelberg 2008, S. 173-195.
Gumbrecht, Hans Ulrich, „Was Erich Auerbach für eine »Philologische Frage« hielt", in: Jürgen Paul Schwindt (Hg.), *Was ist eine philologische Frage? Beiträge zur Erkundung einer theoretischen Einstellung*, Frankfurt a. M. 2009, S. 275-287.
– *Diesseits der Hermeneutik*, Frankfurt a. M. 2004.
– *Lob des Sports*, Frankfurt a. M. 2005.

Hagestedt, Lutz (Hg.), *Alles über den Künstler. Zum Werk von Robert Gernhardt*, Frankfurt a. M. 2002.
Haraway, Donna, *Modest Wittness@Second Millennium. FemaleMan Meets OncoMouse. Feminism and Technoscience*, New York (u.a.) 1996.
– *When Species meet (Posthumanities)*, Minneapolis 2007.
Hardt, Michael und Antonio Negri, *Empire. Die neue Weltordnung*, Frankfurt a. M. (u.a.), 2003.
– *Multitude. Krieg und Demokratie im Empire*, Frankfurt a. M. (u.a.) 2004.
Hegel, Georg Wilhelm Friedrich, *Grundlinien der Philosophie des Rechts*, hg. v. Eva Moldenhauer und Karl Markus Michel, Frankfurt a. M. 1976.
– *Wissenschaft der Logik*, in: ders., *Werke in zwanzig Bänden*, hg. v. Eva Moldenhauer und Karl Markus Michel, Bd. 5, Frankfurt a. M. 1976.

Heidegger, Martin, *Sein und Zeit*, Tübingen [15]1977.
– *Der Ursprung des Kunstwerks*, Frankfurt a. M. [6]1980.
– „Das Ding", in: *Vorträge und Aufsätze*, Gesamtausgabe, Bd. 7, Frankfurt a. M. 2000, S. 173-185.
Heidenreich, Felix, *Mensch und Moderne bei Hans Blumenberg*, München 2005.
Henrich, Dieter, *Die Philosophie im Prozeß der Kultur*, Frankfurt a. M. 2006.
Horkheimer, Max und Theodor W. Adorno, *Dialektik der Aufklärung. Philosophische Fragmente*, Frankfurt a. M. 1969.
Hobsbawm, Eric, *Das Zeitalter der Extreme. Weltgeschichte des 20. Jahrhunderts*, München 1995.
Hubig, Christoph, *Die Kunst des Möglichen I. Technikphilosophie als Reflexion der Medialität*, Bielefeld 2006.
Hughes, Thomas Parke, „Technological Momentum: Hydrogenation in Germany, 1900-1933", *Past and Present* 44 (1969), S. 106-132.
Husserl, Edmund, *Vorlesungen zur Phänomenologie des inneren Zeitbewußtseins*, hg. v. Martin Heidegger, Tübingen 1980.

Iacoboni, Marco, *Mirroring People. The New Science of How We Connect with Others*, New York 2008.
Irrgang , Bernhard, *Philosophie der Technik*, Darmstadt 2008.

Jonas, Julia und Karl-Heinz Lembeck (Hg.), *Mensch – Leben – Technik. Aktuelle Beiträge zur phänomenologischen Anthropologie*, Würzburg 2006.

Kant, Immanuel, *Kritik der Urteilskraft*, in: ders., *Werkausgabe*, hg. v. Wilhelm Weischedel, Bd. 10, Frankfurt a. M. 1981.
Kittler, Friedrich, *Eine Kulturgeschichte der Kulturwissenschaft*, München [2]2001.
– *Grammophon Film Typewriter*, Berlin 1986.
Konersmann, Ralf, *Kulturelle Tatsachen*, Frankfurt a. M. 2006.

Lepartito, Kenneth, „Picturephone and the Information Age: The Social Meaning of Failure", in: *Technology and Culture* 44, Nr. 1 (2003), S. 50-81.
Löwith, Karl, *Vicos Grundsatz: verum et factum convertuntur. Seine theologische Prämisse und deren säkulare Konsequenzen*, Heidelberg 1968.
Lukács, Georg, *Die Theorie des Romans. Ein geschichtsphilosophischer Versuch über die Formen der großen Epik*, Darmstadt/Neuwied 1982.

Marcuse, Herbert, *Eros und Kultur. Ein philosophischer Beitrag zu Sigmund Freud*, Stuttgart 1957.
Marx, Karl, *Das Kapital. Kritik der politischen Ökonomie*, Bd. 3, in: ders./Friedrich Engels, *Werke*, hg. v. Institut für Marxismus-Leninismus beim ZK der SED (MEW), Bd. 42, Berlin 1983.

Nietzsche, Friedrich, *Die Geburt der Tragödie aus dem Geiste der Musik*, in: ders., *Sämtliche Werke*, hg. v. Giorgio Colli und Mazzino Montinari, München 1980.
– *Richard Wagner in Bayreuth (Unzeitgemäße Betrachtungen IV)*, in: ders., *Sämtliche Werke*, a.a.O., S. 429-519.
– *Nietzsche contra Wagner*, in: ders., *Sämtliche Werke*, a.a.O., Bd. 6, S. 415-439.

Nikolaus von Kues, *Idiota de mente*, hg. v. R. Steiger, Hamburg 1995.
Nordmann, Alfred, *Technikphilosophie zur Einführung*, Hamburg 2008.
Nye, David E., *Technology Matters. Questions to Live with*, Cambridge (Mass.)/London 2007.

Pico della Mirandola, Giovanni, *Über die Würde des Menschen. De hominis dignitate*, übers. v. Norbert Baumgarten und hg. v. August Buck, Hamburg 1990.

Rajan, Kaushik Sunder, *Biokapitalismus. Werte im postgenomischen Zeitalter*, Frankfurt a. M. 2009.
Rizzolatti, Giacomo und Corrado Sinigaglia, *Empathie und Spiegelneurone. Die biologische Basis des Mitgefühls*, Frankfurt a. M. 2008.
Ropohl, Günter, *Eine Systemtheorie der Technik. Zur Grundlegung einer allgemeinen Technologie*, München/Wien 1979.
– *Technologische Aufklärung: Beiträge zur Technikphilosophie*, Frankfurt a. M. 1991.
Rousseau, Jean-Jacques, *Discours sur l'origine et les fondements de l'inégalité parmi les hommes*, in: ders., *Œuvres completes*, hg. v. Bernard Gagnebin und Marcel Raymond, Paris 1964.
Roth, Gerhard, *Denken, Fühlen, Handeln. Wie das Gehirn unser Verhalten steuert*, Frankfurt a. M. 2003.

Schwindt, Jürgen Paul (Hg.), *Was ist eine philologische Frage? Beiträge zur Erkundung einer theoretischen Einstellung*, Frankfurt a. M. 2009.
Sennett, Richard, *Handwerk*, Berlin 2008.
Sloterdijk, Peter, *Du mußt Dein Leben ändern, Über Religion, Artistik und Anthropotechnik*, Frankfurt a. M. 2009.
Soentgen, Jens, „Adornos Lachen, Adornos Tränen", in: Lutz Hagestedt, *Alles über den Künstler. Zum Werk von Robert Gernhardt*, Frankfurt a. M. 2002.
Sombart, Werner, *Liebe, Luxus und Kapitalismus. Über die Entstehung der modernen Welt aus dem Geist der Verschwendung*, Berlin 1922.
Staudenmaier, John M., *Technology's Storytellers: Renewing the Human Fabric*, Cambridge, Massachusetts 1985.

Thaler, Richard H. und Cass R. Sunstein, *Nudge. Wie man kluge Entscheidungen anstößt*, Berlin 2009.

Utterback, James M., *Mastering the Dynamics of Innovation*, Boston (Massachusetts), 1994.

Vico, Giovanni Battista, *Prinzipien einer neuen Wissenschaft über die gemeinsame Natur der Völker*, hg. v. Vittorio Hösle und Christoph Jermann, Hamburg 1992.

Weiß, Martin G. (Hg.), *Bios und Zoë. Die menschliche Natur im Zeitalter ihrer technischen Reproduzierbarkeit*, Frankfurt a. M. 2009.

Zimmerli, Walther Ch., *Technologie als 'Kultur'*, Hildesheim ²2005.